ABITURpur

Biologie

Gymnasium • Bayern

Bildnachweis:
Umschlagbild: © Dim Dimich / Shutterstock.com

© 2021 Stark Verlag GmbH
www.stark-verlag.de
1. Auflage 2019

Das Werk und alle seine Bestandteile sind urheberrechtlich geschützt. Jede vollständige oder teilweise Vervielfältigung, Verbreitung und Veröffentlichung bedarf der ausdrücklichen Genehmigung des Verlages. Dies gilt insbesondere für Vervielfältigungen, Mikroverfilmungen sowie die Speicherung und Verarbeitung in elektronischen Systemen.

Inhalt

Vorwort

Strukturelle und energetische Grundlagen des Lebens ... 1
1 Organisation und Funktion der Zelle ... 1
- 1.1 Prokaryotische und eukaryotische Zellen ... 1
- 1.2 Bau und Funktionen biologischer Membranen ... 2
- 1.3 Wichtige Zellorganellen eukaryotischer Zellen ... 3
- 1.4 Grundprinzipien des Stoffwechsels ... 5
- 1.5 Biokatalyse durch Enzyme ... 6
- Aufgaben ... 10

2 Energiebindung und Stoffaufbau durch Fotosynthese ... 13
- 2.1 Experimente zur Aufklärung wesentlicher Fotosyntheseschritte ... 13
- 2.2 Überblick über die zwei Phasen der Fotosynthese ... 15
- 2.3 Die lichtabhängigen Reaktionen ... 16
- 2.4 Die lichtunabhängigen Reaktionen ... 19
- 2.5 Abhängigkeit der Fotosynthese von Außenfaktoren ... 21
- Aufgaben ... 23

3 Energiefreisetzung durch Stoffabbau ... 28
- 3.1 Stoffabbau unter Sauerstoffverbrauch: Zellatmung ... 28
- 3.2 Energiefreisetzung durch anaeroben Stoffabbau ... 31
- Aufgaben ... 33

Genetik und Gentechnik ... 35
1 Molekulargenetik ... 35
- 1.1 Die DNA als Trägerin der genetischen Information ... 35
- 1.2 Die semikonservative Replikation der DNA ... 36
- 1.3 Vom Gen zum Protein: Proteinbiosynthese ... 38
- 1.4 Regulation der Genaktivität bei Prokaryoten ... 42
- 1.5 Genmutationen und DNA-Reparatur ... 44
- Aufgaben ... 47

2 Zytogenetik ... 50
- 2.1 Bau der Chromosomen ... 50
- 2.2 Mitose und Zellzyklus ... 50
- 2.3 Geschlechtliche Fortpflanzung und Bildung von Geschlechtszellen (Keimzellen) ... 52

		2.4 Numerische Chromosomenaberrationen beim Menschen	54
		Aufgaben	57
	3	**Klassische Genetik**	59
		3.1 Die mendelschen Regeln	59
		3.2 Einschränkungen und Erweiterung der mendelschen Regeln	62
		Aufgaben	65
	4	**Humangenetik**	67
		4.1 Vererbung der Blutgruppen	67
		4.2 Erbgänge genetisch bedingter Erkrankungen	68
		4.3 Genetische Familienberatung und Pränataldiagnostik	70
		Aufgaben	73
	5	**Gentechnik**	76
		5.1 Methoden zur Neukombination der DNA	76
		5.2 Spezielle Methoden der Gentechnik	78
		5.3 Anwendungen der Gentechnik	80
		5.4 Gendiagnostik und Gentherapie beim Menschen	84
		Aufgaben	86

Der Mensch als Umweltfaktor – Populationsdynamik und Biodiversität ... 89

1	**Populationsdynamik**	89
	1.1 Wachstum von Populationen	89
	1.2 Bedeutung von Fortpflanzungsstrategien	90
	1.3 Faktoren mit Einfluss auf die Populationsdichte	91
	1.4 Regulation von Räuber-Beute-Systemen	92
	1.5 Wachstum der menschlichen Population	93
	Aufgaben	95
2	**Biodiversität**	98
	2.1 Anthropogene Einflüsse auf die Artenvielfalt	98
	2.2 Bedeutung der Biodiversität	100
	Aufgaben	102

Evolution ... 105

1	**Evolutionsforschung**	105
	1.1 Artenvielfalt und Fossilien als Zeugen der Evolution	105
	1.2 Entwicklung des Evolutionsgedankens	105
	1.3 Beurteilung von Ähnlichkeiten zur Rekonstruktion der Stammesgeschichte	108
	Aufgaben	114
2	**Mechanismen der Evolution**	117
	2.1 Zusammenspiel der Evolutionsfaktoren	117
	2.2 Allelfrequenzänderung durch Mutation und Rekombination	117
	2.3 Selektion als richtender Evolutionsfaktor	119

	2.4 Genetische Drift	121
	2.5 Artbildung infolge von Isolation	122
	Aufgaben	125
3	**Evolutionsprozesse**	128
	3.1 Chemische Evolution	128
	3.2 Die Evolution der Zelle	129
	3.3 Ernährungsformen und Schritte zur Vielzelligkeit	130
	3.4 Massenaussterben und Evolutionsschübe	131
	3.5 Koevolution	132
	Aufgaben	134

Neuronale Informationsverarbeitung — 137

1	**Aufbau und Funktion von Nervenzellen**	137
	1.1 Struktur von Nervenzellen	137
	1.2 Entstehung des Ruhepotenzials	138
	1.3 Erregungsleitung am Axon durch Aktionspotenziale	139
	Aufgaben	142
2	**Bau und Funktion von Synapsen**	146
	2.1 Erregungsübertragung an chemischen Synapsen	146
	2.2 Erregende und hemmende Synapsen	147
	2.3 Nervengifte, Medikamente und Suchtmittel	149
	Aufgaben	151

Verhaltensbiologie — 155

1	**Genetisch bedingte Verhaltensweisen**	155
	1.1 Grundlagen und Methoden der Verhaltensbiologie	155
	1.2 Unbedingte Reflexe	155
	1.3 Komplexere Erbkoordinationen bei einfachen Verhaltensweisen	156
	1.4 Experimentelle Hinweise auf erbbedingtes Verhalten	158
	Aufgaben	160
2	**Erweiterung einfacher Verhaltensweisen durch Lerneinflüsse**	162
	2.1 Prägung	162
	2.2 Modifikation einer Erbkoordination durch Erfahrung	163
	2.3 Konditionierung	163
	Aufgaben	166
3	**Individuum und soziale Gruppe**	168
	3.1 Kooperation	168
	3.2 Kommunikation	171
	3.3 Konflikte und Aggressionsverhalten	173
	3.4 Sexualverhalten	175
	Aufgaben	179

| 4 | Angewandte Verhaltensbiologie | 185 |
| | Aufgabe | 187 |

Lösungen **189**

Stichwortverzeichnis 229

Die entsprechend gekennzeichneten Kapitel enthalten ein **Lernvideo**. An den jeweiligen Stellen im Buch befindet sich ein QR-Code, den Sie mit dem Smartphone oder Tablett scannen können.
Im Hinblick auf eine eventuelle Begrenzung des Datenvolumens wird empfohlen, dass Sie sich beim Ansehen der Videos im WLAN befinden. Haben Sie keine Möglichkeit, den QR-Code zu scannen, finden Sie die Lernvideos auch unter:
http://qrcode.stark-verlag.de/954701

Autor*innen: Dr. Klaus Goedeke, Dr. Christiane Högermann, Dr. Christa Oebbecke, Jürgen Rojacher (Lösungen), Harald Steinhofer (Lösungen), Dr. Marianne Weis

Vorwort

Liebe Schülerin, lieber Schüler,

das vorliegende Buch unterstützt Sie dabei, sich erfolgreich auf die **schriftliche Abiturprüfung an bayerischen Gymnasien** vorzubereiten. Das besondere Konzept des Bands hilft Ihnen, Ihr im Unterricht erworbenes **Wissen abzusichern**, und ermöglicht Ihnen die **authentische Anwendung** Ihrer Kenntnisse an ausgewählten Prüfungsaufgaben.

- Alle **abiturrelevanten Prüfungsinhalte** finden Sie systematisch und lehrplanorientiert gegliedert und in kompakter, aber anschaulicher Form zusammengefasst. So können Sie sich den Prüfungsstoff noch einmal vergegenwärtigen und einprägen.
- Bei der Wiederholung und Definition der wichtigsten **Fachbegriffe** hilft Ihnen das **Glossar** in der Randspalte, das auf den Fließtext Bezug nimmt. Das **ausführliche Stichwortverzeichnis** erlaubt darüber hinaus den schnellen Zugriff auf alle wichtigen Schlagwörter.
- Zu ausgewählten Themenbereichen gibt es **Lernvideos**, die zentrale biologische Zusammenhänge leicht verständlich veranschaulichen. An den entsprechenden Stellen im Buch befindet sich ein QR-Code, den Sie mithilfe Ihres Smartphones oder Tablets scannen können – Sie gelangen so schnell und einfach zum zugehörigen Lernvideo.
- Zur sofortigen, aufgabenbezogenen **Anwendung Ihres Wissens** finden Sie eine repräsentative Auswahl an **thematisch sortierten Prüfungsteilaufgaben** der letzten Jahre, jeweils im Anschluss an jedes größere Unterkapitel. Durch die inhaltliche Zuordnung fällt es leicht, sich ganz systematisch, Schritt für Schritt und je nach individuellem Leistungsstand mit einzelnen Themengebieten zu befassen und gleichzeitig ein Gefühl für die Aufgabenkultur zu bekommen.
- Zu vielen Aufgabenstellungen und Lösungsvorschlägen stehen Ihnen **Tipps** zur Verfügung. Sie sind vor allem darauf ausgelegt, Sie bei einer formal korrekten und strukturierten Bearbeitung der Aufgaben zu unterstützen sowie Ihre Aufmerksamkeit auf das Wesentliche zu lenken. Sie liefern aber auch inhaltliche Zusatzinformationen oder zeigen alternative Antwortmöglichkeiten auf.
- Damit Sie jede Prüfungsaufgabe bezüglich Ihres Anspruchs und des geforderten Lösungsumfangs einordnen können, sind jeweils die **Anforderungsbereiche** und die erreichbaren **Bewertungseinheiten** angegeben.
- **Ausführliche Lösungsvorschläge** zu allen Aufgaben dienen der Selbstkontrolle und machen Sie mit den Anforderungen an eine adäquate Lösung vertraut.

Wenn Sie zum Verständnis der Unterrichtsinhalte der Oberstufe noch tiefer gehende Erläuterungen benötigen, empfiehlt sich die Arbeit mit den beiden Bänden **Abitur-Training Biologie** (Bestell-Nr. 947058D und 947048D).

Auf die konkrete Prüfungssituation können Sie sich mithilfe des Titels **Abiturprüfung Bayern Biologie** (Bestell-Nr. 95701) optimal vorbereiten.

Viel Erfolg bei der Arbeit mit diesem Buch und bei der Abiturprüfung!

Ihr Stark Verlag

Strukturelle und energetische Grundlagen des Lebens

1 Organisation und Funktion der Zelle

Zellen sind die strukturellen und funktionellen Grundeinheiten von Lebewesen, die alle Kennzeichen des Lebens aufweisen. Ihre Gestalt und die Struktur einzelner Komponenten wurden mithilfe der Mikroskopie wesentlich aufgeklärt. Moderne Lichtmikroskope erreichen mit hochwertigen Sammellinsen eine etwa 1 500-fache Gesamtvergrößerung bei einem Auflösungsvermögen von ca. 200 nm. Da das Auflösungsvermögen von Mikroskopen u. a. von der Wellenlänge der verwendeten Strahlung abhängt und Elektronenstrahlen eine erheblich geringere Wellenlänge haben als sichtbares Licht, können **Elektronenmikroskope** Strukturen bis etwa 0,1 nm auflösen und vergrößern bis zu 500 000-fach. Sie erreichen damit die Ebene von Makromolekülen.

Auflösungsvermögen: Mindestdistanz, die zur Wahrnehmung von Strukturen als getrennte Elemente erforderlich ist

1.1 Prokaryotische und eukaryotische Zellen

Grundlegende Unterschiede im Aufbau findet man zwischen den Zellen der **Prokaryoten** (Archaeen und Bakterien) und den Zellen der **Eukaryoten** (u. a. Pilze, Pflanzen und Tiere), die zum Teil starke Spezialisierungen aufweisen. Merkmale dieser als **Pro(to)zyte** und **Euzyte** bezeichneten Zelltypen sind in Tab. 1 aufgeführt.

Prokaryoten: meist einzellige Organismen ohne echten Zellkern (Bakterien und Archaeen)

Eukaryoten: Organismen, deren Zellen einen echten Zellkern besitzen

Plasmid: ringförmiges extrachromosomales DNA-Molekül

70S-/80S-Ribosom: „S" bezeichnet den Sedimentationskoeffizienten

Merkmal	Pro(to)zyte	Euzyte
Zellgröße	ca. 0,5–10 µm	ca. 5–50 µm
Zellkern	fehlt	Zellkern mit Nukleolus
DNA	Ringchromosom, Plasmide	mehrere lineare Chromosomen
Zellwand(bestandteil)	Murein	Chitin (Pilze), Zellulose (Pflanzen), fehlt bei Tieren
Ribosomen	vorhanden (70S)	vorhanden (80S)
membranumhüllte Zellorganellen	fehlen	z. B. Zellkern, Mitochondrien, Endoplasmatisches Retikulum

Tab. 1: Unterschiede zwischen Pro- und Euzyte

1.2 Bau und Funktionen biologischer Membranen

Alle biologischen Membranen sind als **Einheitsmembran** prinzipiell gleich aufgebaut. Sie bestehen aus einer zähflüssigen **Doppellipidschicht**, in der die lipophilen Molekülanteile der Phospholipide einander zugewandt sind und deren hydrophile Kopfteile nach außen weisen, sowie aus zahlreichen Proteinen. Man unterscheidet **periphere**, d. h. mit der Membran nur assoziierte, und **integrale**, in die Membran eingelagerte Proteine, z. B. Transmembranproteine. An der Zellaußenseite können Proteine und Lipide Kohlenhydratketten aufweisen (**Glycoproteine** und **-lipide**). Aufgrund der Beweglichkeit der Proteine und Lipide wird die Membran nach dem Modell von SINGER und NICOLSON (1972) auch als **flüssiges Mosaik** bezeichnet.

Phospholipid: polares Lipid mit Phosphatgruppe, wesentlicher Bestandteil von Biomembranen
lipophil: fettanziehend, in Fetten und Ölen löslich
hydrophil: wasseranziehend, meist wasserlöslich
Transmembranprotein: die Membran vollständig durchziehendes Protein

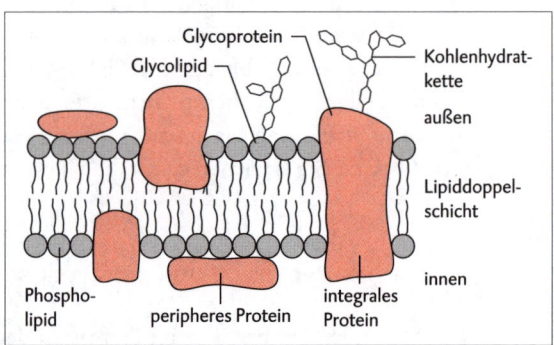

Abb. 1: Schematischer Ausschnitt einer biologischen Membran

Funktionen von Biomembranen

Membranen grenzen das offene System Zelle als Zellmembranen nach außen ab und kontrollieren den **Stoff-** und **Informationsaustausch** innerhalb von Zellen sowie mit ihrer Umgebung. Bei Eukaryoten unterteilen sie einzelne Zellbereiche in getrennte Funktions- und Reaktionsräume, die **Zellkompartimente** (Prinzip der **Kompartimentierung**). Die Membranen mancher so gebildeter Organellen ermöglichen durch starke Auffaltung eine Oberflächenvergrößerung für membrangebundene Stoffwechselschritte. Der **Signalübertragung** und **Zellerkennung** dienen u. a. Membranproteine sowie Zuckerketten auf der Membranaußenseite. Darüber hinaus ermöglichen Membranen den Aufbau und die Aufrechterhaltung **elektrischer Potenziale** (siehe S. 138 ff.).

Stofftransport durch Biomembranen

Membranen sind **selektiv permeabel**. Kleine ungeladene Moleküle, aber auch polare Wassermoleküle können Biomembranen durch einfa-

STRUKTURELLE/ENERGETISCHE GRUNDLAGEN DES LEBENS 3

Diffusion: Ausbreitung von Teilchen entlang eines Konzentrationsgefälles aufgrund der Eigenbewegung (brownschen Molekularbewegung) der Teilchen

che **Diffusion** queren, größere hydrophile Stoffe oder Ionen benötigen dazu spezielle Transportproteine. Der Transport kann wie die Diffusion **passiv**, d. h. ohne Energieaufwand entlang eines Konzentrationsgefälles mithilfe von **Tunnelproteinen** (z. B. Ionenkanälen) oder **Carrierproteinen** erfolgen (erleichterte Diffusion). Carrierproteine binden dabei ihr Substrat und transportieren es nach Konformationsänderung durch die Membran. Der **aktive** Stofftransport gegen ein Konzentrationsgefälle durch spezielle Carrierproteine erfordert hingegen Energie in Form von **ATP**.

ATP: Adenosintriphosphat (siehe S. 5)

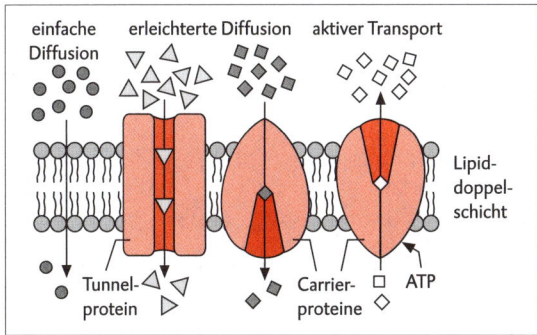

Abb. 2: Mechanismen des Stofftransports durch Membranen

Phagozytose: endozytotische Aufnahme von Partikeln in eine Zelle, z. B. zur Verdauung

Größere Partikel können über Einstülpungen der Membran in Vesikeln in die Zelle aufgenommen werden **(Endozytose)**, z. B. bei der Phagozytose von Einzellern. Über den umgekehrten Vorgang, das Verschmelzen eines Vesikels mit der Zellmembran, werden Stoffe, z. B. Drüsensekrete, aus Zellen ausgeschleust **(Exozytose)**.

1.3 Wichtige Zellorganellen eukaryotischer Zellen

Zytoplasma: flüssige Phase im Zellinneren mit gelösten Stoffen und Zytoskelett

Das **Zytoplasma** bildet die Grundsubstanz der Zelle und hat gelartige Konsistenz. Einige Stoffwechselvorgänge der Zelle laufen im Zytoplasma ab; die **Zellorganellen** der Eukaryoten liegen im Zytoplasma.
- Der **Zellkern** der Euzyte enthält im Kernplasma den größten Teil der Erbinformation in Form von **Chromatin** und steuert alle Funktionen der Zelle. Vor jeder Zellteilung wird die DNA identisch kopiert und in der Zellteilungsphase auf die Tochterzellen verteilt (siehe S. 50). Der Zellkern ist nach außen durch eine Doppelmembran abgegrenzt, der Stoffaustausch erfolgt über zahlreiche Kernporen in der Kernmembran. Neben dem Chromatin kann man in gefärbten Zellkernen ein bis mehrere Kernkörperchen (**Nukleoli**) erkennen.

Nukleolus: Bereich hoher Transkriptionsrate von rRNA-Genen und Ort der Synthese ribosomaler Vorstufen

- **Mitochondrien**, die „Kraftwerke" der Zelle, besitzen eine Doppelmembran. Die innere Mitochondrienmembran ist stark aufgefaltet und enthält u. a. die Enzyme zur ATP-Synthese. Die notwendige Energie für die ATP-Bildung in der Atmungskette wird beim vollständigen Abbau der Brenztraubensäure bereitgestellt, der im Innenraum, der **Matrix**, abläuft (siehe S. 29).

- Die **Chloroplasten** der Grünalgen und Pflanzenzellen sind die Organellen der Fotosynthese (siehe S. 13). Aus CO_2 und H_2O entstehen dort mithilfe von Lichtenergie O_2 und Glucose. Auch die Chloroplasten umgibt eine Doppelmembran, wobei die aufgefaltete innere Membran, die **Thylakoidmembran**, die für die Lichtreaktionen notwendigen Proteinkomplexe enthält. Im plasmatischen Innenraum **(Stroma)** finden die Dunkelreaktionen statt.

Mitochondrien und Chloroplasten enthalten eine eigene, ringförmige Erbsubstanz und vermehren sich selbstständig durch Teilung.

Thylakoide: Einstülpungen der inneren Plastidmembran

Grana-Thylakoid: Membraneinstülpungen, die lamellenartige Stapel bilden

Stroma-Thylakoid: einzeln das Stroma durchziehende Membraneinstülpung

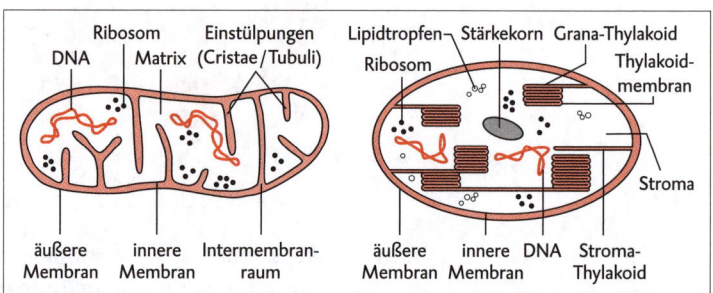

Abb. 3: Schema eines Mitochondriums (links) und eines Chloroplasten (rechts)

- Das **Endoplasmatische Retikulum (ER)** ist ein verzweigtes System flächiger, membranumschlossener Hohlräume, das in die Membran des Zellkerns übergeht. Man unterscheidet das **raue ER**, das an seiner Außenseite zahlreiche Ribosomen trägt, und das **glatte ER** ohne Ribosomen. Das ER ist u. a. für die Biosynthese nicht zytoplasmatischer Proteine und für die Membranproduktion zuständig.

rRNA: ribosomale RNA, Bestandteil von Ribosomen

- **Ribosomen** sind Komplexe aus rRNA-Molekülen und Proteinen und setzen sich aus einer großen und einer kleinen Untereinheit zusammen. An den Ribosomen werden körpereigene Eiweiße aus Aminosäuren synthetisiert.
- **Dictyosomen** werden in ihrer Gesamtheit auch als **Golgi-Apparat** bezeichnet. Sie bilden ein System membranumschlossener Reaktionsräume und dienen dem Transport und der Modifizierung verschiedener zellulärer Moleküle.

Zytoskelett: flexibles Netzwerk aus Mikrotubuli, Aktin- und Intermediärfilamenten

- Das **Zytoskelett** umfasst Faserproteine im Zytoplasma, die der Zelle ihre Form verleihen und an der Bewegung von Zelle und Zellkomponenten beteiligt sind.

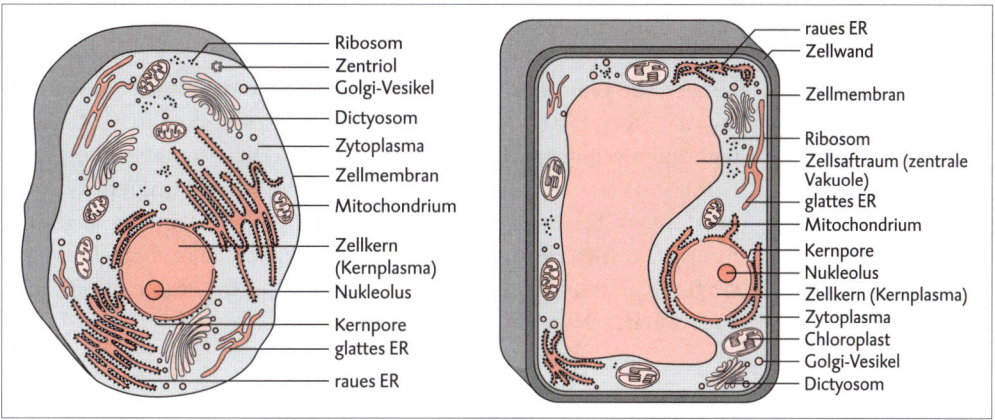

Abb. 4: Darstellung der Zellorganellen einer Tier- und einer Pflanzenzelle (rechts) nach elektronenmikroskopischen Bildern

1.4 Grundprinzipien des Stoffwechsels

Als offene Systeme stehen Zellen und Lebewesen im ständigen Austausch mit ihrer Umgebung. Alle Lebensvorgänge, z. B. Fortpflanzung und Wachstum, sind dabei auf eine stetige Stoff- und Energiezufuhr angewiesen. Als **Stoffwechsel (Metabolismus)** eines Lebewesens werden alle zellulären Stoffumwandlungsprozesse zusammengefasst. Sie sind immer auch mit einem **Energiewechsel** verbunden.

Anabolismus: aufbauender, Energie bindender Stoffwechsel

- Beim **anabolen** Stoffwechsel werden einfache, oft von außen zugeführte anorganische Moleküle (meist) unter Energiezufuhr (endergonisch) in komplexere organische Stoffe umgewandelt, die dem Strukturaufbau und der Speicherung von Biomasse dienen (**Assimilation**, siehe z. B. Fotosynthese der Pflanzen, S. 13).

Katabolismus: abbauender, Energie freisetzender Stoffwechsel

- Beim **katabolen** Stoffwechsel werden die produzierten oder zugeführten organischen Stoffe abgebaut, wobei Energie freigesetzt wird, die für biologische Prozesse in der Zelle genutzt werden kann oder als Wärme abgegeben wird (**Dissimilation**, siehe z. B. Zellatmung, S. 28).

Beide Stoffwechselformen sind in vielfältiger Weise miteinander verknüpft. Viele biochemische Reaktionen sind **endergonisch** und laufen daher nur durch **energetische Kopplung** mit Energie liefernden **exergonischen** Reaktionen ab. Der wichtigste transportierbare Energieüberträger der Lebewesen, **Adenosintriphosphat (ATP)**, spielt dabei eine Schlüsselrolle. Die z. B. bei Abbauprozessen von Nährstoffen frei werdende Energie wird als Bindungsenergie der Phosphatgruppen von ATP kurzfristig gespeichert und ist dann für endergonische Reaktionen (z. B. Stofftransport) nutzbar.

endergonisch: Energie verbrauchend

exergonisch: Energie freisetzend

ATP (schematischer Bau):

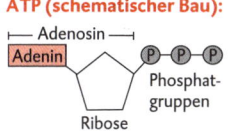

1.5 Biokatalyse durch Enzyme

Nahezu alle zellulären Stoffwechselvorgänge werden durch Enzyme katalysiert, man spricht von Biokatalysatoren. Viele chemische Reaktionen laufen erst dann ab, wenn eine gewisse Aktivierungsenergie, z. B. in Form von Wärme, zugeführt wird. Enzyme **beschleunigen** Reaktionen (die Einstellung des chemischen Gleichgewichts), indem sie die erforderliche **Aktivierungsenergie herabsetzen**. Sie sind bereits in **geringen Konzentrationen** wirksam und werden bei der Reaktion **nicht verbraucht** oder **verändert**.

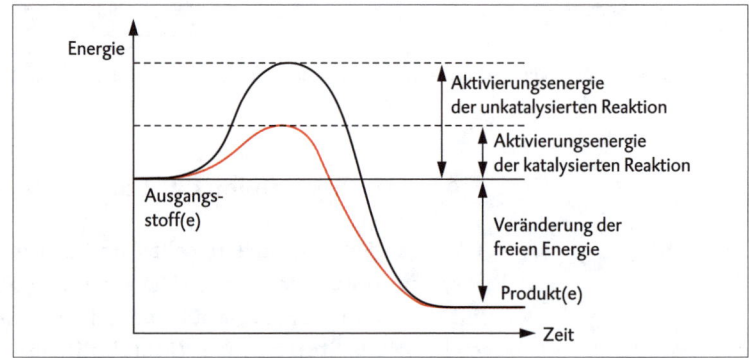

Abb. 5: Energiediagramm einer katalysierten und einer unkatalysierten Reaktion

Apoenzym: Proteinanteil eines Enzyms ohne gebundenen Cofaktor

Holoenzym: aktives Enzym mit gebundenem Cofaktor

NAD⁺: Nicotinamid-Adenin-Dinukleotid, als Cosubstrat Wasserstoff (Hydridion) übertragend

Die meisten Enzyme sind reine Proteine. Einige Enzyme benötigen jedoch zusätzlich zu ihrem Proteinanteil (**Apoenzym**) weitere Komponenten, sogenannte **Cofaktoren**, um als **Holoenzym** katalytisch aktiv zu sein. Zu den Cofaktoren zählen ...

- **Coenzyme**, organische Moleküle, die entweder fest (kovalent) an das Apoenzym gebunden sind (prosthetische Gruppen, z. B. Häm-Gruppe beim Hämoglobin) oder die nur kurzzeitig gebunden werden (z. B. NAD^+ oder ATP). Letztere werden auch **Cosubstrate** genannt.
- **Metallionen** (z. B. Mg^{2+}-Ionen im Chlorophyll-Molekül).

Mechanismus der Enzymwirkung

Enzyme bilden mit ihren **Substraten**, die sie katalytisch zu Produkten umsetzen, einen kurzlebigen **Enzym-Substrat-Komplex**. Die oft taschenförmige Substratbindungsstelle des Enzyms, das **aktive Zentrum**, weist, wie das Enzym selbst, eine spezifische Raum- und Ladungsstruktur auf. Dort werden das Substrat oder Molekülgruppen des Substrats spezifisch nach dem **Schlüssel-Schloss-Modell** gebunden.

Enzyme sind daher **substratspezifisch**. Molekulare Wechselwirkungen zwischen reaktiven Gruppen des aktiven Zentrums und des Substrats ermöglichen die (erleichterte) Umwandlung des Substrats. Da ihr aktives Zentrum jeweils nur eine mögliche Reaktion ihres Substrats katalysiert, sind Enzyme **reaktions-/wirkungsspezifisch**.

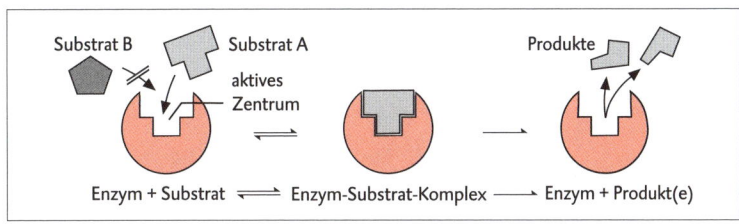

Abb. 6: Schema einer Enzymreaktion

Bei der Enzymbenennung wird oft das Substrat und in verkürzter Form die katalysierte Reaktion angegeben (z. B. Alkoholdehydrogenase). Die Endung „-ase" kennzeichnet die Zugehörigkeit zu den Enzymen.

Beeinflussung der Enzymaktivität

Die Anzahl der Substratmoleküle, die ein Enzymmolekül pro Zeiteinheit umsetzt, wird als **Reaktionsgeschwindigkeit v** oder Enzymaktivität bezeichnet. Diese Umsetzungsrate ist enzymspezifisch, aber auch von der Substratkonzentration und weiteren Außenfaktoren abhängig.

- Bei Erhöhung der **Substratkonzentration** steigt die Reaktionsgeschwindigkeit bei niedrigen Substratkonzentrationen linear an, da ein Aufeinandertreffen von Enzym- und Substratmolekülen zunehmend wahrscheinlicher wird. Die **Maximalgeschwindigkeit** v_{max} wird bei **Substratsättigung** erreicht, wenn jedes Enzymmolekül nach Umwandlung eines Substratmoleküls sofort auf ein weiteres Substratmolekül trifft. Da sich die Reaktionsgeschwindigkeit, je mehr die Substratkonzentration erhöht wird, v_{max} asymptotisch annähert, ist die Substratkonzentration bei halbmaximaler Reaktionsgeschwindigkeit (½ v_{max}) besser bestimmbar als bei v_{max}. Die Substratkonzentration, bei der genau die Hälfte aller Enzymmoleküle als Enzym-Substrat-Komplexe vorliegt, ist der K_M-**Wert** (**Michaelis-Menten-Konstante**). Er dient als Maß für die **Affinität** eines Enzyms zu seinem spezifischen Substrat: Je kleiner K_M, desto effektiver bindet das Enzym sein Substrat und desto höher ist seine Aktivität.

Reaktionsgeschwindigkeit: Substratumwandlungsrate; ein Lysozym-Molekül wandelt pro Minute z. B. 0,5 Substratmoleküle um, ein Katalase-Molekül 40 Mio. Substratmoleküle

Michaelis-Menten-Konstante K_M: Substratkonzentration, bei der die halbmaximale Reaktionsgeschwindigkeit erreicht ist

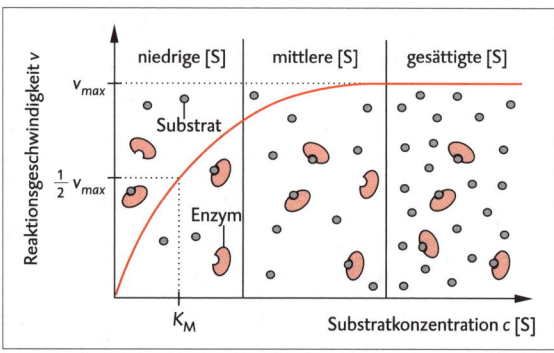

Abb. 7: Michaelis-Menten-Diagramm

RGT-Regel: **R**eaktionsgeschwindigkeit-**T**emperaturregel

Denaturierung: meist irreversible Aufhebung der Anziehungskräfte, die Sekundär- und Tertiärstruktur des Proteins stabilisieren

- Eine Erhöhung der **Temperatur** um ca. 10 °C verdoppelt bis verdreifacht nach der **RGT-Regel** die Geschwindigkeit chemischer und damit auch enzymatisch katalysierter Reaktionen zwischen etwa 0 und 35 °C aufgrund zunehmender Molekülbewegungen. Oberhalb von 40 °C kommt es in der Regel zur **Hitzedenaturierung** der Enzyme. Dabei wird die Raumstruktur des Enzyms so verändert, dass das aktive Zentrum keine Substratbindung mehr eingehen kann; die Enzymaktivität nimmt stark ab. Die Kurve der Enzymabhängigkeit von der Temperatur ist daher eine Optimumkurve. Beim Menschen liegt das Optimum der meisten Enzyme bei etwa 37 °C.

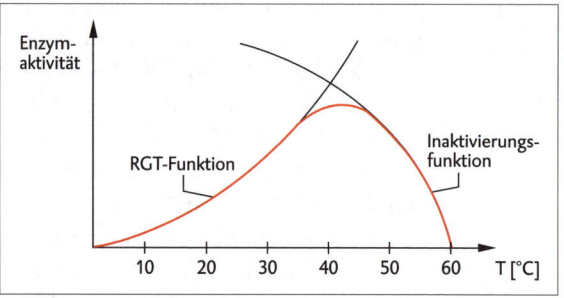

Abb. 8: Abhängigkeit der Enzymaktivität von der Temperatur

pH-Wert: negativer dekadischer Logarithmus der Protonenkonzentration (H^+)

- Jedes Enzym hat ein charakteristisches, eng begrenztes **pH-Optimum**. Durch Zugabe von Säuren oder Basen ändert sich der Ladungszustand der Seitenketten einzelner Aminosäuren. Dadurch wird auch die Raumstruktur des Enzyms verändert (Denaturierung) und seine Fähigkeit zur Substratbindung geht verloren.
- **Schwermetallionen** wie Quecksilber-, Blei-, Kupfer- und Cadmiumionen verändern in hohen Konzentrationen die Tertiärstruktur eines Enzyms durch feste Bindung an seine Aminosäureketten. Dadurch wird die Enzymaktivität **irreversibel** gehemmt.

STRUKTURELLE/ENERGETISCHE GRUNDLAGEN DES LEBENS

Inhibitor: Hemmstoff

Regulation des Stoffwechsels durch reversible Enzymhemmung

Viele Stoffwechselreaktionen werden durch die Hemmung von Enzymaktivitäten mittels Inhibitoren reguliert.

- **Kompetitive Inhibitoren** sind substratähnliche Moleküle, die reversibel an das aktive Zentrum eines Enzyms binden und mit dem eigentlichen Substrat um die Substratbindungsstelle konkurrieren. Kompetitive Hemmung ist abhängig vom Konzentrationsverhältnis der Substrat- und Hemmstoffmoleküle. Bei hohem Substratüberschuss können die Hemmstoffmoleküle verdrängt und die Hemmung aufgehoben werden. V_{max} kann also erreicht werden, der K_M-Wert ist jedoch gegenüber der ungehemmten Reaktion erhöht.

allosterisches Zentrum: Enzymbereich, an den ein regulatorisches Molekül binden kann

- **Nicht-kompetitive** oder **allosterische Inhibitoren** binden nicht an das aktive Zentrum des Enzyms, sondern an einer anderen Stelle, das **allosterische Zentrum**, und rufen dadurch eine Konformationsänderung des aktiven Zentrums und eine Minderung der Substratbindefähigkeit des Enzyms hervor. Die allosterische Hemmung wirkt unabhängig von der Substratkonzentration, sodass v_{max} nicht erreicht werden kann. Der K_M-Wert im Michaelis-Menten-Diagramm bleibt jedoch gleich.

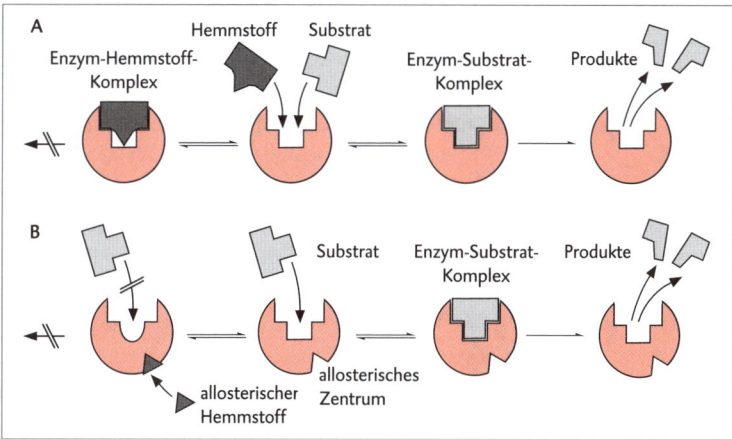

Abb. 9: Kompetitive (A) und nicht-kompetitive (allosterische) Hemmung (B) eines Enzyms

Allosterische Inhibition hat eine große Bedeutung bei der Regulation längerer Stoffwechselabschnitte in Form von **Endprodukt-** oder **Rückkopplungshemmung**. So wird z. B. das Enzym Phosphofructokinase, das einen der ersten Schritte des Glucoseabbaus katalysiert, durch Zwischen-/Endprodukte der Zellatmung (Zitronensäure und ATP), wenn sie in hohen Konzentrationen vorliegen, allosterisch gehemmt.

> **TIPP**
> Da hier ausdrücklich eine vollständig beschriftete Zeichnung verlangt ist, sollten Sie darauf achten, wirklich **alle** in Ihrer Zeichnung enthaltenen Strukturen zu beschriften.
> Wie Sie die an den lichtabhängigen und lichtunabhängigen Reaktionen beteiligten Strukturen eindeutig kennzeichnen, bleibt Ihnen überlassen; eine farbige Hervorhebung kann z. B. sinnvoll sein.

1 Fertigen Sie eine vollständig beschriftete Zeichnung des elektronenmikroskopischen Aufbaus eines Chloroplasten an und kennzeichnen Sie diejenigen Strukturen eindeutig, an/in denen die lichtabhängigen bzw. die lichtunabhängigen Reaktionen stattfinden.
ABI Bayern (Jahrgang 2019, Aufgabe A2/1.2) AFB I → 6 BE von 40

2 Die folgende Abbildung zeigt den schematischen Aufbau einer Cyanobakterienzelle:

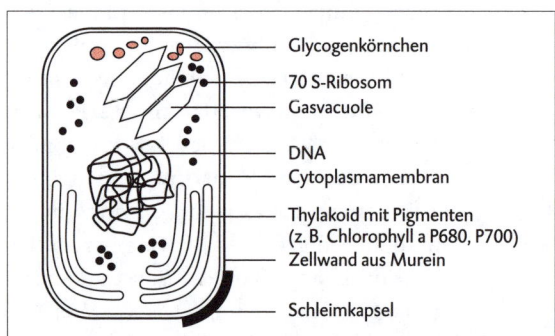

Schematischer Aufbau einer Cyanobakterienzelle (verändert nach: V. Wolff (1996): Giftgrün. In: Unterricht Biologie. 215, Friedrich Verlag GmbH, Seelze, S. 52/53)

> **TIPP**
> Der Operator „erörtern" erfordert eine Gegenüberstellung von Argumenten.

Früher nannte man die Cyanobakterien Blaualgen wegen der genannten Ähnlichkeiten mit den Grünalgen. Erörtern Sie anhand der Abbildung, weshalb man heute auf den Begriff Blaualgen verzichten sollte und die Bezeichnung Cyanobakterien gerechtfertigt ist.
ABI Bayern (Jahrgang 2015, Aufgabe C2/1.1) AFB II–III → 5 BE von 40

3 Katzen können von einem weit verbreiteten Endoparasiten, dem eukaryotischen Einzeller *Toxoplasma gondii*, befallen werden. In den Körper der Katze, die für den Parasiten der Endwirt ist, gelangen die Einzeller durch die Aufnahme von infizierten Mäusen. Die weitere Vermehrung der Parasiten findet in den Darmwandzellen des Endwirts statt. […]
Beim Eindringen in die Zellen der Wirte sondert *Toxoplasma gondii* lipidähnliche Moleküle, sog. Isoprenoide, ab, die in die Wirtszellmembran eingelagert werden. Durch Abschnüren eines Teils dieser Wirtszellmembran entsteht im Inneren der Wirtszelle eine spezialisierte Vakuole, die den Einzeller *Toxoplasma gondii* umschließt.
Fertigen Sie eine beschriftete, modellhafte Skizze der Membran dieser besonderen Vakuole an!
ABI Bayern (Jahrgang 2016, Aufgabe B2/3.1) AFB I–II → 6 BE von 40

> **TIPP**
> Achten Sie bei der Anfertigung von Skizzen immer auf eine genaue Zuordnung und eine leserliche Beschriftung.

STRUKTURELLE/ENERGETISCHE GRUNDLAGEN DES LEBENS

4 Der Mechanismus für die Transmitter-Anreicherung in einem synaptischen Membran-Bläschen ist in der Abbildung dargestellt.

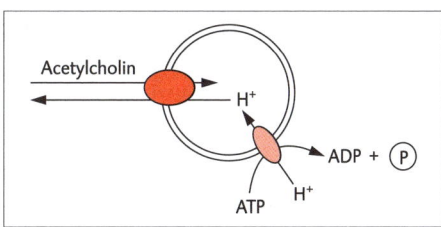

Transport von Acetylcholin in ein synaptisches Membran-Bläschen

Erläutern Sie anhand der Abbildung die Bedeutung der dargestellten Transportvorgänge zur Anreicherung von Acetylcholin!

ABI Bayern (Jahrgang 2014, Aufgabe B1/1.3.2) AFB II ➜ 5 BE von 40

> **TIPP** ▶
> Der Operator „erläutern" verlangt von Ihnen, die einzelnen Aspekte der Abbildung zu beschreiben **und** in einen Zusammenhang zu setzen.

5 Stabschrecken sind eine weit verbreitete Insektenordnung. Die etwa 3 000 zur Ordnung gehörenden Arten besiedeln vorwiegend tropische bis subtropische Regionen.

Als reine Pflanzenfresser benötigen Stabschrecken Enzyme wie Cellulasen oder Peptidasen, um die pflanzliche Nahrung aufschließen zu können. Im Gegensatz zu anderen Insektenordnungen können viele Stabschrecken diese Enzyme selbstständig produzieren.

5.1 Bestimmte Stabschreckenarten besitzen sogenannte „multifunktionale Enzyme".

In der folgenden Abbildung ist der stark vereinfachte molekulare Aufbau eines solchen Enzyms schematisch dargestellt.

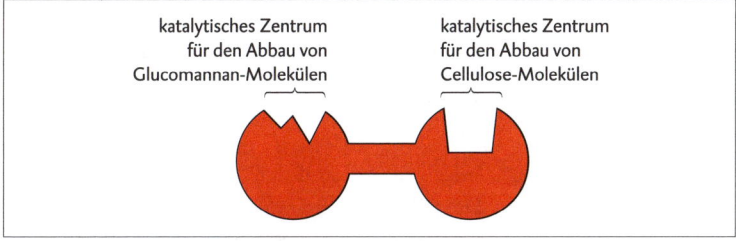

Modell eines multifunktionalen Enzyms; Glucomannan und Cellulose sind Bestandteile bestimmter pflanzlicher Zellwände
(verändert nach: M. E. Himmel et al.: Microbial enzyme systems for biomass conversion: emerging paradigms. In: Biofuels, 1 (2) (2010), S. 331)

> **TIPP** ▶
> Laut Aufgabenstellung ist zwar nur eine Erklärung verlangt, diese könnte jedoch durch eine Grafik unterstützt werden.
> Falls Sie sich entscheiden, keine entsprechende Grafik in Ihre Lösung aufzunehmen, könnten Sie auf einem separaten Blatt zumindest eine grobe Skizze als Gedankenstütze anlegen.

Erklären Sie anhand einer Modellvorstellung allgemein die Wirkungsweise von Enzymen auf molekularer Ebene und diskutieren Sie die Spezifität des oben dargestellten multifunktionalen Enzyms.

ABI Bayern (Jahrgang 2018, Aufgabe C2/1.1) AFB II–III ➜ 7 BE von 40

5.2 Stellen Sie eine Hypothese über den Vorteil multifunktionaler Enzyme für Stabschrecken auf.
ABI Bayern (Jahrgang 2018, Aufgabe C2/1.2) AFB III → 3 BE von 40

6 In den zwei mexikanischen Flüssen Pichucalco (Pich) bzw. Tacotalpa (Tac) gibt es Abschnitte mit einer erhöhten Konzentration an Dihydrogensulfid (H_2S) im Wasser, in anderen Flussabschnitten ist das Wasser dihydrogensulfidfrei. Verschiedene Fischarten der Gattung Poecilia kommen in allen Bereichen der zwei Flüsse vor, obwohl Dihydrogensulfid als giftig und umweltgefährlich eingestuft ist. Eine Ursache für die Giftigkeit von Dihydrogensulfid wird in dessen Wirkung auf das Enzym Cytochrom-c-Oxidase (COX) vermutet. Es katalysiert in den Mitochondrien einen Reaktionsschritt, bei dem Elektronen auf Sauerstoffmoleküle übertragen werden.

Eine Untersuchung zeigt, dass die Enzymaktivität von COX durch Dihydrogensulfid beeinflusst wird. Die Untersuchungsergebnisse sind in folgender Tabelle zusammengefasst.

Versuchs-ansatz	H_2S-Konzentration in µmol/L	Sauerstoff-konzentration	Enzymaktivität in %
1	0	normal	100
2	60	normal	77
3	120	normal	68
4	240	normal	57
5	240	deutlich erhöht	100

Wirkung von Dihydrogensulfid auf das Enzym COX
(zusammengestellt nach: J. P. Collman et al. (2009): Using a functional enzyme model to understand the chemistry behind hydrogen sulfide induced hibernation. In: PNAS 106, no 52, p. 22 090 – 22 095)

> **TIPP** ▶
> Bevor Sie mit der Formulierung der Lösung beginnen, sollten Sie sich Gedanken zu den Gemeinsamkeiten und Unterschieden der Versuchsansätze machen.

Leiten Sie anhand der Informationen aus der Tabelle die Wirkung von Dihydrogensulfid auf das COX-Enzym auf molekularer Ebene ab.
ABI Bayern (Jahrgang 2017, Aufgabe B1/1.1) AFB II → 7 BE von 40

STRUKTURELLE/ENERGETISCHE GRUNDLAGEN DES LEBENS

2 Energiebindung und Stoffaufbau durch Fotosynthese

autotroph: organische Stoffe durch Foto- oder Chemosynthese selbst herstellend

Assimilation: anabole Umwandlung aufgenommener Stoffe in körpereigene Verbindungen

heterotroph: zur Energiegewinnung auf die Aufnahme organischer Nährstoffe angewiesen

Die Fotosynthese der grünen Pflanzen, Algen und Cyanobakterien ist der grundlegende Lebensprozess der Erde. Für ihre **autotrophe Assimilation** stellen Pflanzen aus Kohlenstoffdioxid (aus der Atmosphäre) und Wasser mithilfe der Lichtenergie der Sonne organische Substanz v. a. in Form von Glucose her. Diese wird zum Aufbau und zur Speicherung körpereigener Biomasse verwendet und dient als Ausgangspunkt weiterer energiebedürftiger Prozesse, v. a. auch für heterotrophe Lebewesen. In den Lichtreaktionen der Fotosynthese wird Energie in Form des Energieträgers ATP und des Reduktionsmittels NADPH/H$^+$ bereitgestellt. Als „Nebenprodukt" der Fotosynthese geben fotoautotrophe Organismen Sauerstoff ab, der von vielen Lebewesen für die aerobe Atmung genutzt wird.

Summengleichung der Fotosynthese:

$$6\,CO_2 + 12\,H_2O \longrightarrow C_6H_{12}O_6 + 6\,O_2 + 6\,H_2O$$

2.1 Experimente zur Aufklärung wesentlicher Fotosyntheseschritte

Wirksamkeit unterschiedlicher Wellenlängen des Lichts

T. ENGELMANN zeigte 1883 an Grünalgen experimentell, dass deren Sauerstoffproduktion von der Wellenlänge des verwendeten Lichts abhängig ist. Die gemessenen Unterschiede in der Fotosyntheseleistung werden nachvollziehbar, wenn man die für die Lichtabsorption hauptsächlich zuständigen Blattpigmente (siehe S. 16) z. B. chromatografisch isoliert und deren **Absorptionsspektren** ermittelt. Es zeigt sich, dass die grünen **Chlorophylle a** und **b** Licht im blauen (ca. 440 und 470 nm) und roten Spektralbereich (ca. 680 und 650 nm) maximal absorbieren. Das orange β-Carotin absorbiert vor allem Licht der Wellenlängen von 400 bis 520 nm (Abb. 10). Den Pigmenten gemeinsam ist ein Absorptionsminimum zwischen 500 und 600 nm, d. h. im grüngelben Spektralbereich (**Grünlücke**). In diesem Bereich wird eingestrahltes Licht weitgehend reflektiert.

Chromatografie: biochemisches Verfahren zur Auftrennung von Molekülen eines Stoffgemischs

Absorptionsspektrum: Darstellung der Lichtabsorption eines Moleküls in Abhängigkeit von der Wellenlänge des Lichts

Wirkungs-/Aktionsspektrum: Darstellung der Fotosyntheseleistung in Abhängigkeit von der Wellenlänge des Lichts

Wird die Fotosyntheserate einer lebenden Pflanze bei Licht unterschiedlicher Wellenlängen bestimmt, ergibt sich das **Wirkungs-** oder **Aktionsspektrum** der Fotosynthese. Dabei zeigt sich, dass Licht im blauen und orange-roten Bereich, in dem die Chlorophylle maximal absorbieren, auch fotosynthetisch am wirksamsten ist. Chlorophyll a nimmt eine zentrale Rolle ein, da insbesondere seine Absorptionsmaxima mit denen des Wirkungsspektrums übereinstimmen. Die anderen Pigmente absorbieren insbesondere das Licht, das nicht von Chlorophyll a absorbiert wird, und verringern so die Grünlücke. Sie tragen ebenfalls, aber in geringerem Maße zur Fotosyntheseleistung bei, sie fungieren als Hilfs- oder Antennenpigmente (siehe S. 16).

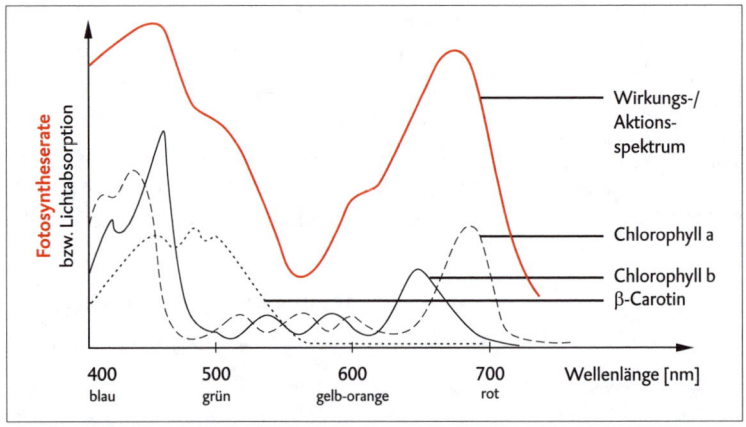

Abb. 10: Absorptions- und Wirkungsspektren eines Laubblatts

Temperatur- und Lichtabhängigkeit der Fotosynthese

Enzymabhängige, biochemische Reaktionen sind temperaturabhängig. F. BLACKMAN ermittelte 1905 experimentell, dass eine starke Temperaturabhängigkeit der Fotosyntheseleistung nur bei **hoher Lichtstärke** besteht. In diesem Fall steigt die Fotosyntheserate bis ca. 30 °C gemäß der RGT-Regel an und sinkt oberhalb von ca. 40 °C (aufgrund der Denaturierung der Enzymproteine) rasch ab. Die Temperatur ist unter diesen Bedingungen der begrenzende Faktor der Fotosynthese.

RGT-Regel: Reaktionsgeschwindigkeit-Temperatur-Regel, siehe S. 8

Bei **geringer Lichtstärke** hat eine Temperaturerhöhung hingegen kaum Auswirkungen auf die Fotosyntheseleistung. Sie bleibt konstant niedrig und nimmt oberhalb von 35 °C ab. Licht wirkt als limitierender Faktor. BLACKMAN deutete die Experimente so, dass sich die Fotosynthese aus zwei voneinander abhängigen Teilprozessen zusammensetzt: den **Lichtreaktionen**

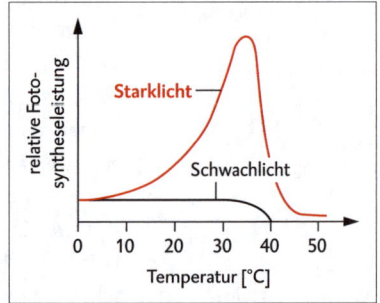

Abb. 11: Abhängigkeit der Fotosyntheserate von der Temperatur und der Lichtstärke

mit weitgehend temperaturunabhängigen fotochemischen Prozessen sowie den **Dunkelreaktionen** mit temperaturabhängigen biochemischen Prozessen.

Die HILL-Reaktion und Markierungsexperimente mit Isotopen

R. HILL zeigte 1939, dass belichtete isolierte Chloroplasten in wässriger Lösung trotz Abwesenheit von $NADP^+$ bzw. Kohlenstoffdioxid nach Zugabe eines künstlichen Elektronenakzeptors (Hill-Reagens, z. B. Eisen(III)-Ionen) Sauerstoff produzieren. Damit zeigte er, dass ...
- die Enzyme der Fotosynthese in den Chloroplasten lokalisiert sind.
- der Sauerstoff aus Wasser (und nicht aus CO_2) gebildet wird.
- die Fotosynthese aus zwei Teilprozessen besteht, da die Sauerstoffbildung getrennt von der CO_2-Reduktion stattfindet.
- bei der Fotosynthese Lichtenergie in chemische Energie umgewandelt wird.

M. KAMEN und S. RUBEN belegten 1941 eindeutig, dass der Sauerstoff der Fotosynthese aus dem Wasser und nicht aus dem Kohlenstoffdioxid stammt, indem sie die Ausgangsstoffe H_2O (oder CO_2) mit schweren Sauerstoff-**Isotopen** (^{18}O als **Tracer**) markierten und die Produkte hinsichtlich des Markers untersuchten.

$NADP^+$: Nikotinamid-Adenin-Dinukleotid-Phosphat

Isotope: Atomsorten eines Elements mit gleicher Protonenzahl, aber unterschiedlicher Neutronenzahl und daher verschiedenen Massen

2.2 Überblick über die zwei Phasen der Fotosynthese

Der gesamte Fotosynthesevorgang von der Lichtaufnahme bis zur Bildung von Glucose lässt sich in zwei Phasen untergliedern: Die Phase der **lichtabhängigen Primärreaktionen (Lichtreaktionen)** mit der Bildung von Sauerstoff, $NADPH/H^+$ und ATP findet in der Thylakoidmembran der Chloroplasten (siehe S. 4) statt.

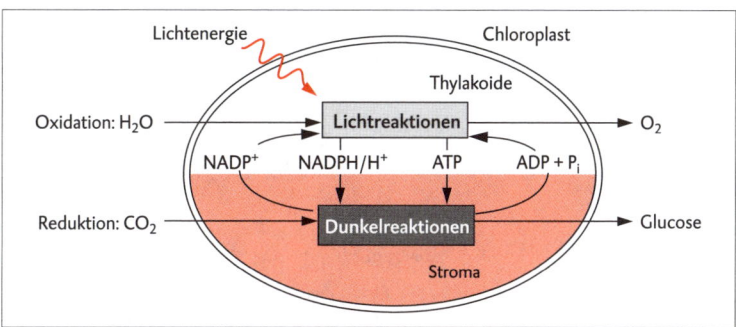

Abb. 12: Übersichtsschema der Lichtreaktionen und Dunkelreaktionen der Fotosynthese

Die Phase der **lichtunabhängigen Sekundärreaktionen (Dunkelreaktionen)** mit der Bindung von Kohlenstoffdioxid und der Bildung von Glucose läuft im Stroma der Chloroplasten ab.

2.3 Die lichtabhängigen Reaktionen

Lichtabsorption, Energie- und Elektronentransfer

In die Thylakoidmembran der Chloroplasten von Algen- und Pflanzenzellen sind Fotosysteme mit verschiedenen **Fotosynthesepigmenten** eingelagert, mit deren Hilfe Lichtenergie absorbiert und während der Fotosynthesereaktionen in chemische Energie umgewandelt werden kann. Neben den für die Grünfärbung verantwortlichen **Chlorophyllen a** und **b** zählen dazu die gelblichen **Carotinoide** mit Carotinen (z. B. β-Carotin) und Xanthophyllen. Beide Pigmentgruppen besitzen viele konjugierte Doppelbindungen mit leicht anregbaren Elektronen.

Fotosysteme bestehen aus Proteinen und Pigmenten. Dabei fungiert der **Antennenkomplex** mit Chlorophyllen und Carotinoiden (**Antennenpigmenten**) als „Sammelfalle" für Licht verschiedener Wellenlängen: Bei der Lichtabsorption werden Elektronen der Pigmente kurz in einen angeregten Zustand versetzt. Bei Rückkehr in den Grundzustand geben sie Energie an benachbarte Pigmente mit niedrigerer Anregungsenergie weiter. Die absorbierte Lichtenergie wird so entlang eines Energiegefälles zu speziellen Chlorophyll-a-Molekülen im eigentlichen **Reaktionszentrum** transferiert und erst hier in chemische Energie umgewandelt: Angeregte Elektronen im Reaktionszentrum werden auf einen **primären Elektronenakzeptor** übertragen, der dabei reduziert wird. Das oxidierte Chlorophyll a erhält sein fehlendes Elektron von einem Elektronendonator zurück (siehe S. 17).

Pigmente: Moleküle, die farbig erscheinen, (meist) indem sie selektiv Licht bestimmter Wellenlänge absorbieren

Chlorophylle: Derivate eines Porphyrin-Rings mit zentralem Mg^{2+}-Ion

Carotinoide: aus Isopreneinheiten aufgebaute lipophile Kohlenwasserstoffe

Fotosystem: aus Antennenkomplex und zentralem Reaktionszentrum bestehender Proteinkomplex in der Thylakoidmembran

Antennenpigmente: durch Licht anregbare Chlorophylle und Carotinoide der Antennenkomplexe

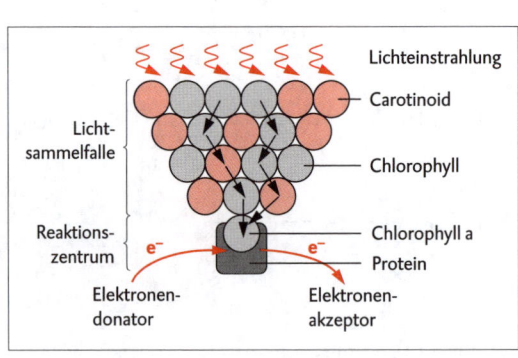

Abb. 13: Schematischer Aufbau eines Fotosystems mit Energie- und Elektronentransfer

Die vollständige Lichtreaktion resultiert aus dem Zusammenspiel zweier unterschiedlicher, in der Thylakoidmembran verknüpfter Fotosysteme I und II, die sich hinsichtlich ihrer Absorptionsmaxima im roten Bereich unterscheiden:
- Fotosystem I hat sein Absorptionsmaximum bei 700 nm (P700).
- Fotosystem II hat sein Absorptionsmaximum bei 680 nm (P680).

Das Fotosystem II und die Fotolyse des Wassers (Lichtreaktion II)

Die durch Licht angeregten Elektronen der Chlorophyll-a-Moleküle im P680 können als Antrieb für einen endergonischen Vorgang genutzt werden, indem sie von einem Akzeptormolekül aufgenommen werden. Über eine **Elektronentransportkette**, die aus hintereinander „geschalteten" **Redoxsystemen** besteht, werden die Elektronen entlang eines Energiegefälles zum Fotosystem I weitergereicht. Jedes der Redoxsysteme besteht aus einem Oxidationsmittel, das Elektronen aufnimmt und so zum Reduktionsmittel wird. Es kann als Donator Elektronen an das nächste Redoxsystem mit positiverem Redoxpotenzial weitergeben. Ein Teil der durch den Elektronentransport freigesetzten Energie wird dabei indirekt zur Bildung von ATP genutzt (s. u.). Durch die Elektronenabgabe wird P680 zu einem sehr starken Oxidationsmittel. Der Elektronendonator des Fotosystems II entzieht die zum Füllen der Elektronenlücke in P680 notwendigen Elektronen einem Wassermolekül, das dabei in Protonen (H^+) und Sauerstoff (O_2) zerlegt wird (**Fotolyse** des Wassers).

Chemiosmotische Theorie zur ATP-Bildung: Über eines der Redoxsysteme der Elektronentransportkette werden mithilfe der beim Elektronentransport frei werdenden Energie Protonen aus dem Stroma in den Thylakoidinnenraum gepumpt. Dadurch und infolge der Freisetzung von H^+-Ionen durch Fotolyse kommt es dort zu einem Anstieg der Protonenkonzentration. Aufgrund der Protonenundurchlässigkeit der Thylakoidmembran entsteht ein H^+-Konzentrationsgefälle über der Membran (chemiosmotischer Protonengradient) und damit einhergehend auch ein Ladungsunterschied. Diese Potenziale – die protonenmotorische Kraft – werden durch **ATP-Synthasen** zur Produktion von ATP genutzt: Protonen strömen aus dem Thylakoidinnenraum durch die Transmembranproteine zurück ins Stroma. Mithilfe der dabei frei werdenden Energie katalysieren die Enzyme die ATP-Bildung aus ADP und P_i (**nichtzyklische Fotophosphorylierung**).

Redoxsystem: System aus korrespondierendem Elektronenakzeptor und -donator

Reduktionsmittel: Elektronendonator, gibt Elektronen ab und wird dadurch oxidiert

Oxidationsmittel: Elektronenakzeptor, nimmt Elektronen auf und wird dadurch reduziert

ATP-Synthase: Enzymkomplex, der die Thylakoidmembran durchzieht und die Synthese von ATP katalysiert

Das Fotosystem I und die NADPH/H⁺-Bildung (Lichtreaktion I)

Durch ausreichende Belichtung von P700 werden auch hier Elektronen der Chlorophyll-a-Moleküle angeregt, von einem Akzeptormolekül übernommen und über eine Elektronentransportkette schließlich auf den Elektronenakzeptor NADP⁺ übertragen. Zusammen mit Protonen aus der Fotolyse des Wassers entsteht so das **Reduktionsmittel NADPH/H⁺** für die Dunkelreaktionen. Die im P700 entstandene Elektronenlücke wird durch die Elektronen, die über die Transportkette von Fotosystem II weitergeleitet werden, wieder ausgeglichen.

NADP⁺: Nikotinamid-Adenin-Dinukleotid-Phosphat

Bruttogleichung der Lichtreaktionen:

$$12\,H_2O + 12\,NADP^+ + 18\,ADP + 18\,P_i \longrightarrow 6\,O_2 + 12\,NADPH/H^+ + 18\,ATP$$

P_i: anorganisches Phosphat

Bei ausreichender Konzentration an NADPH/H⁺ können die angeregten Elektronen des P700 vom Elektronenakzeptor im Fotosystem I auf eines der Redoxsysteme zwischen Fotosystem I und II übertragen und von dort zurück zum P700 transportiert werden. Über diesen zyklischen Elektronentransport wird zusätzlich ATP gebildet **(zyklische Fotophosphorylierung)** ohne gleichzeitige Bildung von NADPH/H⁺.

Fotophosphorylierung: Bildung von ATP aus ADP und P_i unter Einwirkung von Lichtenergie

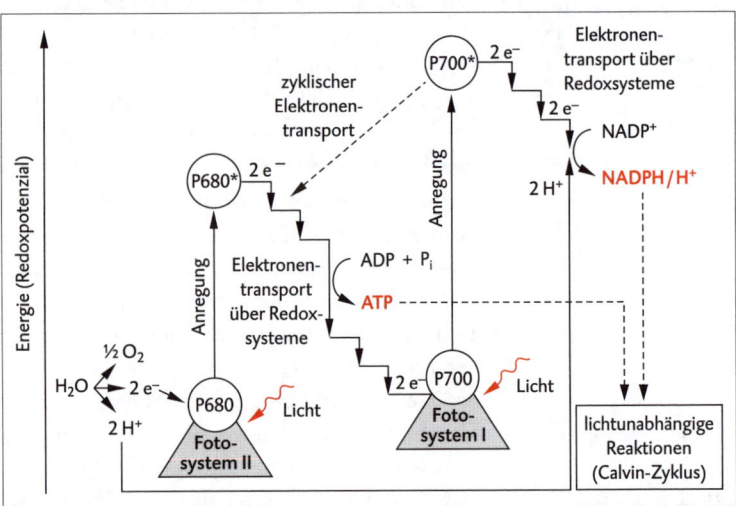

Abb. 14: Energieschema (Z-Schema) der lichtabhängigen Vorgänge der Fotosynthese

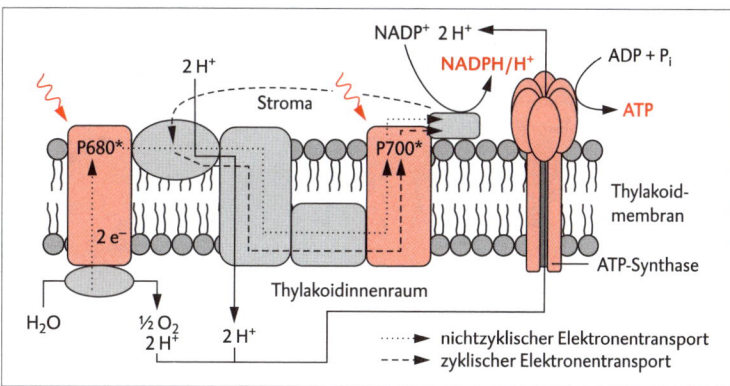

Abb. 15: Schematische Darstellung der lichtabhängigen Vorgänge der Fotosynthese in der Thylakoidmembran

2.4 Die lichtunabhängigen Reaktionen

Die lichtunabhängigen Reaktionen der Fotosynthese (**Dunkelreaktionen**) finden im Stroma der Chloroplasten in Form eines Kreisprozesses, des **Calvin-Zyklus**, statt. Er besteht aus drei Phasen:

- **Fixierungsphase:** Der C_5-Körper Ribulose-1,5-bisphosphat (RubP) bindet mithilfe eines Enzyms (RubisCO) Kohlenstoffdioxid. Der dabei entstehende C_6-Körper ist instabil und zerfällt sofort in zwei C_3-Körper 3-Phosphoglycerinsäure (PGS, Glycerinsäure-3-phosphat).
- **Reduktionsphase:** 3-Phosphoglycerinsäure wird mithilfe von ATP und NADPH/H$^+$ aus den lichtabhängigen Reaktionen zu 3-Phosphoglycerinaldehyd (PGA, Glycerinaldehyd-3-phosphat) reduziert. Dabei dient NADPH/H$^+$ als Reduktionsmittel, während die ATP-Spaltung die Energie für die stark endergonische Reaktion liefert. Jeweils zwei dieser C_3-Körper werden über mehrere Reaktionsschritte zum C_6-Körper Glucose, dem Endprodukt der Fotosynthese, umgesetzt.
- **Regenerationsphase:** Fünf von sechs gebildeten C_3-Körpern PGA werden über enzymkatalysierte Regenerationsschritte unter ATP-Verbrauch zu Ribulose-1,5-bisphosphat umgebaut, sodass der Kohlenstoffdioxid-Akzeptor RubP wieder zur Verfügung steht.

C_5-Körper: organisches Molekül mit fünf C-Atomen
RubisCO: Ribulose-1,5-bisphosphat-Carboxylase-Oxygenase

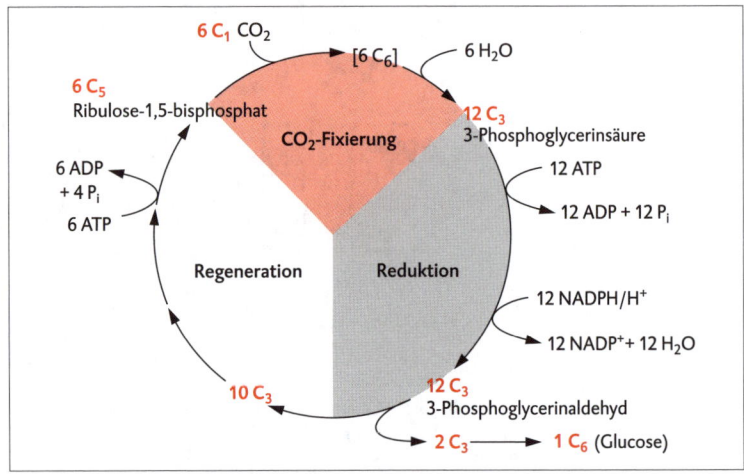

Abb. 16: Schema des Calvin-Zyklus

Bruttogleichung der Dunkelreaktionen:

$6\ CO_2 + 12\ NADPH/H^+ + 18\ ATP \longrightarrow C_6H_{12}O_6 + 12\ NADP^+ + 18\ ADP + 18\ P_i + 6\ H_2O$

Experimentelle Aufklärung der Dunkelreaktionen

Dass es sich bei den Dunkelreaktionen um einen Kreisprozess handelt, entdeckte der Chemiker M. CALVIN experimentell. Er belichtete Algen in einer Lösung, die CO_2 mit dem radioaktiven Isotop ^{14}C als Tracer enthielt. Nach variabel kurzer Belichtungszeit wurden die Algen abgetötet und ihre Zellextrakte analysiert. Mittels chromatografischer Auftrennung und Autoradiografie (siehe S. 78) konnte bei sehr kurzer Belichtungszeit als einzige radioaktiv markierte Substanz PGS lokalisiert und identifiziert werden, das erste stabile Produkt der Dunkelreaktionen.

Bedeutung der Fotosyntheseprodukte im Pflanzenstoffwechsel

Das Endprodukt der Fotosynthese Glucose kann im **katabolen** Stoffwechsel zur Energiegewinnung abgebaut oder, wenn Glucose im Überschuss produziert wird, im **anabolen** Stoffwechsel zu Stärke aufgebaut und in Chloroplasten in Stärkekörnern gespeichert werden (**Assimilationsstärke**). Die Zuckermoleküle dienen darüber hinaus zum Aufbau weiterer (Bau-)Stoffe: Über Stoffwechselprozesse werden sie u. a. zu **Cellulose**, zu Proteinen, Fetten und weiteren Verbindungen (z. B. Farb- und Giftstoffen) umgewandelt. Der Transport der gelösten Assimilate erfolgt bei Gefäßpflanzen über die Siebröhren/-zellen der Leitbündel.

Cellulose: Polysaccharid, Zellwandbestandteil bei Pflanzen

Leitbündel: Leitungssystem höherer Pflanzen mit Bahnen für den Wasser- und den Assimilatetransport

2.5 Abhängigkeit der Fotosynthese von Außenfaktoren

Neben der Temperatur beeinflussen vor allem die Umweltfaktoren Licht und Kohlenstoffdioxid (CO_2) die Fotosynthese. Die Fotosyntheseleistung ist experimentell bestimmbar, indem man die Menge des aufgenommenen, gebundenen Kohlenstoffdioxids oder die Menge des abgegebenen Sauerstoffs misst. Auf diese Weise wird die scheinbare, apparente **Netto**fotosyntheseleistung ermittelt, da Pflanzen immer auch Zellatmung betreiben, bei der Kohlenstoffdioxid produziert und Sauerstoff verbraucht wird. Erst wenn der Betrag des Stoffumsatzes durch Zellatmung hinzugerechnet wird, ergibt sich die wirkliche, reelle **Brutto**fotosyntheseleistung.

apparente Fotosyntheseleistung: Fotosyntheserate abzüglich des zeitgleichen Stoffumsatzes durch Zellatmung

reelle Fotosyntheseleistung: Fotosyntheserate einschließlich der durch Zellatmung zeitgleich verbrauchten Fotosyntheseprodukte

Einfluss der Lichtintensität

Misst man die Fotosyntheseleistung in Abhängigkeit von der Lichtintensität, ergibt sich eine typische Sättigungskurve. Mit zunehmender Lichtstärke steigt die Fotosyntheseleistung. Bei geringer Belichtungsstärke überwiegt die CO_2-Abgabe durch Zellatmung gegenüber der CO_2-Aufnahme durch die Fotosynthese. Die Lichtintensität, bei der sich CO_2-Abgabe und -Verbrauch die Waage halten, ist der **Lichtkompensationspunkt** der Pflanze. Bei Erhöhung der Lichtintensität steigt die Fotosyntheserate je nach Pflanzenart in charakteristischer Weise bis zu einem Maximalwert an, bei dem **Lichtsättigung** vorliegt.

Lichtkompensationspunkt: Lichtintensität, bei der sich CO_2-Abgabe und CO_2-Aufnahme einer Pflanze ausgleichen

Lichtsättigung: Lichtintensität, ab der es zu keiner weiteren Steigerung der Fotosyntheserate kommt

Bei **Sonnenpflanzen**, die an Standorte mit starker Sonneneinstrahlung angepasst sind (z. B. viele Nutzpflanzen), liegen der Sättigungswert und der Lichtkompensationspunkt relativ hoch, während diese Werte bei **Schattenpflanzen** relativ niedrig sind. Sie erreichen also ihre Nettofotosyntheseleistung und ihre maximale Fotosyntheseleistung bei viel geringerer Lichtintensität als Sonnenpflanzen.

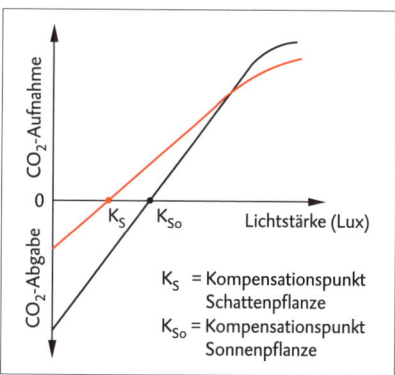

Abb. 17: Fotosyntheserate bei geringen Lichtstärken

Bei sehr hoher Lichtintensität kann es zu einer (Licht-)Hemmung der Fotosynthese u. a. durch Schädigung der Pigmentsysteme kommen.

Einfluss der Kohlenstoffdioxidkonzentration

Der CO_2-Gehalt der Luft liegt mit 0,038 Volumen-% deutlich unter dem CO_2-Optimum der Pflanzen; CO_2 ist der die Fotosyntheserate am stärksten begrenzende Außenfaktor. Daher lässt sich die Fotosyntheseleistung bei ansonsten optimalen Umweltbedingungen durch Begasung mit CO_2 erheblich steigern. Sättigung tritt erst bei ca. 0,05–0,1 Volumen-% ein. Bei CO_2-Konzentrationen über ca. 0,1 Volumen-% wird die Fotosyntheseleistung allerdings wieder geringer bzw. ganz gehemmt.

CO_2-Kompensationspunkt: CO_2-Konzentration, bei der sich CO_2-Aufnahme und CO_2-Abgabe einer Pflanze ausgleichen

Oberhalb einer CO_2-Konzentration von ca. 0,005 Volumen-% findet eine Nettofotosynthese statt. Dieser **CO_2-Kompensationspunkt** ist der Wert, bei dem CO_2-Aufnahme (bzw. O_2-Abgabe) durch Fotosynthese und CO_2-Abgabe (bzw. O_2-Aufnahme) durch Atmung genau gleich groß sind.

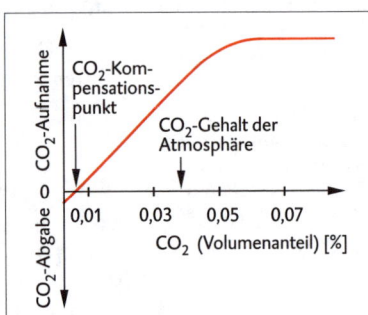

Abb. 18: Abhängigkeit der Fotosyntheserate von der CO_2-Konzentration

7 Neben fotoautotrophen Organismen kennt man seit dem 19. Jahrhundert auch chemoautotrophe Lebewesen. Im folgenden Schema ist die Chemosynthese farbloser Schwefelbakterien vereinfacht dargestellt:

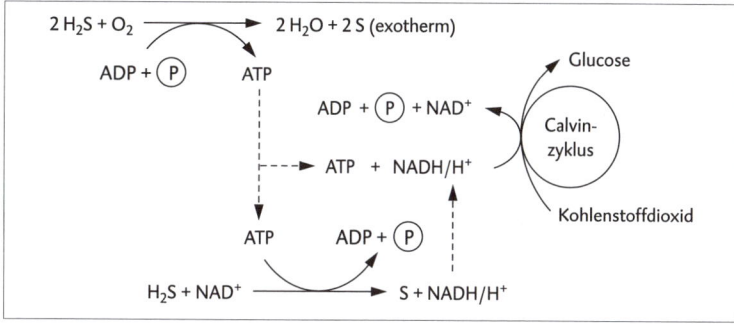

Vereinfachte, schematische Darstellung der Chemosynthese farbloser Schwefelbakterien; Anmerkung: Calvinzyklus entspricht den lichtunabhängigen Reaktionen
(verändert nach: R. W. Meyer (1990): Die Chemosynthese. In: Unterricht Biologie. 153, S. 34)

> **TIPP** ▶
> Die Lösung der Aufgabe kann als Fließtext, als Aufzählung oder auch in Tabellenform dargestellt werden.

Vergleichen Sie unter Berücksichtigung der Abbildung die Stoffwechselwege der Chemosynthese und der Fotosynthese im Hinblick auf grundlegende Gemeinsamkeiten und Unterschiede!
ABI Bayern (Jahrgang 2015, Aufgabe C2/1.2) AFB II ➜ 8 BE von 40

8 Licht nimmt auf vielfältige Weise Einfluss auf Lebewesen und die in ihnen ablaufenden biologischen Prozesse und stellt damit auch einen sehr wichtigen Evolutionsfaktor dar.
In einem Schülerexperiment wird der Einfluss unterschiedlicher Lichtqualität auf die Fotosyntheseleistung grüner Efeupflanzen untersucht. Dazu werden aus Efeublättern kleine Stücke herausgeschnitten und in verschiedenen Versuchsansätzen je fünf Stücke in Plastikspritzen gegeben, die jeweils mit Wasser und Backpulver gefüllt werden. Das Backpulver sorgt für in Wasser gelöstes Kohlenstoffdioxid. Überschüssiges, nicht gelöstes Kohlenstoffdioxid kann mithilfe des Spritzenkolbens entfernt werden. Hinter den Spritzen werden Folien unterschiedlicher Farbe (rot, blau, grün) angebracht (siehe Abb.), die mithilfe einer Lichtquelle beleuchtet werden, sodass auf die Efeublattstückchen jeweils nur Licht dieser einen Farbe einstrahlt.

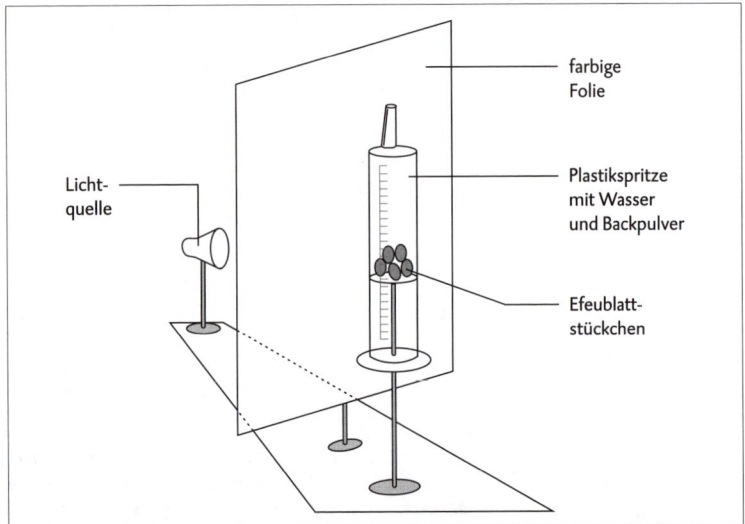

Versuchsanordnung für ein Schülerexperiment zur Untersuchung der Abhängigkeit der Fotosynthese von der Lichtqualität
(verändert nach: C. Riekeberg (2009): Der ENGELMANN-Bakterienversuch – einmal ganz anders. In: Plantago – Informationen aus dem Schulbiologiezentrum Hannover, Herbst 2009)

8.1 Beim Versuchsansatz mit den blau beleuchteten Efeublattstückchen kann beobachtet werden, dass diese nach einer bestimmten Zeit in der Spritze aufsteigen.
Erklären Sie die beschriebene Beobachtung! Stellen Sie je eine begründete Hypothese darüber auf, welche Beobachtungen beim Einsatz der grünen bzw. der roten Farbfolie gemacht werden können!
ABI Bayern (Jahrgang 2016, Aufgabe B1/1.1) AFB II–III ➜ 6 BE von 40

TIPP ▶
Überlegen Sie sich bei Ihrer Erklärung zunächst, welche Produkte bei der Fotosynthese entstehen und in welcher Form sie im Versuchsansatz vorliegen.
Bei der Hypothesenbildung rufen Sie Ihre Kenntnisse zum Einfluss der Wellenlängen des Lichts auf die Fotosyntheseaktivität ab.

8.2 Nennen Sie drei verschiedene Faktoren, die bei den einzelnen Versuchsansätzen in diesem Experiment für aussagekräftige Ergebnisse konstant gehalten werden müssen, und begründen Sie Ihre Auswahl!
ABI Bayern (Jahrgang 2016, Aufgabe B1/1.2) AFB I–II ➜ 6 BE von 40

9 Geben Sie die Bruttogleichung der Lichtreaktionen der Fotosynthese an.
ABI Bayern (Jahrgang 2019, Aufgabe A2/1.1) AFB I ➜ 3 BE von 40

10 In den Kannen der verschiedenen *Nepenthes*-Arten leben Vertreter zahlreicher Bakteriengruppen, darunter auch Purpurbakterien der Gattung *Rhodospirillum*, die in der Lage sind, Fotosynthese zu betreiben.

TIPP ▶
Die Gattung *Nepenthes* umfasst tropische fleischfressende Pflanzen, die kannenförmige Fallgruben ausbilden, mit deren Hilfe sie z. B. Insekten fangen.

10.1 Bei den Lichtreaktionen der Fotosynthese von *Rhodospirillum* wird u. a. ein Protonengradient aufgebaut, der für die Synthese von ATP genutzt wird. Auch bei der Fotosynthese grüner Pflanzen spielt ein solcher Protonengradient für die ATP-Synthese eine wichtige Rolle.

Stellen Sie die Prozesse, die bei der Fotosynthese grüner Pflanzen zur chemiosmotischen Bildung von ATP führen, in Form einer beschrifteten Skizze dar.

ABI Bayern (Jahrgang 2017, Aufgabe B2/5.1) AFB I ➔ 9 BE von 40

> **TIPP** ▶
> Legen Sie Ihre Zeichnung auf jeden Fall so groß an, dass alle Elemente gut zu erkennen sind und Sie bei der Beschriftung keine Platzprobleme bekommen.

10.2 Ein energetisches Schema der Lichtreaktionen bei Purpurbakterien wie *Rhodospirillum* ist in der Abbildung dargestellt.

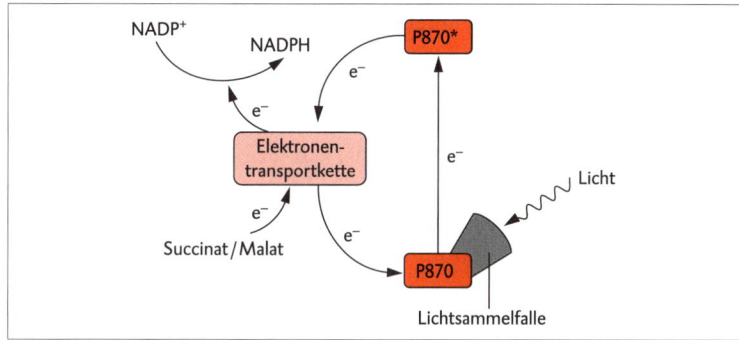

Modell des Elektronenflusses in den Lichtreaktionen bei der Bakteriengattung Rhodospirillum
(verändert nach: H. G. Schlegel (1992): Allgemeine Mikrobiologie, Thieme Verlag, Stuttgart, S. 420)

Vergleichen Sie auf der Grundlage der Abbildung die Vorgänge bei den Lichtreaktionen bei *Rhodospirillum* mit den Lichtreaktionen bei grünen Pflanzen im Hinblick auf jeweils zwei selbst gewählte Gemeinsamkeiten und zwei Unterschiede.

ABI Bayern (Jahrgang 2017, Aufgabe B2/5.2) AFB II ➔ 5 BE von 40

> **TIPP** ▶
> Achten Sie unbedingt auf die geforderte Anzahl der Unterschiede und Gemeinsamkeiten.

11 Unkrautvernichtungsmittel (Herbizide), z. B. auf Maisfeldern, sollen zum einen in geringen Dosierungen wirken und zum anderen hochspezifisch nur in pflanzliche Prozesse eingreifen.

In der folgenden Tabelle sind drei Herbizide mit ihrer entsprechenden Wirkung angegeben:

> **TIPP** ▶
> Lassen Sie sich nicht davon irritieren, wenn in Aufgaben z. B. Ihnen nicht bekannte Stoffe und Substanzen angegeben sind. Wenn Sie die entsprechenden Fakten nicht im Unterricht behandelt haben, sind alle benötigten Informationen den die Aufgaben begleitenden Texten, Grafiken und Tabellen zu entnehmen oder aus diesen abzuleiten.

Herbizid	Strukturmerkmal bzw. Eigenschaft
Triazine	Hemmung des Elektronentransports in der Thylakoidmembran
Diphenylether	strukturell dem ADP-Molekül sehr ähnlich
Pyridazinone	Zerstörung von Farbstoffen

Herbizide mit entsprechenden Strukturmerkmalen bzw. Eigenschaften
(P. Böger (1983): Die photosynthetische Membran als Angriffsort für Herbizide. In: Biologie in unserer Zeit. 13. Jahrg., Nr. 6, S. 170–177)

Erläutern Sie die Auswirkungen der jeweiligen Herbizide auf die Fotosynthese!
ABI Bayern (Jahrgang 2015, Aufgabe C1/4) AFB II ➜ 6 BE von 40

12 Die vielfältig nutzbare und weltweit angebaute Maispflanze erlangte gerade in den vergangenen Jahren auch in Deutschland eine immer größere Bedeutung als Energiepflanze. Wie viele andere Nutzpflanzen wird auch der Mais von Insekten befallen. Um den Ernteverlust gering zu halten, werden in der Landwirtschaft Schädlingsbekämpfungsmaßnahmen eingesetzt.
Die Fotosynthese ist der zentrale Stoffwechselvorgang, der dem Wachstum von Mais zugrunde liegt. Eines der wichtigsten Enzyme der Fotosynthese ist RubisCO, das für den Einbau von Kohlenstoffdioxid in der Fixierungsphase der lichtunabhängigen Reaktionen verantwortlich ist.
Erläutern Sie mithilfe eines beschrifteten Diagramms, wie sich eine Zunahme des Kohlenstoffdioxidgehaltes auf die Reaktionsgeschwindigkeit der Kohlenstoffdioxid-Fixierung auswirkt!
ABI Bayern (Jahrgang 2015, Aufgabe C1/1) AFB II ➜ 5 BE von 40

13 Zur Untersuchung der Fotosyntheserate wurden Proben von *Chlamydomonas nivalis* aus Schneefeldern des Rettenbachgletschers in Tirol verwendet. In der Abbildung sind die Ergebnisse von Laborexperimenten zur Bestimmung der Fotosyntheseleistung (Sauerstofffreisetzung) von *Chlamydomonas nivalis* in Abhängigkeit von der Beleuchtungsstärke bei unterschiedlichen Temperaturen dargestellt.

> **TIPP** ▶
> Lassen Sie sich nicht von Ihnen eventuell nicht geläufigen Einheiten wie hier bei der Fotosyntheseleistung und der Beleuchtungsstärke irritieren. Für die Lösung ist in der Regel nur die relative Einordnung von Werten und Kurven relevant (z. B. niedrige, mittlere oder hohe Fotosyntheseleistung bei niedriger, mittlerer oder hoher Beleuchtungsstärke).

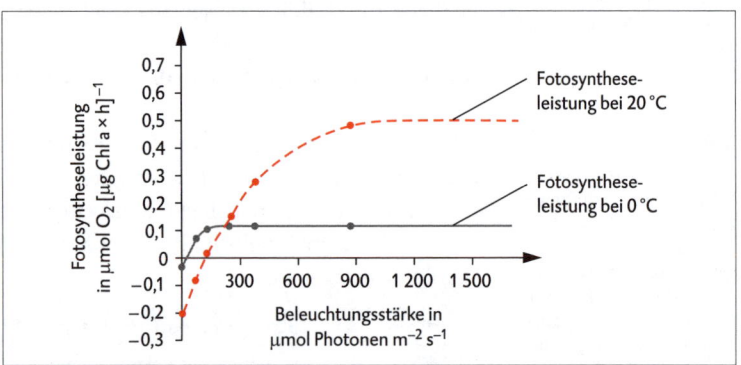

Ergebnisse von Laboruntersuchungen zur Fotosyntheseleistung (Sauerstofffreisetzung) von *Chlamydomonas nivalis* in Abhängigkeit von der Beleuchtungsstärke bei unterschiedlichen Temperaturen
(verändert nach: D. Remias et al.: Photosynthesis, pigments and ultrastructure of the alpine snow alga Chlamydomonas nivalis. In: European Journal of Phycology, 40 (3) (2005), S. 259–268)

TIPP ▶

Beachten Sie, dass nur für die Ergebnisse bei 20 °C eine Erklärung verlangt ist. Beginnen Sie damit, die Achsenbeschriftung zu beschreiben.

TIPP ▶

Hier sollten Sie auf jeden Fall die in der Aufgabe angegebene Reihenfolge der Operatoren einhalten: erst vergleichen, dann Hypothese aufstellen.

13.1 Erklären Sie die in der Abbildung dargestellten Ergebnisse der Untersuchungen zur Fotosyntheseleistung (Sauerstofffreisetzung) von *Chlamydomonas nivalis* bei 20 °C.
ABI Bayern (Jahrgang 2019, Aufgabe A2/2.1) AFB II ➜ 7 BE von 40

13.2 Vergleichen Sie die Fotosyntheseleistung (Sauerstofffreisetzung) von *Chlamydomonas nivalis* bei 20 °C mit der bei 0 °C und stellen Sie eine begründete Hypothese zur Erklärung der unterschiedlichen maximalen Sauerstofffreisetzung auf.
ABI Bayern (Jahrgang 2019, Aufgabe A2/2.2) AFB II–III ➜ 7 BE von 40

3 Energiefreisetzung durch Stoffabbau

Für alle Lebensvorgänge benötigt die Zelle Energie. Mit der Nahrung aufgenommene organische Verbindungen, v. a. Kohlenhydrate, Fette und Proteine, werden zunächst enzymatisch in kleinere, transportable Moleküle zersetzt (bzw. verdaut). Diese Spaltprodukte werden in die Zellen eingeschleust und können dort mithilfe der Dissimilation zur Wandlung und Speicherung von verwertbarer Energie für endergonische Stoffwechselprozesse genutzt werden. Das Ziel dieser dissimilatorischen Prozesse ist es meist, Energie in Form des universellen nutzbaren ATP bereitzustellen.

Dissimilation: katabole Umwandlung organischer Verbindungen, meist unter Energiefreisetzung

3.1 Stoffabbau unter Sauerstoffverbrauch: Zellatmung

Wird für den zellulären Abbau der organischen Spaltprodukte der Verdauung (v. a. Glucose, Aminosäuren und Fettsäuren) Sauerstoff verwendet, spricht man von Zellatmung. Dabei wird unter Energiefreisetzung Wasser und Kohlenstoffdioxid gebildet und die Energie in Form von ATP und Wärme nutzbar. Die in der Glucose chemisch gebundene Energie wird im Verlauf der Zellatmung in mehreren Teilschritten umgesetzt und vor allem in Form von ATP gespeichert. Die Übersicht in Abb. 19 zeigt die verschiedenen Teilprozesse der Zellatmung.

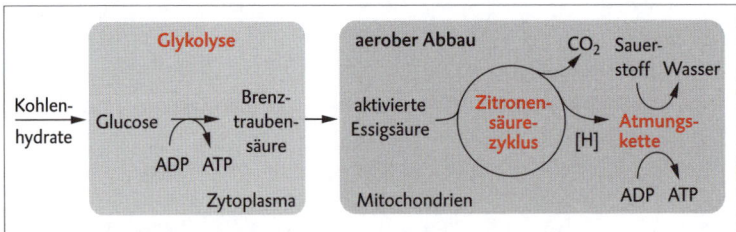

Abb. 19: Überblick über die Teilprozesse der Zellatmung

Glykolyse

Die Glykolyse, der Abbau von Glucose zu Brenztraubensäure, läuft im **Zytoplasma** von Zellen **ohne Sauerstoffverbrauch** ab. In den ersten Teilschritten wird Glucose mithilfe von ATP zweimal phosphoryliert und umgewandelt. Dieses Molekül wird dann in zwei C_3-Körper 3-Phosphoglycerinaldehyd (PGA) gespalten. In weiteren Stoffwechselschritten werden diese unter Reduktion von NAD^+ zu $NADH/H^+$ und Gewinn von ATP zu zwei C_3-Körpern Brenztraubensäure (BTS, Pyruvat) **oxidiert**.

Pyruvat: Anion der Brenztraubensäure

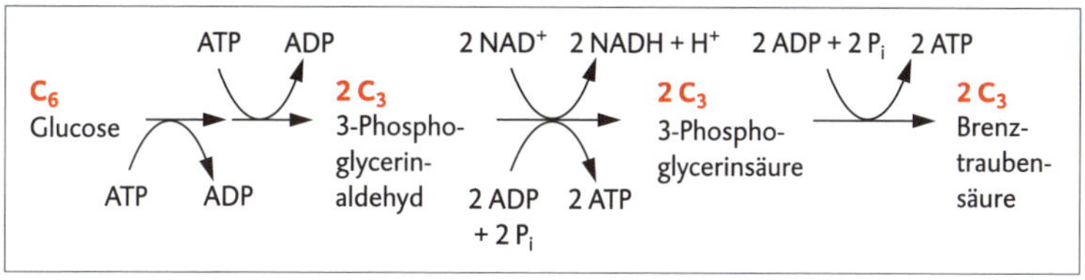

Abb. 20: Vereinfachte Übersicht der Stoffwechselschritte der Glykolyse

Bruttogleichung der Glykolyse:

$C_6H_{12}O_6 + 2\,NAD^+ + 2\,ADP + 2\,P_i \longrightarrow 2\,C_3H_4O_3 + 2\,NADH/H^+ + 2\,ATP$

Zitronensäurezyklus (Citratzyklus)

Brenztraubensäure (BTS) wird in der Matrix der **Mitochondrien** schrittweise weiter abgebaut. Zunächst erfolgt unter Abspaltung von Kohlenstoffdioxid die Bindung an Coenzym A (CoA). Durch Oxidation des C_2-Rests (und gleichzeitige Reduktion von NAD^+ zu $NADH/H^+$) entsteht aktivierte Essigsäure.

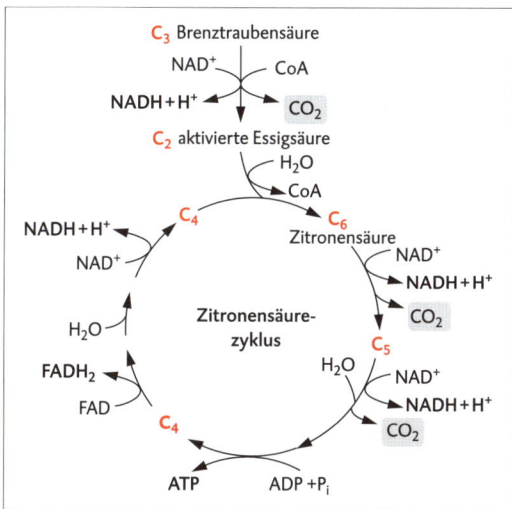

Abb. 21: Schema des Zitronensäurezyklus

Decarboxylierung: Abspaltung von Kohlenstoffdioxid

FAD: Flavin-Adenin-Dinukleotid; Coenzym, das Elektronen überträgt

Dieser C_2-Körper wird im nächsten Schritt in den **Zitronensäurezyklus** eingeschleust, indem er an ein C_4-Akzeptormolekül gebunden wird. Es entsteht der C_6-Körper Zitronensäure. In den Folgereaktionen wird der C_6-Körper zweimal **decarboxyliert**, sodass die Akzeptorverbindung letztlich wieder **regeneriert** wird. In den verschiedenen Reaktionsschritten wird NAD^+ zu $NADH/H^+$ und FAD zu $FADH_2$ reduziert und als Energieträger ATP gebildet. Als Gesamtbilanz ergibt sich pro Molekül BTS die Bildung von vier Molekülen $NADH/H^+$ und je eines

Moleküls FADH$_2$ und ATP. Die drei Kohlenstoffatome der BTS werden dabei vollständig zu drei Molekülen CO$_2$ oxidiert.

Endoxidation in der Atmungskette

Die letzte Phase der Zellatmung dient ebenfalls der ATP-Bildung. Wasserstoff, der in den vorherigen Phasen in den Coenzymen NADH/H$^+$ und FADH$_2$ gebunden wurde, wird dabei stufenweise mit Sauerstoff zu Wasser oxidiert. Nach Abgabe des Wasserstoffs an Redoxsysteme in der **inneren Mitochondrienmembran** werden die Elektronen des Wasserstoffs über aneinandergereihte Redoxsysteme mit abnehmendem Energieniveau unter Energiefreisetzung weitergegeben (**Atmungskette**). Im letzten Schritt reagiert Sauerstoff, der durch die in der Atmungskette transportierten Elektronen zu O^{2-}-Ionen reduziert wird, mit H$^+$-Ionen der Matrix zu Wasser. NAD$^+$ und FAD stehen anschließend wieder für Oxidationsreaktionen zur Verfügung.

Ähnlich wie bei den Fotosynthesereaktionen (siehe S. 17) wird die Energie, die beim Elektronentransport über die Redoxsysteme schrittweise freigesetzt wird, dazu genutzt, Protonen in den Intermembranraum zu transportieren, sodass sich dort die H$^+$-Konzentration gegenüber der Matrix erhöht. Diese Anreicherung ermöglicht es, dass die H$^+$-Ionen über das Membranprotein **ATP-Synthase** in die Matrix zurückfließen können, wobei mithilfe der frei werdenden Energie ATP generiert wird (**oxidative Phosphorylierung**).

Atmungskette: Kette von Redoxreaktionen/-systemen, über die in der inneren Mitochondrienmembran Elektronen transportiert werden

oxidative Phosphorylierung: Bildung von ATP mithilfe der in der Atmungskette gewonnenen Energie bei aeroben Organismen

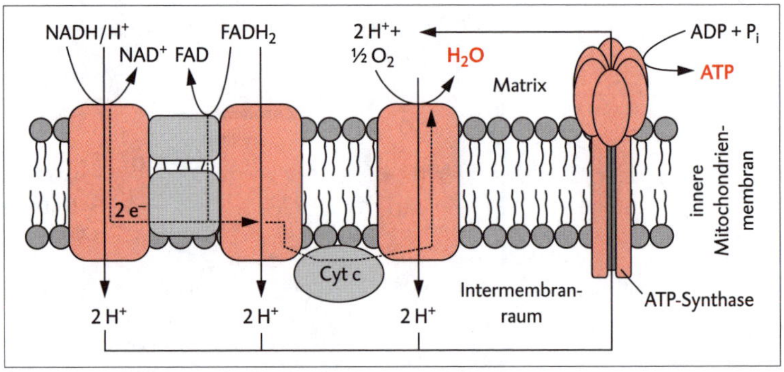

Cyt c: Cytochrom c, eisenhaltiges Protein, das in der Atmungskette als Elektronentransporter fungiert

Abb. 22: Schema der Atmungskette und oxidativen Phosphorylierung

Pro Molekül NADH/H$^+$ werden in der Atmungskette maximal drei ATP-Moleküle gebildet, während FADH$_2$ maximal zwei ATP-Moleküle liefert. Insgesamt ergibt sich somit für den aeroben Abbau (Glykolyse, Zitronensäurezyklus und Atmungskette) ein maximaler Ertrag von **38 mol ATP** pro mol Glucose.

STRUKTURELLE/ENERGETISCHE GRUNDLAGEN DES LEBENS

Summengleichung der Zellatmung:

$$C_6H_{12}O_6 + 6\,O_2 + 38\,ADP + 38\,P_i \longrightarrow 6\,H_2O + 6\,CO_2 + 38\,ATP$$

Da bei der Verbrennung von 1 mol Glucose 2 870 kJ freie Energie entstehen und bei der Spaltung von 1 mol ATP 29 kJ freigesetzt werden, beträgt der **Wirkungsgrad** der Zellatmung etwa 38 %. Ca. 38 % der freigesetzten Energie werden also in ATP gespeichert, der Rest wird als Wärme freigesetzt.

Wirkungsgrad: Maß für die Effizienz von Energieumwandlungen, Verhältnis von nutzbarer zu zugeführter Energie

Wirkungsgrad Zellatmung:

$$\frac{38 \cdot 29\,kJ}{2\,870\,kJ} = 0{,}38 \,\widehat{=}\, 38\,\%$$

3.2 Energiefreisetzung durch anaeroben Stoffabbau

Kann der Wasserstoffakzeptor NAD⁺ nicht über die Atmungskette regeneriert werden, da z. B. kein Sauerstoff zur Verfügung steht oder keine aerobe Atmungskette vorhanden ist (z. B. bei anaeroben Bakterien), muss ständig NAD⁺ auf anderen Wegen regeneriert werden, um den Stoffabbau und die Energiegewinnung zumindest durch die Glykolyse zu gewährleisten. Diese Regeneration von NAD⁺ kann durch anaeroben Abbau in Form von **Gärungen** erfolgen. Die Energieausbeute beschränkt sich dabei jedoch auf 2 mol ATP pro mol Glucose aus der Glykolyse. Der **Wirkungsgrad** der Gärungen beträgt daher nur ca. 2 %.

Milchsäurebakterien: fakultativ anaerobe Bakterien, die Lactose in Glucose und Galactose spalten und Glucose zu Milchsäure abbauen (z. B. *Lactobacillus*)

- **Milchsäuregärung:** Bei anaerob lebenden **Milchsäurebakterien** und unter Sauerstoffmangel auch in Skelettmuskelzellen der Säugetiere wird im Anschluss an die Glykolyse Brenztraubensäure zu Lactat, dem Anion der Milchsäure, reduziert. Zugleich entsteht NAD⁺ durch Oxidation des NADH/H⁺ und wird so regeneriert. In den Muskelzellen kann Lactat wieder zu BTS umgewandelt und bei genügend Sauerstoffzufuhr vollständig abgebaut werden. Milchsäurebakterien scheiden dagegen Milchsäure aus und säuern ihr Nährmedium an. Sie werden zur Konservierung und Herstellung von Nahrungsmitteln (z. B. Käse, Joghurt, Sauerteig) oder bei der Silage genutzt.

  Summengleichung der Milchsäuregärung:

  $$C_6H_{12}O_6 + 2\,ADP + 2\,P_i \longrightarrow 2\,C_3H_6O_3 + 2\,ATP$$

- **Alkoholische Gärung:** Bei Sauerstoffmangel können Hefepilze als fakultative Anaerobier auf die alkoholische Gärung „umschalten", um ihren Energiebedarf zu decken. Durch Decarboxylierung der BTS entsteht dabei zunächst der giftige C_2-Körper Ethanal. Bei der anschließenden Reduktion mithilfe von NADH/H⁺ wird NAD⁺ regeneriert und es entsteht **Ethanol**, das ausgeschieden werden kann. Hefen finden aufgrund ihrer Fähigkeit, alkoholische Gärung zu betreiben, in der **Biotechnologie** u. a. bei der Herstellung alkoholischer Getränke, von industriell genutztem Alkohol (z. B. als Treibstoff und Lösungsmittel) sowie von Backwaren Verwendung.

Summengleichung der alkoholischen Gärung:

$C_6H_{12}O_6 + 2\ ADP + 2\ P_i \longrightarrow 2\ C_2H_5OH + 2\ CO_2 + 2\ ATP$

	Zellatmung	**Gärung**
Sauerstoffbedarf	+ (aerob)	– (anaerob)
Oxidation des C-Körpers	vollständig zu Kohlenstoffdioxid und Wasser	unvollständig zu organischen Endprodukten (z. B. Milchsäure, Ethanol)
ATP-Produktion in …	Glykolyse, Citratzyklus und Endoxidation in der Atmungskette	Glykolyse
Energiegewinn	max. 38 mol ATP pro mol Glucose	2 mol ATP pro 1 mol Glucose
Wärmefreisetzung	hoch	gering

Tab. 2: Vergleich von Zellatmung und Gärung

STRUKTURELLE/ENERGETISCHE GRUNDLAGEN DES LEBENS 33

> **TIPP**
> Die Angabe der entsprechenden Reaktionsgleichung ist nicht zwingend notwendig, aber sinnvoll.
> Was „die wichtigsten Schritte" sind, ist nicht genau definiert. Um sicherzugehen, dass Sie die volle Anzahl an BEs erhalten, sollten Sie in diesem Fall den Gärungsprozess möglichst vollständig wiedergeben.

14 Beschreiben Sie ausgehend von Glucose die wichtigsten Schritte bei der alkoholischen Gärung!
ABI Bayern (Jahrgang 2014, Aufgabe A2/1.2) AFB I ➔ 5 BE von 40

15 Die Weißbeerige Mistel *(Viscum album)* ist ein immergrüner Strauch. Als Halbparasit befällt sie meistens größere Bäume wie Pappeln, Apfelbäume oder Linden. Dazu treibt die Pflanze sogenannte Haustorien (zu Saugorganen umgewandelte Wurzeln) in das Holz der Wirtsbäume.
In den Zellen der Misteln finden aerobe Stoffwechselvorgänge statt.
In den beiden folgenden Abbildungen sind schematische Ausschnitte der inneren Mitochondrienmembran einer Kartoffelpflanze (Abb. 1) sowie einer Mistelpflanze (Abb. 2) dargestellt. An dieser Membran läuft jeweils der letzte Schritt der Zellatmung, die Atmungskette, ab.
Bei den Proteinkomplexen I, III und IV handelt es sich um Protonenpumpen, die Protonen nur in Richtung des Intermembranraumes (Zwischenmembranraumes) transportieren (eine Möglichkeit ist in den Abbildungen dargestellt). Den Antrieb für die Protonenpumpen liefern ähnlich wie bei der Fotosynthese Elektronentransportketten.

> **TIPP**
> Beim direkten Vergleich zweier Abbildungen bietet es sich an, die Unterschiede wie in einem „Fehlersuchbild" farbig zu markieren.

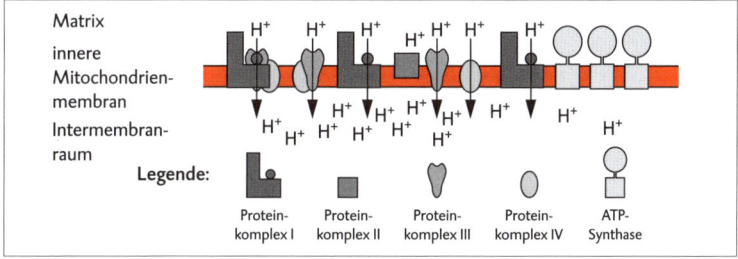

Abb. 1: Ausschnitt der inneren Mitochondrienmembran einer Kartoffel
(verändert nach: J. Senkler et al.: Absence of complex I implicates rearrangement of the respiratory chain in european mistletoe. In: Current Biology, 28 (2018), S. 1606–1613)

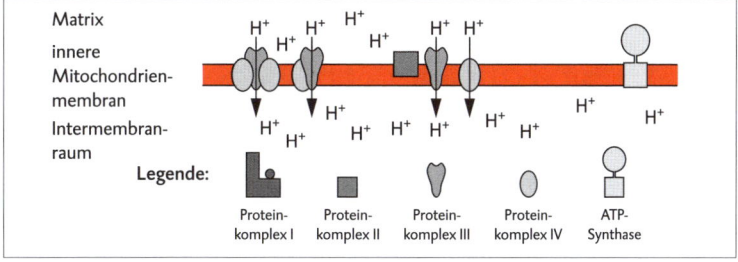

Abb. 2: Ausschnitt der inneren Mitochondrienmembran einer Mistel
(verändert nach: J. Senkler et al.: Absence of complex I implicates rearrangement of the respiratory chain in european mistletoe. In: Current Biology, 28 (2018), S. 1606–1613)

Denken Sie bei der Bearbeitung daran, auch auf die Auswirkung der Unterschiede auf die Leistungsfähigkeit der Atmungskette einzugehen.

Vergleichen Sie den unterschiedlichen Membranaufbau bei der Mistel und der Kartoffel und erläutern Sie die Auswirkungen auf die Leistungsfähigkeit der Atmungskette.

ABI Bayern (Jahrgang 2019, Aufgabe A1/1.1) AFB II → 7 BE von 40

Genetik und Gentechnik

1 Molekulargenetik

1.1 Die DNA als Trägerin der genetischen Information

Nach der Entdeckung von Nukleinsäuren in Zellen 1869 wurde in den 1940er-Jahren experimentell gezeigt, dass in der **Desoxyribonukleinsäure (DNA)** die genetische Information gespeichert ist. Bevor J. WATSON und F. CRICK 1953 mithilfe der Röntgenstrukturanalyse ein Modell der DNA entwickelten, das auch die Replikation erklären konnte, war der grundlegende Bau der DNA bereits bekannt.

Die **Grundbausteine** der DNA sind …
- das Zuckermolekül **Desoxyribose** mit fünf C-Atomen (Pentose),
- ein **Phosphatrest** und
- eine der vier organischen Basen: **Adenin** (A) und **Guanin** (G) werden als Purin-Basen bezeichnet, **Thymin** (T) und **Cytosin** (C) sind Pyrimidin-Basen.

Die Verbindung aus einem Zuckermolekül und einer Base nennt man **Nukleosid**. Ein Nukleosid, das über das C5-Atom des Zuckers an einen Phosphatrest gebunden ist, heißt **Nukleotid**.

C-Atom: Kohlenstoffatom
Desoxyribose: Ribose, die am C2-Atom kein O-Atom trägt
Purin: heterobizyklische aromatische Verbindung mit vier Stickstoffatomen
Pyrimidin: heterozyklische aromatische Verbindung mit zwei Stickstoffatomen
Nukleosid: Verbindung einer organischen Base mit einer (Desoxy-)Ribose über das C1-Atom des Zuckers

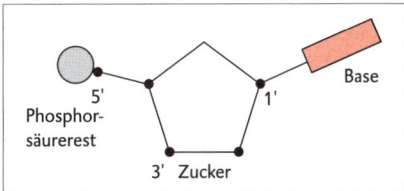

Abb. 23: Schematische Darstellung eines Nukleotids

Ein **Polynukleotidstrang** (Primärstruktur der DNA) entsteht durch Verknüpfung einzelner Nukleotide, wobei jeweils das C3-Atom der Ribose eines Nukleotids mit dem Phosphatrest des folgenden Nukleotids verbunden ist. In der Reihenfolge der an dieses Zucker-Phosphat-Gerüst gebundenen Basen ist die genetische Information gespeichert.

Eigenschaften des Watson-Crick-Modells der DNA:
- Zwei Einzelstränge sind durch **Wasserstoffbrücken** zu einem Doppelstrang verbunden, wobei das Basenpaar Adenin/Thymin zwei und das Basenpaar Cytosin/Guanin drei Wasserstoffbrücken ausbildet (Sekundärstruktur).

Wasserstoffbrückenbindung: schwache anziehende Wechselwirkungen zwischen zwei Molekülen/Molekülgruppen über H-Atome

- Die beiden Einzelstränge sind bezüglich ihrer Basen **komplementär**. Nach dem Gesetz der **spezifischen Basenpaarung** paart sich Adenin nur mit Thymin und Cytosin nur mit Guanin.
- Der DNA-Doppelstrang bildet eine rechtsgewundene **Doppelhelix** mit einer kleinen und einer großen Furche (Tertiärstruktur).
- Die beiden Einzelstränge der Doppelhelix haben entgegengesetzte Polarität, sie sind **antiparallel** orientiert. Die Enden eines Doppelstrangs besitzen daher je ein C5'- und ein C3'-Ende.

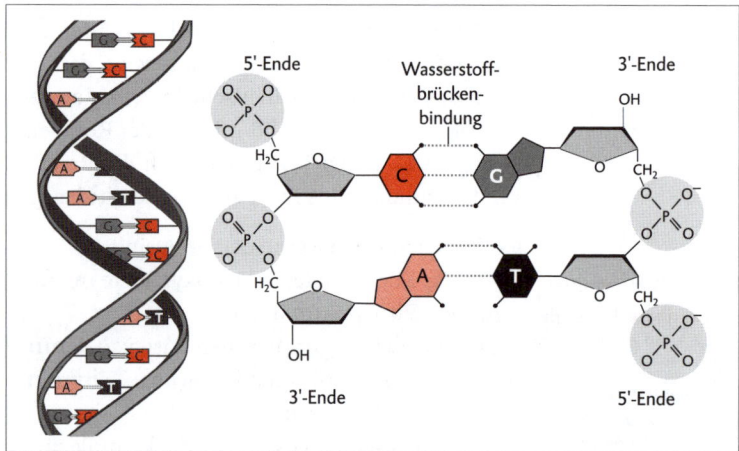

Abb. 24: Schema der Doppelhelix (links) und des molekularen Aufbaus der DNA

Unterschiede der Ribonukleinsäure (RNA) zur DNA
- Die RNA enthält den Zucker **Ribose** (anstelle von Desoxyribose).
- Anstelle des Pyrimidins Thymin weist die RNA die ähnliche Base **Uracil** auf, die sich wie Thymin mit Adenin paart.
- Die RNA liegt als **Einzelstrang** vor, der jedoch über intramolekulare Basenpaarungen teilweise stark gefaltet sein kann.
- Die RNA kommt in verschiedenen Formen mit unterschiedlichen Funktionen vor, vor allem als **ribosomale RNA** (rRNA, siehe S. 4), **messenger-RNA** (mRNA, siehe S. 39) und **transfer-RNA** (tRNA, siehe S. 39).

Uracil: Thymin ähnliche Nukleobase mit Pyrimidingerüst

1.2 Die semikonservative Replikation der DNA

Ehe die genetische Information im Rahmen der Mitose und Zellteilung an die Tochterzellen weitergegeben werden kann, muss sie durch Replikation identisch verdoppelt werden. M. MESELSON und F. STAHL wie-

GENETIK

sen 1958 nach, dass dabei jeder der beiden DNA-Einzelstränge durch komplementäre Basenanlagerung wieder zu einem Doppelstrang ergänzt wird (**semikonservative** Replikation) und es nicht zur völligen Neusynthese eines Doppelstrangs kommt (**konservative** Replikation). Für ihr Experiment züchteten die Wissenschaftler E.-coli-Bakterien in einem Nährmedium, das als Stickstoffquelle Ammoniumchlorid mit dem schwereren Isotop ^{15}N enthielt. Die DNA dieser Bakterien wies nach einiger Zeit nur noch ^{15}N auf. Die Bakterien wurden auf ^{14}N-haltiges Medium überführt und ihre DNA wurde nach einer sowie nach zwei Zellteilungen isoliert und mittels **Dichtegradientenzentrifugation** analysiert. Ein Gemisch aus reiner ^{14}N-DNA und reiner ^{15}N-DNA trennt sich im Zentrifugenröhrchen in eine obere Bande mit der leichteren ^{14}N-DNA und eine untere mit der schwereren ^{15}N-DNA auf. Die aus den Versuchsbakterien isolierte DNA bildete jedoch eine Bande, die zwischen diesen beiden Banden lag. Diese mittelschwere DNA belegte den **semikonservativen** Mechanismus der DNA-Replikation, da sich jeder neue Doppelstrang aus einem Einzelstrang der ursprünglichen, schweren DNA und einem komplementären, neu synthetisierten Einzelstrang mit den leichteren ^{14}N-Nukleotiden zusammensetzt.

Dichtegradientenzentrifugation: Methode, bei der Stoffe anhand ihrer Sedimentationsgeschwindigkeit in einem Dichtegradienten aufgetrennt werden

ori: von engl. *origin*, Replikationsursprung

DNA-Polymerase: Enzym, das die DNA-Replikation katalysiert

dNTP: Desoxynukleosidtriphosphat

Pyrophosphat: zwei Phosphatreste

Primer: kurze Basensequenz (ca. 10 Nukleotide), die vom Enzym Primase (RNA-Polymerase) gebildet wird

Der Ablauf der Replikation
- Die Replikation beginnt an einer bestimmten DNA-Basensequenz, dem Replikationsursprung (ori), und schreitet zu beiden Seiten fort.
- Das Enzym **Helikase** entwindet die DNA-Doppelhelix und trennt die Einzelstränge zu zwei Replikationsgabeln auf. Spezielle Proteine stabilisieren die Einzelstränge und verhindern deren erneutes Zusammenlagern.
- Die **DNA-Polymerase** synthetisiert die neuen Einzelstränge in 5'→3'-Richtung. Dazu lagern sich nach dem Prinzip der komplementären Basenpaarung in der Zelle verfügbare **dNTPs** an den als Matrize dienenden Einzelstrang an und werden von der DNA-Polymerase unter energieliefernder Abspaltung von Pyrophosphat miteinander verbunden.
- Die DNA-Polymerase beginnt mit der Nukleotidsynthese immer an einem kurzen **RNA-Primer**, da das Enzym einen Startpunkt mit freiem 3'-OH-Ende benötigt.
- Nur ein Strang, der **Leitstrang**, wird **kontinuierlich** in 5'→3'-Richtung synthetisiert. Für die Synthese des anderen Strangs, des **Folgestrangs**, muss die DNA-Polymerase wegen der Antiparallelität der Stränge immer wieder neu an der Replikationsgabel ansetzen. Die Synthese verläuft **diskontinuierlich** und erzeugt Abschnitte,

die als **Okazaki-Fragmente** bezeichnet werden. Für jedes Okazaki-Fragment muss ein neuer Primer erstellt werden.
- Erreicht die DNA-Polymerase den Primer eines vorangegangenen Okazaki-Fragments, löst sie sich von der DNA. Die RNA-Primer werden enzymatisch (durch eine andere DNA-Polymerase) entfernt und durch DNA-Nukleotide ersetzt.
- Das Enzym **DNA-Ligase** verbindet die 3'- und 5'-Enden der einzelnen Fragmente kovalent.

DNA-Ligase: Enzym, das die Bildung einer Phosphodiesterbindung zwischen 3'-OH-Gruppe und 5'-Phosphatgruppe katalysiert

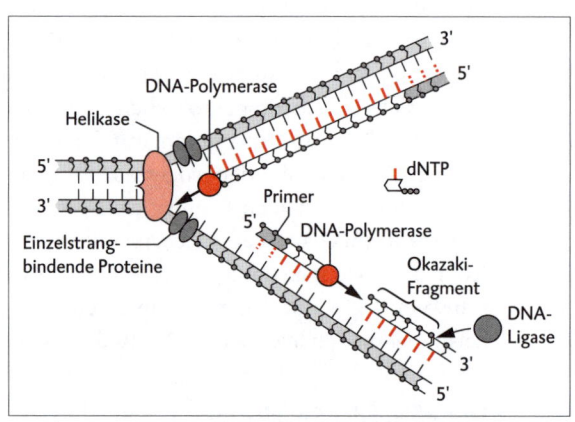

Abb. 25: Schema einer Replikationsgabel

In eukaryotischen Chromosomen gibt es anders als bei Prokaryoten aufgrund der meist erheblich längeren DNA und einer geringeren Replikationsgeschwindigkeit zahlreiche Replikationsursprünge, an denen gleichzeitig mit der Replikation begonnen wird.

1.3 Vom Gen zum Protein: Proteinbiosynthese

Als Gene werden (meist) DNA-Sequenzen verstanden, die Informationen zur Bildung von Proteinen tragen. Die Umsetzung dieser Information wird als **Proteinbiosynthese** oder auch als **Genexpression** zusammengefasst. Die dabei wesentlichen Prozesse sind die **Transkription** und die **Translation**. Die gebildeten Proteine und Enzyme bedingen und steuern schließlich über zahlreiche Reaktionen die Ausbildung von Merkmalen.

Transkription: Bildung einer mRNA anhand einer DNA-Vorlage

Translation: Übersetzung der mRNA in eine Aminosäuresequenz

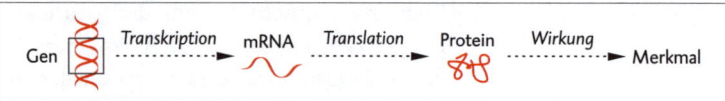

Abb. 26: Informationsfluss bei der Proteinbiosynthese

GENETIK

Transkription

Die Übertragung der Basensequenz eines Gens in die Basensequenz einer **messenger-RNA** (mRNA) wird als **Transkription** bezeichnet.

- Das Enzym **RNA-Polymerase** bindet an eine spezifische Nukleotidsequenz der DNA, den **Promotor**.
- Die RNA-Polymerase entwindet und öffnet den DNA-Doppelstrang über einen Bereich von ca. 10–20 Basenpaaren.

messenger-RNA: Boten-RNA, die als Übermittlerin der genetischen Information dient

Promotor: DNA-Nukleotidsequenz, die für die RNA-Polymerase als Erkennungsstelle zur Initiation der Gentranskription dient

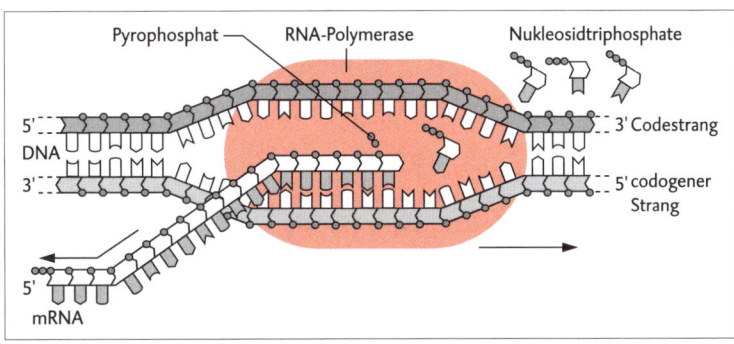

Abb. 27: Schema des Transkriptionsvorgangs

codogener Strang: von der RNA-Polymerase abgelesener Matrizenstrang

Codestrang: DNA-Strang, dessen Basensequenz der Basenabfolge der mRNA entspricht

- Die RNA-Polymerase liest den **codogenen** Strang der DNA, der als Matrize dient, in 3'→5'-Richtung ab. Der komplementäre DNA-Strang wird als **Codestrang** bezeichnet.
- Die Synthese der mRNA erfolgt in 5'→3'-Richtung. Die Nukleosidtriphosphate ATP, GTP, CTP und UTP lagern sich nach dem Prinzip der komplementären Basenpaarung an und werden durch die Polymerase unter Abspaltung von Pyrophosphat miteinander verknüpft.
- Terminationssequenzen bewirken das Ablösen der RNA-Polymerase vom codogenen DNA-Strang.
- Bei Eukaryoten verlässt die mRNA den Zellkern, bei Prokaryoten kann die Translation unmittelbar an der erstellten mRNA erfolgen. Prokaryotische mRNA-Stränge enthalten meist mehrere Gene, eukaryotische in der Regel jeweils nur ein Gen.

transfer-RNA: RNA, die zum Transport der Aminosäuren zu den Ribosomen dient

Codon: Abfolge dreier Nukleotide auf der mRNA

Translation

Die Übersetzung der Basensequenz der mRNA in eine Aminosäuresequenz heißt **Translation**. Sie erfolgt an den **Ribosomen** im Zytoplasma. **Transfer-RNA**-Moleküle transportieren Aminosäuren zu den Ribosomen und erkennen ein bestimmtes **Codon** der mRNA. tRNA-Moleküle sind etwa 70–90 Nukleotide lang und bilden durch intramolekulare Basenpaarungen eine kleeblattförmige Sekundärstruktur (und eine Tertiärstruktur) aus, die mehrere funktionelle Bereiche aufweist:

Anticodon: zu einem mRNA-Basentriplett komplementäres Basentriplett im tRNA-Molekül

- Über das **Anticodon** wird jeweils ein komplementäres mRNA-Basentriplett (Codon) erkannt.
- An das 3'-OH-Ende des Akzeptorarms wird von spezifischen **Aminoacyl-tRNA-Synthetasen** die passende Aminosäure gebunden.
- Die anderen Arme der tRNA dienen vor allem zur Erkennung und Bindung der spezifischen Synthetase.

Aminoacyl-tRNA-Synthetase: Enzym, das tRNA-Moleküle mit spezifischer Aminosäure belädt

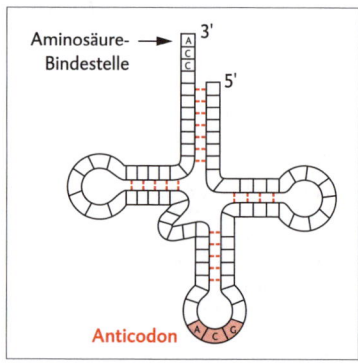

Abb. 28: Schema der Sekundärstruktur eines tRNA-Moleküls

Für jede Aminosäure, die durch Basentripletts codiert wird, gibt es eine spezifische Synthetase, insgesamt also ca. 20 verschiedene Enzyme. Die Synthetase bindet zunächst eine Aminosäure und ein Molekül ATP und **aktiviert** die Aminosäure durch Anhängen einer Phosphatgruppe. Das tRNA-Molekül lagert sich über seine Bindungsstellen an die Synthetase an und wird mit der aktivierten Aminosäure verknüpft.

Ablauf der Translation:

- **Initiation:** Die kleine Ribosomenuntereinheit bindet vom 5'-Ende her an das **Startcodon** AUG der mRNA. An dieses Triplett heftet sich die tRNA mit dem Anticodon UAC – sie ist mit der Aminosäure Formyl-Methionin (fmet) beladen – und befindet sich dann an der **P-Stelle** des Ribosoms. Jetzt bindet auch die große Untereinheit des Ribosoms und vervollständigt den Translationskomplex.
- **Elongation:** In die **A-Stelle** des Ribosoms lagert sich über ihr Anticodon eine zum nächsten Codon der mRNA passende, beladene tRNA an. Zwischen den beiden Aminosäuren wird enzymatisch eine **Peptidbindung** geknüpft. Das tRNA-Molekül in der A-Stelle, beladen mit dem Peptid, rückt an die P-Stelle, das Ribosom verschiebt sich dabei zum 3'-Ende der mRNA. Die entladene tRNA der P-Stelle verlässt das Ribosom, die A-Stelle wird frei für die nächste tRNA. Schrittweise wächst so ein Polypeptid nach der Vorgabe der mRNA.
- **Termination:** Gelangt die A-Stelle des Ribosoms an ein Stoppcodon, für das keine tRNA verfügbar ist, löst sich die Polypeptidkette ab und die beiden ribosomalen Untereinheiten trennen sich.

Startcodon: Basentriplett der mRNA, an dem die Translation beginnt

Formyl-Methionin: Methionin mit Aldehyd-Gruppe; diese Start-Aminosäure wird später meist abgespalten

P-Stelle: Peptidyl-Bindungsstelle

A-Stelle: Aminoacyl-Erkennungsstelle

Mehrere Ribosomen können hintereinander die gleiche mRNA besetzen (**Polysom**), sodass eine besonders effektive Translation möglich ist.

Polysom: mehrere Ribosomen, die in kurzem räumlichen und zeitlichen Abstand eine mRNA translatieren

GENETIK

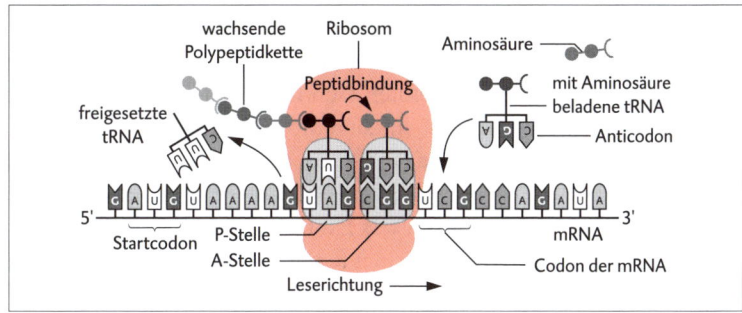

Abb. 29: Schema des Ablaufs der Translation

Der genetische Code

Jeweils drei aufeinanderfolgende Basen codieren eine der ca. 20 Aminosäuren, die in Proteinen vorkommen. Für die vier verfügbaren Basen (A, T, C und G) ergeben sich $4^3 = 64$ mögliche Triplettkombinationen, es codieren also jeweils mehrere Basentripletts für die gleiche Aminosäure. Drei der Codone sind Stoppcodone, die das Ende der Translation anzeigen. Als Startcodon fungiert meist das Triplett AUG.

Die **Code-Sonne** für die mRNA gibt an, welches Codon für welche Aminosäure steht. Sie wird von innen (5') nach außen (3') abgelesen.

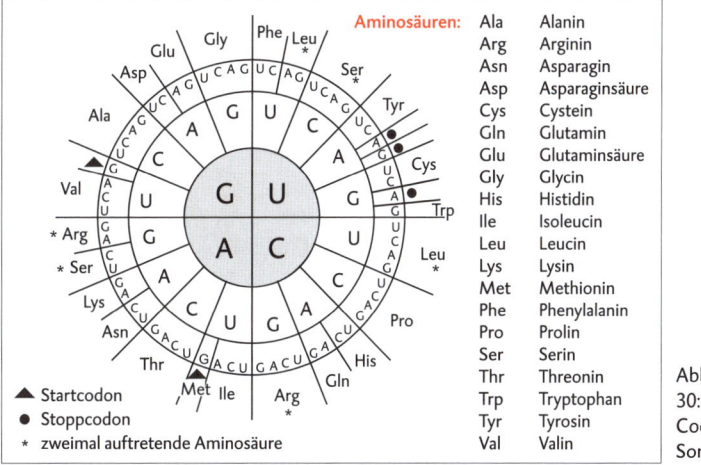

Abb. 30: Code-Sonne

Der genetische Code ist ...
- ein **Triplett-Code:** Jeweils drei Nukleobasen codieren für eine Aminosäure.
- **degeneriert:** Mehrere Codone bestimmen eine Aminosäure.
- **ohne Überlappung:** Jede Base ist nur Teil eines einzigen Codons.
- **kommafrei:** Es gibt vor und nach Codonen keine Trennzeichen.
- **universell:** Fast alle Organismen nutzen denselben Code.

Besonderheiten der Proteinbiosynthese bei Eukaryoten

Anders als bei Prokaryoten laufen Transkription und Translation bei Eukaryoten räumlich und zeitlich getrennt voneinander ab. Eukaryotische Gene sind **Mosaikgene**, sie bestehen aus codierenden Abschnitten (**Exons**), die von nicht codierenden Abschnitten (**Introns**) unterbrochen werden. Bei der Synthese der mRNA wird zunächst eine **prä-mRNA** aus Exons und Introns gebildet, die im Zellkern **prozessiert**, d. h. zu einer funktionsfähigen mRNA verändert wird:

- Am 5'-Ende wird eine **Kappe** aus methyliertem Guanin angefügt, die u. a. den Durchtritt durch die Poren der Kernhülle erlaubt.
- **Spleißen:** Da nur die Exons die Information für die mRNA und die Synthese eines Polypeptids enthalten, werden die Introns durch Enzymkomplexe herausgeschnitten und die Exons miteinander verbunden. Ein Eukaryoten-Gen kann die Information für mehrere Proteine enthalten, indem durch **alternatives Spleißen** verschiedene Exons miteinander kombiniert werden.
- An das 3'-Ende der prozessierten mRNA wird ein **Poly-A-Schwanz** angehängt, der den vorzeitigen Abbau der mRNA verhindert.

Die **reife mRNA** gelangt vom Zellkern zu den Ribosomen ins Zytoplasma.

Exons: codierende Abschnitte eines Gens
Introns: nicht codierende Abschnitte eines Gens

Poly-A-Schwanz: Kette von Adenin-Nukleotiden

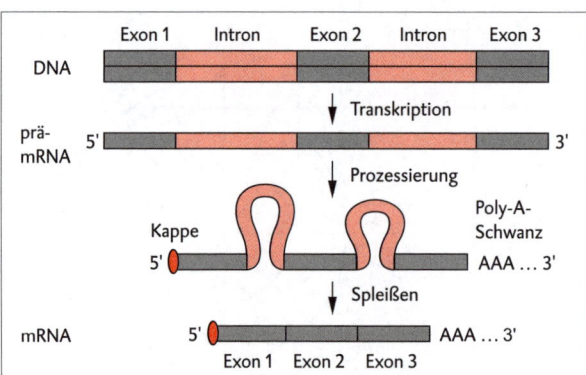

Abb. 31: Schema der RNA-Prozessierung

1.4 Regulation der Genaktivität bei Prokaryoten

Gene, deren Produkte ständig transkribiert werden, da sie grundlegende Zellfunktionen aufrechterhalten, sind **konstitutiv**. Andere Genprodukte werden nur unter bestimmten Bedingungen, z. B. in der Phase der Zellteilung, benötigt. Ihre Gene werden **fakultative Gene** genannt. Mit dem **Operon-Modell** konnten F. Jacob und J. Monod das bedarfsabhängige An- und Abschalten fakultativer Gene bei Bakterien erklären.

GENETIK

Operator: DNA-Abschnitt innerhalb eines Operons, an den ein Regulatorprotein binden kann

Strukturgene: Gene, die für Strukturproteine und Enzyme codieren

Ein DNA-Abschnitt, der **Promotor**, **Operator** und **Strukturgene** umfasst, bildet dabei die Funktionseinheit des **Operons**. An den Operator können regulatorische Moleküle binden und die Transkription der Strukturgene beeinflussen.

Über ein Operon werden oft mehrere Strukturgene, die für Proteine des gleichen Stoffwechselweges codieren, transkribiert und reguliert. Sind für die Umwandlung eines Ausgangsstoffes in ein Endprodukt also die Genprodukte (Enzyme) mehrerer hintereinander geschalteter Strukturgene verantwortlich, spricht man von einer **Genwirkkette**.

Substratinduktion: Zunahme der Bildungsgeschwindigkeit eines Enzyms, die durch das Substrat der Stoffwechselreaktion induziert wird

Regulation durch Substratinduktion

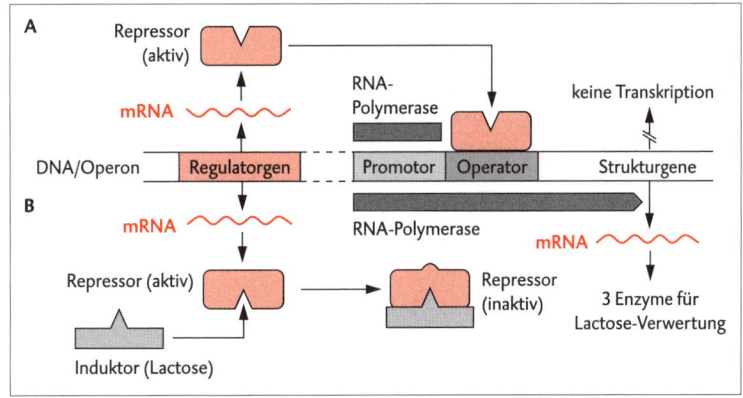

lac-Operon: DNA-Bereich, der die regulierte Expression von Genen zum Transport und Abbau von Lactose bei Bakterien ermöglicht

Regulatorgen: Gen, das für ein Protein codiert, das die Expression anderer Gene reguliert

Repressor: Protein, das im aktiven Zustand an den Operator bindet und die Expression der Strukturgene unterdrückt

Abb. 32: Substratinduktion beim lac-Operon ohne Induktor (A) und mit Lactose (B)

Bei dieser Regulationsform codiert ein konstitutives **Regulatorgen** für ein Protein, das als **aktiver Repressor** an den Operator des entsprechenden Operons bindet und die Transkription seiner Strukturgene blockiert. Steigt in der Zelle die Konzentration eines nutzbaren Substrats (z. B. Lactose) an, bindet es als Effektor nach dem Schlüssel-Schloss-Prinzip an das allosterische Zentrum des Repressors. Diese Reaktion löst eine Konformationsänderung und damit eine Inaktivierung des Repressors aus. Die Expression der Strukturgene kann ablaufen und die entstehenden Proteine verwerten das Substrat. Sinkt die Konzentration des Substrats, löst es sich vom Repressor, der dadurch wieder aktiviert wird und die Enzymsynthese blockiert. Das Substrat wirkt hier als **Induktor**, der die Synthese der zu seiner Verwertung notwendigen Enzyme fördert.

Endproduktrepression: Abnahme der Bildungsgeschwindigkeit eines Enzyms, die durch das Endprodukt eines Stoffwechselwegs bewirkt wird

Endprodukt: Produkt der letzten Reaktion einer Kette von (Stoffwechsel-)Reaktionen

Regulation durch Endproduktrepression

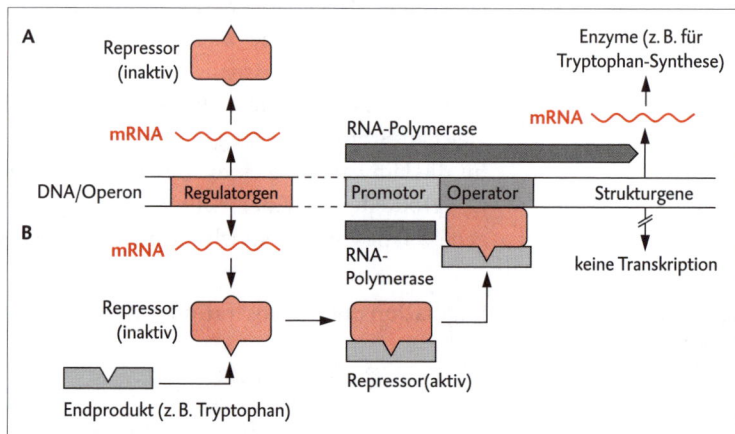

Abb. 33: Schema zur Endproduktrepression: ohne Endprodukt (A) und mit Endprodukt (B)

Das Repressorprotein ist bei diesem Regulationsmechanismus inaktiv, kann also nicht an den Operator binden. Die Strukturgene, deren Genprodukte zum Aufbau eines Stoffwechselprodukts, z. B. der Aminosäure Tryptophan, erforderlich sind, werden transkribiert. Häuft sich das Endprodukt des Stoffwechselwegs in der Zelle an, bindet es als Effektor an den Repressor. Dieser wird durch Konformationsänderung aktiviert und verhindert die Transkription, indem er an den Operator bindet. Sinkt die Endproduktkonzentration, löst sich der Effektor vom Repressor und die Proteinbiosynthese der Strukturgene kann wieder erfolgen.

1.5 Genmutationen und DNA-Reparatur

Ungerichtet auftretende Veränderungen des Erbguts bezeichnet man als **Mutationen**. Nur Mutationen, die Keimzellen betreffen, können auch an Nachkommen **vererbt** werden.

Formen von Mutationen:
- **Genommutation:** Bei der **numerischen Chromosomenaberration** ist die Anzahl der Chromosomen verändert (siehe S. 54). Liegt ein ganzer Chromosomensatz mehrfach vor, spricht man von **Eu-** oder **Polyploidie**, sind einzelne Chromosomen in zu hoher oder niedriger Anzahl vorhanden, liegt eine **Aneuploidie** vor.
- **Chromosomenmutation:** Bei einer **strukturellen Chromosomenaberration** ist die Struktur eines Chromosoms verändert:

Polyploidie: Vorliegen mehrerer kompletter Chromosomensätze; häufig bei Pflanzen, z. B. Saatweizen

GENETIK

Deletionen sind Verluste von Chromosomenteilstücken, **Duplikationen** Verdopplungen eines Chromosomenabschnitts. Bei **Translokationen** werden Chromosomenbruchstücke in nicht homologe Chromosomen integriert, bei **Inversionen** erfolgt nach intrachromosomalen Brüchen ein umgekehrtes Einfügen des Chromosomenfragments.

- **Genmutationen:** Innerhalb einer Gensequenz kommt es zu Austausch, Verlust oder Einschub einzelner Basen oder Nukleotide.

Ist nur eine einzelne Base verändert, handelt es sich um eine **Punktmutation**. Wird die betroffene Base dabei durch eine andere Base ersetzt, spricht man von einer Substitution (Basenaustauschmutation). Hat dieser Austausch bei der Translation keine Änderung der Aminosäure zur Folge (Degeneration des genetischen Codes), ist die Mutation **stumm**. Wird durch das veränderte Basentriplett eine andere Aminosäure codiert, kann daraus ein verändertes, ggf. funktionsloses Protein resultieren (missense-Mutation). Erzeugt die Punktmutation ein Stoppcodon, kommt es bei der Translation zu einem vorzeitigen Abbruch der Aminosäurekette, sodass kein funktionelles Genprodukt entsteht (nonsense-Mutation).

Bei Verlust (**Deletion**) oder Einschub (**Insertion**) eines oder mehrerer Nukleotide ändert sich das Leseraster des Triplett-Codes. Man spricht von einer **Rastermutation**. Sie führt je nach Lokalisation im Gen zur Bildung eines veränderten oder funktionslosen Proteins.

Mutationen können **spontan** auftreten, z. B. durch Fehler bei der Replikation, oder durch äußere Faktoren **induziert** werden, vor allem durch energiereiche Strahlung oder **mutagene** Substanzen:

- **UV-Strahlen** führen häufig zur Bildung von Thymin-Dimeren.
- **Röntgen- oder radioaktive Strahlung** kann Veränderungen von Basen sowie Einzel- oder Doppelstrangbrüche der DNA auslösen.
- **Chemische Substanzen** können Basen modifizieren (z. B. salpetrige Säure) oder als **Basenanaloga** anstelle von Basen eingebaut werden (z. B. 5-Bromuracil). Diese Basen gehen andere Paarungen ein, sodass es nach der Replikation zum Basenaustausch kommt. Auch der Einbau von „Scheinbasen" (z. B. Akridinfarbstoffen) ist möglich; er führt nach der Replikation entweder zum Baseneinschub oder -verlust.

Punktmutation: Mutation einer einzelnen Base

Rastermutation: Mutation, die eine Verschiebung des Leserasters des Triplett-Codes bewirkt

Thymin-Dimer: kovalente Verbindung zweier benachbarter Thyminbasen

Basenanalogon: einer DNA-Base ähnliche Substanz, die sich mit verschiedenen Basen paaren kann

GENETIK

DNA-Reparaturmechanismen

Genmutationen stellen in der Regel einen Nachteil für die Zelle oder den Organismus dar. Verschiedene Kontroll- und **Reparaturmechanismen** reduzieren die Fehlerrate, u. a.:

- Über die **Korrekturlesefunktion** der DNA-Polymerase können noch während der Replikation Fehlpaarungen korrigiert werden.
- **Exzisionsreparatur:** Spezielle Enzyme erkennen Basenfehlpaarungen schon beim Korrekturlesen und veranlassen Endonukleasen, den Bereich des neuen Einzelstrangs rund um die Mutation auszuschneiden. DNA-Polymerase und -Ligase synthetisieren und verknüpfen den fehlenden Abschnitt neu.
- **Fotoreaktivierung:** Mittels Lichtenergie können spezifische Enzyme die Bildung von Thymin-Dimeren rückgängig machen.
- **Rekombinationsreparatur:** Im neu synthetisierten Strang können Lücken oder Brüche auch lange nach Abschluss der Replikation repariert werden. Nach dem Herausschneiden der schadhaften Stelle dient der zweite, korrekt replizierte DNA-Doppelstrang als Vorlage zum Schließen der Lücke.
- **SOS-Reparatur:** Bei Blockierung der Replikation, z. B. durch Mutagene ermöglicht das aktivierte SOS-System eine Replikation über die Schadstelle hinaus. Die eingefügten, beliebigen Nukleotide bedeuten eine dauerhafte Mutation, aber die Zelle bleibt durch dieses Notfallsystem teilungsfähig und am Leben.

Endonuklease: Enzym, das innerhalb von Nukleinsäuren Phosphodiesterbindungen des Zucker-Phosphat-Gerüsts spaltet

GENETIK

TIPP ▶
Überlegen Sie sich, welche Aufgabe die eukaryotische RNA-Polymerase hat.

16 Waschbären sind mögliche Überträger des Tollwutvirus. Dabei handelt es sich um sogenannte RNA-Viren mit einer einzelsträngigen RNA als Erbsubstanz, die als Matrize für die Herstellung einer mRNA in der Wirtszelle dient.
Im Tollwutvirus befindet sich neben seiner RNA auch eine RNA-Polymerase. Begründen Sie, warum das Virus auch dieses Enzym in den Wirtsorganismus einschleusen muss!
ABI Bayern (Jahrgang 2016, Aufgabe C1/2.3) AFB III ➔ 3 BE von 40

TIPP ▶
Denken Sie daran, dass die Proteinbiosynthese nicht nur aus der Translation besteht.

17 Misteln bilden unterschiedliche Toxine (Giftstoffe), die u. a. in der Medizin zur Krebsbekämpfung eingesetzt werden. Diese Toxine inaktivieren z. B. ribosomale Untereinheiten in menschlichen Zellen.
Erklären Sie den Einfluss dieser Toxine auf den Ablauf der Proteinbiosynthese.
ABI Bayern (Jahrgang 2019, Aufgabe A1/5) AFB II ➔ 4 BE von 40

18 An der Universität Rostock wird daran geforscht, mithilfe von heterotrophen Bodenbakterien der Gattung Clostridium langfristig Möglichkeiten zu schaffen, aus cellulosehaltigen Reststoffen Biotreibstoff herzustellen. Das Bodenbakterium *Clostridium butyricum* kann auf ähnliche Weise wie Chlamydomonas bei Bedarf Cellulose bzw. Cellobiose abbauen und produziert dabei neben verschiedenen organischen Endprodukten ein Gasgemisch aus Kohlenstoffdioxid und Wasserstoff. Zur genaueren Aufklärung wurden Kulturen von *Clostridium butyricum* in einer Versuchsreihe mit Glucose (Kurve A) bzw. mit Cellobiose (Kurve B) versetzt und die Gasproduktion gemessen.

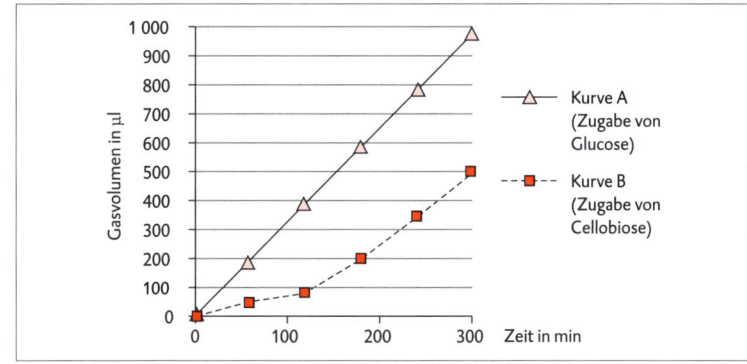

Gasproduktion bei *Clostridium butyricum*
(A. J. Schocher (1959): Ein Beitrag zur Kenntnis der Wachstums- und Gärungsphysiologie der Saccharolytischen Clostridien. Grafisch Bedrijf Avanti, Delft, S. 98)

TIPP ▶
Ihnen sollten zwei unterschiedliche Mechanismen der Genregulation bei Prokaryoten bekannt sein. Arbeiten Sie nicht einfach drauflos, sondern überlegen Sie sich ganz genau, welcher Mechanismus hier vorliegt. Die Anfertigung einer entsprechenden Skizze, zumindest auf einem separaten Blatt, kann helfen, Ihre Gedanken zu ordnen.

Erläutern Sie ausgehend von einer Modellvorstellung zur Genregulation die Kurven A und B!
ABI Bayern (Jahrgang 2014, Aufgabe A2/2) AFB II ➔ 10 BE von 40

19 Neben vielen anderen Formen erblicher Schwerhörigkeit lässt sich eine häufigere Form auf eine bestimmte Mutation im GJB2-Gen, das für das Protein Connexin 26 codiert, zurückführen. Das Protein Connexin 26 ist 227 Aminosäuren lang und bildet einen Ionenkanal, der für die Anreicherung von Kalium-Ionen in der Endolymphe des Schneckengangs benötigt wird.

Die folgende Abbildung zeigt Ausschnitte aus dem codogenen Strang des voll funktionsfähigen GJB2-Gens und zwei mögliche Mutationen.

Triplett-Nr.:	12	13	14	15
voll funktionsfähig:	3' – CCC	CAT	TTG	TTC – 5'
Mutation 1:	3' – CCC	CAA	TTG	TTC – 5'
Mutation 2:	3' – CCC	ATT	TGT	TC – 5'

Ausschnitt aus dem codogenen Strang des *GJB2*-Gens und mögliche Mutationen

> **TIPP**
> Um die Aufgabenstellung bezüglich der Mutationstypen exakt zu bearbeiten, geben Sie zunächst die Art der Mutation (Substitution, Deletion, Insertion) und im Anschluss deren Folgen (stumme Mutation, missense-Mutation, nonsense-Mutation, Leserastermutation) an.

Ermitteln Sie mithilfe der Code-Sonne die Aminosäuresequenz des intakten Connexin 26 für die Positionen 12–15. Benennen Sie anschließend die vorliegenden Mutationstypen 1 und 2 und beurteilen Sie, welche der beiden Mutationen für die Connexin-26-bedingte erbliche Schwerhörigkeit verantwortlich ist.

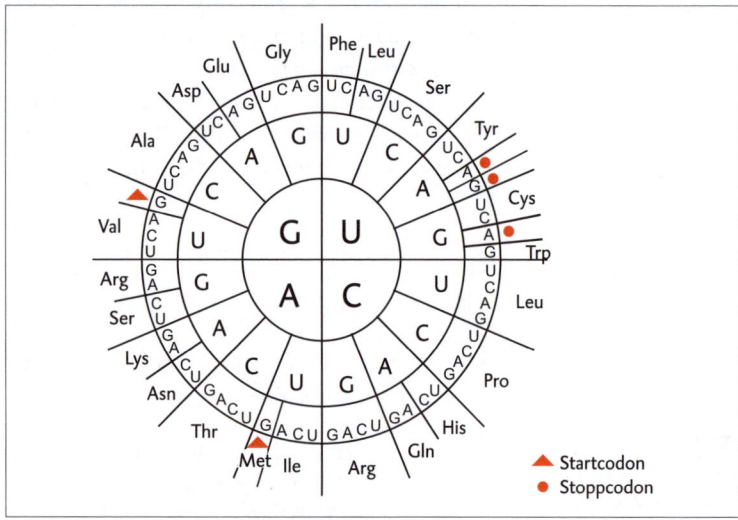

Code-Sonne

ABI Bayern (Jahrgang 2017, Aufgabe C2/2.1) AFB I–III ➔ 7 BE von 40

GENETIK

TIPP ▶
Da hier nur 4 BE zu vergeben sind, können Sie davon ausgehen, dass Ihr Schema nicht allzu detailliert ausfallen muss. So müssen beispielsweise keine genaueren Beschreibungen der ablaufenden Prozesse enthalten sein.

20 Erstellen Sie ein Schema (z. B. Fließschema), in dem die Schritte, die in einer eukaryotischen Zelle zur Bildung der reifen mRNA führen, dargestellt werden!
ABI Bayern (Jahrgang 2016, Aufgabe C1/2.2) AFB I ➜ 4 BE von 40

21 Eine Komponente des Giftes der Kreuzotter ist das Enzym Phospholipase A_2. Das zugrundeliegende Gen PLA2 besteht aus fünf Exons (1 bis 5) und vier Introns (A bis D). Nachfolgend sind Ausschnitte aus dem codogenen Strang dieses Gens dargestellt:

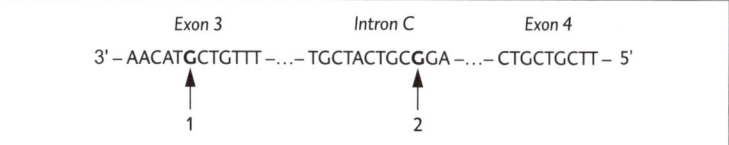

TIPP ▶
Sehen Sie sich alle Details von Abbildungen und Grafiken aufmerksam an, um keine für die Lösung entscheidenden Fakten zu übersehen. Überlesen Sie im vorliegenden Fall beispielsweise nicht, dass es sich bei den Abschnitten um zwei Exons und ein Intron handelt.

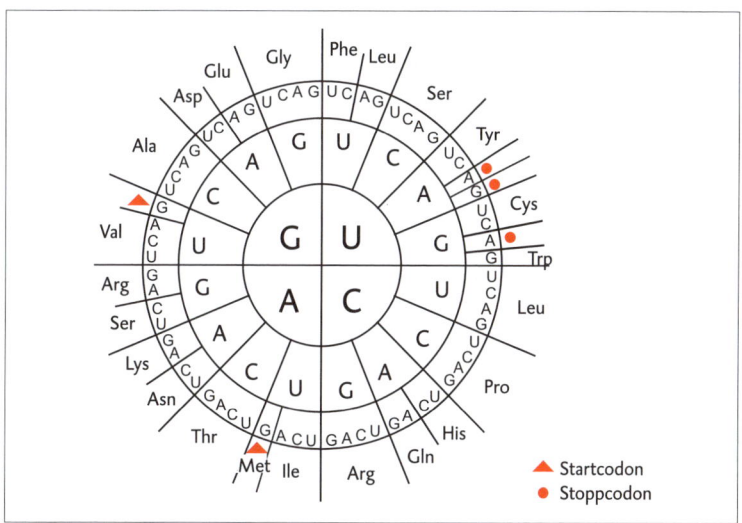

Code-Sonne

21.1 Leiten Sie mithilfe der Code-Sonne die Aminosäuresequenz ab, für die die gezeigte Basensequenz von Exon 3 codiert.
ABI Bayern (Jahrgang 2019, Aufgabe B2/3.1) AFB I–II ➜ 4 BE von 40

21.2 Erläutern Sie jeweils, wie die Funktionstüchtigkeit des Enzyms Phospholipase A_2 beeinflusst wird, wenn an den mit Pfeilen markierten Positionen 1 bzw. 2 die Base Guanin durch Thymin ersetzt wird.
ABI Bayern (Jahrgang 2019, Aufgabe B2/3.2) AFB II ➜ 6 BE von 40

2 Zytogenetik

2.1 Bau der Chromosomen

Anders als bei Prokaryoten ist die DNA in eukaryotischen Zellkernen in lang gestreckte, nicht zirkuläre Portionen, die **Chromosomen**, unterteilt. Die DNA liegt dabei mit Proteinen assoziiert als **Chromatin** vor:
- Die DNA ist (je zweimal) um kugelartige Komplexe aus Histonproteinen gewickelt, die in dieser Form **Nukleosomen** bilden.
- Die Nukleosomenkette ist zu einer ca. 30 nm dicken **Chromatinfaser** spiralisiert, die ihrerseits mehrfach gewunden und spiralisiert weiter verkürzt (kondensiert) vorliegen kann.

Während der Mitose und der Meiose kondensieren die Chromatinfäden maximal (Transportform) und werden in der Metaphase lichtmikroskopisch sichtbar. Infolge der Replikation, die zeitlich unterschiedlich lange vor der Zellteilung stattgefunden hat, besteht jedes Metaphase-Chromosom aus zwei (Schwester-)**Chromatiden**, die am **Zentromer** miteinander verbunden sind (Zwei-Chromatid-Chromosom).

Chromatin: Komplex aus DNA und Proteinen

Histone: basische Proteine, die u. a. für die Verpackung der DNA essenziell sind

Nukleosom: Histonkomplex, um den die DNA zweimal gewickelt ist

Zentromer: primäre Einschnürung der Metaphase-Chromosomen, an der die Schwesterchromatiden zusammenhängen

Darstellung und Eigenschaften der menschlichen Chromosomen

Zur Anfertigung eines **Karyogramms** werden die kondensierten Chromosomen einer Zelle nach spezifischer Anfärbung gemäß ihrer Größe, der Lage ihres Zentromers und ihrem charakteristischen Bandenmuster angeordnet. Die Gesamtheit der so erkennbaren Eigenschaften ist der **Karyotyp**. Er zeichnet sich beim Menschen aus durch
- **44 Autosomen**, von denen sich in der Regel jeweils zwei strukturell gleichen **(homologe Chromosomen)** und
- **2 Gonosomen** (Geschlechtschromosomen), die genotypisch das Geschlecht festlegen. Männer besitzen ein X- und ein (kleineres) Y-Chromosom, Frauen zwei homologe X-Chromosomen.
- Kurzformel des Karyotyps: 46, XX (Frau) bzw. 46, XY (Mann)

Während Keimzellen den **haploiden** (einfachen) Chromosomensatz (n = 23) tragen, sind Körperzellen **diploid** (doppelter Chromosomensatz, 2n = 46). Eines der beiden Chromosomen stammt vom Vater, das andere von der Mutter des Individuums.

Karyogramm: übersichtliches mikroskopisches Bild der individuellen Chromosomenkonstellation

Karyotyp: lichtmikroskopisch erkennbare Eigenschaften der Chromosomen eines Individuums

 ## 2.2 Mitose und Zellzyklus

 Bei Eukaryoten erfolgen das Wachstum vielzelliger Organismen und der Austausch alter bzw. abgestorbener Zellen über die Bildung neuer

GENETIK

Zellen durch Zellteilung. Bevor sich eine Zelle in zwei Tochterzellen teilt, muss eine **Kernteilung** stattfinden. Durch die in der Interphase erfolgte DNA-Replikation liegen die Chromosomen als Zwei-Chromatid-Chromosomen vor. Die Schwesterchromatiden müssen voneinander getrennt und geordnet verteilt werden. Diesen Verteilungsvorgang bezeichnet man als **Mitose**. Beide Tochterzellen verfügen danach über den gleichen Genbestand wie die Mutterzelle.

Zentrosom: Organell tierischer Zellen, das aus Zentriolenpaar (aus Mikrotubuli) und Proteinen besteht; wird vor der Mitose verdoppelt

Spindelapparat: Struktur aus Mikrotubuli, die bei Mitose und Meiose die geordnete Trennung der Chromatiden bzw. Chromosomen ermöglicht

Ablauf der Mitose:
- **Prophase:** Die beiden Zentrosomen wandern zu entgegengesetzten Zellpolen und bilden zwischen sich den **Spindelapparat** aus. Die Chromosomen spiralisieren stark, die Schwesterchromatiden werden sichtbar. Kernhülle und Nukleolus lösen sich auf.
- **Metaphase:** Die maximal verkürzten Zwei-Chromatid-Chromosomen ordnen sich in der Äquatorialebene der Zelle an. Die Spindelfasern setzen von beiden Zellpolen her jeweils an den Zentromeren an.
- **Anaphase:** Das Zentromer jedes Chromosoms teilt sich. Die Schwesterchromatiden/Ein-Chromatid-Chromosomen wandern mithilfe der Spindelfasern zu den entgegengesetzten Zellpolen.
- **Telophase:** Die Spindelfasern lösen sich auf. Kernhülle und Nukleolus werden gebildet. Die Ein-Chromatid-Chromosomen entspiralisieren sich.

In tierischen Zellen wird (ab der Anaphase) in Höhe der Äquatorialebene das Zytoplasma ringartig eingeschnürt und die eigentliche **Zellteilung** (Zytokinese) nach der Mitose abgeschlossen.

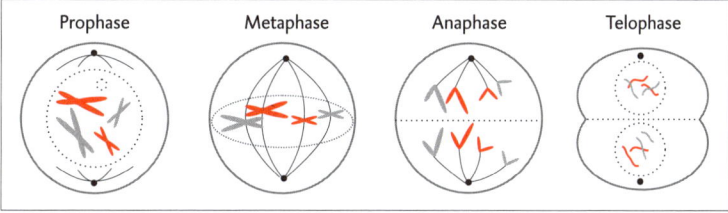

Abb. 34: Schematische Darstellung der Mitosestadien

Mitose-Phase: Kernteilung (Mitose) und Zellteilung (Zytokinese)

G-Phase: „G" steht für „Lücke" (engl. *gap*)

S-Phase: Synthese-Phase

Die Phase zwischen zwei Mitosen heißt **Interphase**. Mitose-Phase und Interphase bilden den **Zellzyklus**. In der Interphase sind die Chromosomen im Zellkern lichtmikroskopisch nicht erkennbar. Man spricht auch vom Arbeitskern, weil nur an der entspiralisierten DNA die Transkription von Genen als Voraussetzung für die Proteinbiosynthese und den Zellstoffwechsel erfolgen kann. Teilungsfähige Zellen nehmen in der **G1-Phase** durch die Neusynthese von Stoffen, u. a. von Replikationsenzymen, an Größe zu. Es schließt sich die relativ kurze **S-Phase** an, in der die DNA zu Zwei-Chromatid-Chromosomen repliziert wird.

In der **G2-Phase**, die der nächsten Mitose vorangeht, finden weitere Stoffsynthesen und Wachstum statt.

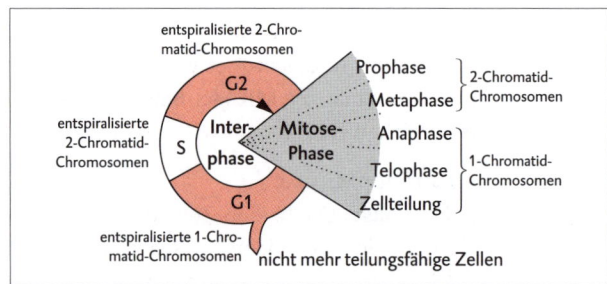

Abb. 35: Schema des Zellzyklus

2.3 Geschlechtliche Fortpflanzung und Bildung von Geschlechtszellen (Keimzellen)

Parthenogenese: Jungfernzeugung; eingeschlechtliche Fortpflanzung durch Entwicklung unbefruchteter Eizellen

Klon: Zellen oder Individuen mit derselben genetischen Ausstattung wie die Mutter(-Zelle)

Zygote: befruchtete Eizelle

Während bei Organismen, die sich un- oder eingeschlechtlich vermehren (z. B. Knospung, Ableger, Parthenogenese), durch mitotische Zellteilungen **Klone** entstehen, gewährleistet die geschlechtliche Fortpflanzung die **genetische Variabilität** der Nachkommen. Sie ermöglicht, dass bei sich ändernden Umweltbedingungen einige Individuen besser an die neuen Gegebenheiten angepasst sind. Unter geschlechtlicher Fortpflanzung versteht man die Verschmelzung (der Kerne) zweier haploider Geschlechtszellen (Gameten) zu einer diploiden **Zygote** als Ausgangszelle eines neuen Individuums. Zur Bildung von Keimzellen muss der diploide Chromosomensatz der Urkeimzellen auf den haploiden Satz **reduziert** werden. Dieser Kernteilungsvorgang, bei dem die homologen Chromosomen getrennt und geordnet verteilt werden, heißt **Meiose**. Er findet bei Tieren in den Keimdrüsen (paarige Hoden und Eierstöcke), bei Samenpflanzen in den Blüten (Staubbeutel und Samenanlagen der Fruchtknoten) statt.

Ablauf der Meiose

Die Meiose besteht aus zwei nacheinander ablaufenden Kern- und Zellteilungen, der **1. Reifeteilung (Reduktionsteilung)** und der **2. Reifeteilung (Äquationsteilung)**. Beide Reifeteilungen gliedern sich wie die Mitose jeweils in Pro-, Meta-, Ana- und Telophase. Bei der 1. Teilung werden die homologen Zwei-Chromatid-Chromosomen voneinander getrennt und die Anzahl der Chromosomen wird auf die Hälfte verringert (Reduktionsteilung). Die 2. Reifeteilung entspricht weitgehend der Mitose. Das Ergebnis der Meiose sind Keimzellen mit einem haploiden Chromosomensatz von Ein-Chromatid-Chromosomen.

GENETIK

Spermatogenese: Bildung von Spermien, männlichen Geschlechtszellen

Oogenese: Bildung von Eizellen, weiblichen Geschlechtszellen

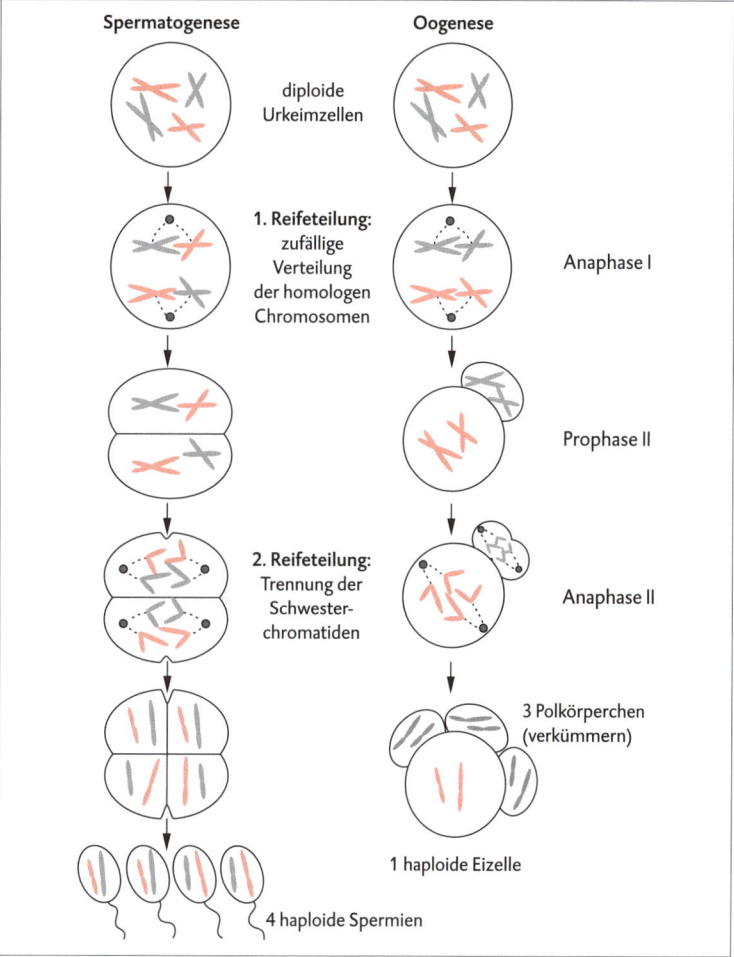

Abb. 36: Schematisch vereinfachter Ablauf der Meiose im männlichen und weiblichen Geschlecht des Menschen (Zur verbesserten Übersichtlichkeit sind nur zwei der 23 homologen Chromosomenpaare dargestellt.)

Unterschiede bei beiden Geschlechtern des Menschen:
- Im männlichen Geschlecht gehen aus einer undifferenzierten diploiden Urgeschlechtszelle vier haploide Spermien hervor.
- Im weiblichen Geschlecht erhält nur eine der vier Zellen, die aus der diploiden Urkeimzelle entstehen, die überwiegende Zytoplasmaportion und wird zur Eizelle, während die anderen drei Zellen, die als Pol- oder Richtungskörperchen bezeichnet werden, degenerieren.

Rekombination bei der geschlechtlichen Fortpflanzung

Die genetische Vielfalt der Nachkommen geschlechtlicher Fortpflanzung resultiert aus einer Neukombination **(Rekombination)** des väterlichen und mütterlichen Erbguts während der Meiose:

- **Interchromosomale** Rekombination: Der Zufall entscheidet, welches der beiden homologen Chromosomen in der 1. Reifeteilung zu welchem Pol wandert. Da der Zufall für jedes Chromosomenpaar getrennt wirksam wird, steigt die Gametenvielfalt mit der Anzahl der Chromosomenpaare (n) exponentiell nach der Formel 2^n an. So ergeben sich bei nur zwei homologen Chromosomen $2^2 = 4$ mögliche verschiedene Gameten, bei den 23 Chromosomenpaaren des Menschen können bei einer einzigen Meiose theoretisch $2^{23} = 8\,388\,608$ verschiedene Keimzellen entstehen.

- **Intrachromosomale** Rekombination: In der späten Prophase der Reduktionsteilung paaren sich die homologen Zwei-Chromatid-Chromosomen, indem sie sich parallel zueinander ausrichten. Dabei kommt es häufig zu Überkreuzungen zweier Nicht-Schwester-Chromatiden der homologen Chromosomen, die an der Überkreuzungsstelle brechen und vertauscht wieder zusammengefügt werden. Diesen Vorgang des Chromosomenstückaustauschs zweier homologer Abschnitte bezeichnet man als **Crossing-over**, die Überkreuzung als **Chiasma**.

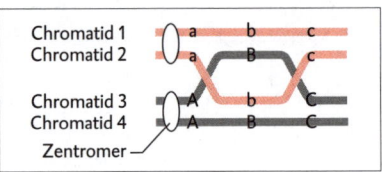

Abb. 37: Schema des Crossing-over

Zur genetischen Variabilität trägt außerdem die **zufällige Kombination** von Spermium (bzw. Pollen) und Eizelle bei der Befruchtung bei.

2.4 Numerische Chromosomenaberrationen beim Menschen

Gelegentlich entstehen Lebewesen mit einer abweichenden Chromosomenzahl in ihren Zellen (Aneuploidie). Ursache dafür ist eine Fehlverteilung der Chromosomen während der Meiose im männlichen oder weiblichen Geschlecht. Dazu kann es entweder durch eine **Nondisjunction** (Nichttrennung) eines homologen Chromosomenpaares bei der 1. Reifeteilung oder eine Nondisjunction von Schwesterchromatiden bei der 2. Reifeteilung kommen. Nach der Befruchtung entstehen Individuen, bei denen das entsprechende Chromosom in Einzahl (Monosomie) oder dreifach vorliegt (Trisomie).

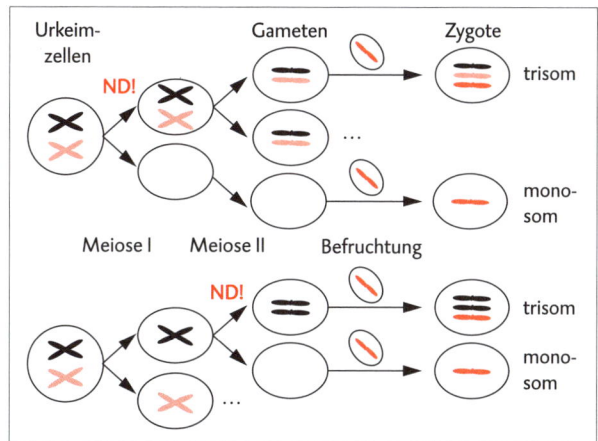

Abb. 38: Schema zur Entstehung von Aneuploidien durch Nondisjunction (ND!)

- **Autosomale Chromosomenaberrationen:**
Monosomien eines Autosoms in der Zygote sind letal und auch die meisten autosomalen Trisomien führen nicht zu lebensfähigen Nachkommen. Eine der wenigen Ausnahmen ist die (freie) **Trisomie 21** (Down-Syndrom), bei der drei Chromosomen 21 vorliegen. Die Ausprägung der Symptome (u. a. schräg stehende Augen mit Lidfalte, Fehlfunktionen innerer Organe, geschwächtes Immunsystem, Intelligenzminderung) variiert. Da besonders Kinder von älteren Müttern betroffen sind, ist als Ursache eine Fehlverteilung des 21. Chromosoms während der Oogenese am wahrscheinlichsten.

- **Gonosomale Chromosomenaberrationen:**
Die phänotypische Ausprägung ist hier meist weniger schwerwiegend als bei autosomalen Genommutationen. Bei Monosomien sind allerdings nur Individuen mit dem Status X0 lebensfähig (Turner-Syndrom). Eine Erklärung für die relativ geringfügigen Einschränkungen durch X-Polysomien liefert die **Lyon-Hypothese**: Da das männliche Geschlecht nur eine Gendosis des X-Chromosoms besitzt, wird im weiblichen Geschlecht ausgleichend eines der beiden X-Chromosomen während der Embryonalentwicklung weitgehend inaktiviert und bleibt als **Barr-Körperchen** auch nach Zellteilungen kondensiert. Dieser Mechanismus der **Dosiskompensation** sorgt vermutlich auch bei überzähligen X-Chromosomen (Triplo-X-Syndrom, Klinefelter-Syndrom) teilweise für einen Ausgleich; in diesen Fällen liegen entsprechend mehr Barr-Körperchen vor.

Monosomie: Vorliegen nur eines einzelnen ungepaarten Chromosoms bei diploidem Chromosomensatz

Syndrom: Summe von Einzelsymptomen, die oft gemeinsam auftreten und ggf. ursächlich zusammenhängen

Turner-Syndrom: Monosomie mit Karyotyp 45, X0; Turner-Frauen sind steril

Polysomie: Vorliegen von mehr als zwei homologen Chromosomen bei diploidem Chromosomensatz

X-Inaktivierung: sehr dichte Verpackung eines X-Chromosoms, die eine Genaktivität unterbindet

Barr-Körperchen: mikroskopisch nachweisbares, inaktiviertes X-Chromosom

Gonosomen	Bezeichnung	Hauptsymptom
XXX(X)	Triplo-/Poly-X-Syndrom	Intelligenzminderung
XX(X)Y	Klinefelter-Syndrom	Unfruchtbarkeit der Männer
X(X)YY	Diplo-Y-Syndrom	geringfügige Intelligenzminderung

Tab. 3: Häufige gonosomale Polysomien

GENETIK

22 Die Arabische Oryxantilope *(Oryx leucoryx)* wurde durch die Operation „Oryx" im Jahr 1962 vor dem Aussterben gerettet. Dazu wurden neun Individuen in die USA transportiert, dort erfolgreich gezüchtet und im arabischen Raum erfolgreich wieder ausgewildert. Der Chromosomensatz dieser Art ist n = 29.

22.1 Vergleichen Sie das Ergebnis einer vollständig abgelaufenen Mitose mit dem einer vollständig abgelaufenen Meiose bei einer männlichen Oryxantilope bezüglich dreier selbstgewählter Kriterien.
ABI Bayern (Jahrgang 2018, Aufgabe B1/1.1) AFB II ➡ 6 BE von 40

> **TIPP**
> Für eine übersichtliche Darstellung bietet sich hier die Tabellenform an. Beachten Sie, dass sich die Lösung auf das konkrete Beispiel „männliche Oryxantilope" beziehen muss.

22.2 In der Abbildung sind die Karyogramme zweier Oryxantilopen abgebildet.

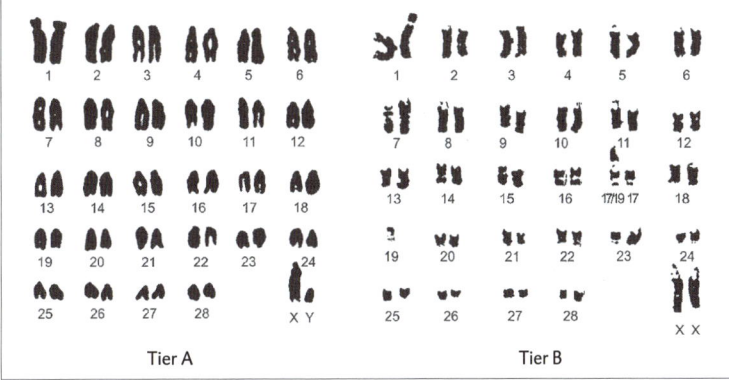

Karyogramme zweier Oryxantilopen (Tier A und Tier B)
(verändert nach: E. P. Cribiu et al.: Distribution of the 17;19 Robertsonian translocation in a herd of Arabian Oryx. In: Mammalia, 55 n°1 (1991), S. 121–125
E. P. Cribiu et al.: Robertsonian chromosome polymorphism in the Arabian oryx *(Oryx leucoryx)*. In: Cytogenet Cell Genet, 54 (1990), S. 161–163)

Interpretieren Sie die Unterschiede dieser Karyogramme.
ABI Bayern (Jahrgang 2018, Aufgabe B1/1.2) AFB II ➡ 6 BE von 40

> **TIPP**
> Der Operator „interpretieren" bedeutet, dass Sie fachspezifische Zusammenhänge im Hinblick auf eine gegebene Fragestellung begründet darstellen müssen.

22.3 Die Lebewesen, die zu den abgebildeten Karyogrammen gehören, sind beide nicht phänotypisch auffällig. Bei einem der Tiere kann es jedoch zu Störungen beim Ablauf der Meiose kommen. Erklären Sie anhand der Karyogramme, bei welchem der beiden Tiere dies der Fall ist.
ABI Bayern (Jahrgang 2018, Aufgabe B1/1.3) AFB II ➡ 4 BE von 40

23 Aus einem Zoo in Amsterdam wird berichtet, dass ein Dunkles Tigerpython-Weibchen unter jahrelanger Abwesenheit von Männchen in fünf aufeinanderfolgenden Jahren Eier legte, aus denen nur weibliche Jungtiere schlüpften. Eine DNA-Analyse zeigte eine vollkommene

Übereinstimmung mit der DNA des Muttertieres. Dies ist bei Reptilien selten und bei anderen Riesenschlangenarten bisher unbekannt.

23.1 Erklären Sie die Entstehung dieser besonderen Eizellen auf zytogenetischer Ebene!

ABI Bayern (Jahrgang 2016, Aufgabe C1/3.2.1) AFB II → 4 BE von 40

Hier müssen Sie sich hinsichtlich der Vor- und Nachteile nicht unbedingt auf die zytogenetische Ebene beschränken.

23.2 Stellen Sie je einen Vor- und Nachteil dieser Vermehrung gegenüber der geschlechtlichen Fortpflanzung dar!

ABI Bayern (Jahrgang 2016, Aufgabe C1/3.2.2) AFB I → 4 BE von 40

3 Klassische Genetik

G. MENDEL (1822–1884) führte erstmals systematische Kreuzungsexperimente mit Erbsenpflanzen durch, aus deren Ergebnissen er durch statistische Auswertung **Gesetzmäßigkeiten der Vererbung** ableiten konnte. Dabei betrachtete er nur ausgewählte Merkmale, griff diesbezüglich auf reinerbige Pflanzen zurück und schloss unkontrollierte Bestäubung aus.

MENDELS Regeln, die erst nach seinem Tod wiederentdeckt und erklärbar wurden, gelten in **diploiden** Organismen und für Merkmale, die jeweils durch eine **einzige** Erbanlage (Gen) realisiert werden. Da es bei Diploidie zwei Kopien jeder Erbanlage (**Allele**) gibt, können diese Anlagen im Genotyp **homozygot** (zwei identische Allele) oder **heterozygot** (zwei Allelvarianten) vorliegen. Insofern sich die Gene auf den Phänotyp auswirken, ist bei Heterozygotie die Gewichtung der Allele entscheidend: Bestimmt nur eines der Allele den Phänotyp, ist es **dominant**, während das andere **rezessiv** „zurücktritt". Tragen beide Allele zur Ausprägung des Merkmals bei, sodass ein **„intermediärer"** Phänotyp entsteht, liegt **unvollständige Dominanz** vor.

Allel: Variante eines Gens
Genotyp: Erbbild
homozygot: reinerbig, mit zwei identischen Allelen eines Gens ausgestattet
heterozygot: mischerbig, mit zwei verschiedenen Allelen eines Gens ausgestattet
Phänotyp: Erscheinungsbild
unvollständige Dominanz: Phänotyp bei Heterozygotie ist eine Mischform der Phänotypen bei Homozygotie

3.1 Die mendelschen Regeln

monohybride Kreuzung: Kreuzung, bei der nur ein Merkmal betrachtet wird

MENDEL führte **monohybride Kreuzungen** an Erbsenpflanzen durch, die bezüglich des Merkmals Samenfarbe jeweils reinerbig (gelbe bzw. grüne Samen) waren, und kreuzte deren Nachkommen untereinander. Er leitete folgende Regeln der Vererbung ab:

1. mendelsche Regel (Uniformitätsregel):

P-Generation: Parental-/Elterngeneration
F_1-Generation: erste Filial-/Tochtergeneration
reziproke Kreuzung: Kreuzung mit bezüglich der betrachteten Merkmale vertauschtem Elterngeschlecht

Bei Kreuzung von Individuen (**P-Generation**) einer Art, die sich in der Ausprägung eines Merkmals jeweils **reinerbig** unterscheiden, sind die Individuen der F_1-**Generation** (Hybride) diesbezüglich **phänotypisch** gleich (**uniform**). Das Ergebnis ist bei vertauschtem Geschlecht der Elternpflanzen (**reziproke** Kreuzung) identisch.
- Bei **dominant-rezessivem** Erbgang entspricht der Phänotyp der F_1-Generation dem Phänotyp des Elternteils, der das dominante Allel reinerbig trägt (z. B. gelbe Samenfarbe bei MENDELS Versuchen).
- Bei **intermediärem** Erbgang tritt in der F_1-Generation ein neuer Phänotyp auf (z. B. rosa Blütenfarbe bei Kreuzung von Wunderblumen der Art *Mirabilis jalapa* mit weißer und roter Blütenfarbe).

2. mendelsche Regel (Spaltungsregel, Regel von der Reinheit der Gameten):

Kreuzt man die Hybride aus der F_1-Generation untereinander, spalten bei den Nachkommen der **F_2-Generation** die Merkmalsausprägungen (Phänotypen) in bestimmten Zahlenverhältnissen auf.

- **Dominant-rezessiver** Erbgang: Die Phänotypen, deren Genotyp über mindestens ein dominantes Allel verfügt, und die Phänotypen, deren Genotyp ausschließlich rezessive Allele enthält, treten im Zahlenverhältnis **3 : 1** auf.
- **Intermediärer** Erbgang: Die beiden Phänotypen, deren Genotyp jeweils für eines der beiden Allele homozygot ist, treten gegenüber den Phänotypen mit heterozygotem Genotyp im Zahlenverhältnis **1 : 1 : 2** auf.

Aus dieser Aufspaltung schloss MENDEL, dass jedem Merkmal zwei Anlagen (heute: Allele) zugrunde liegen, die bei der Bildung der Gameten voneinander getrennt werden, und dass die Gameten über einen haploiden Chromosomensatz verfügen („Reinheit der Gameten").

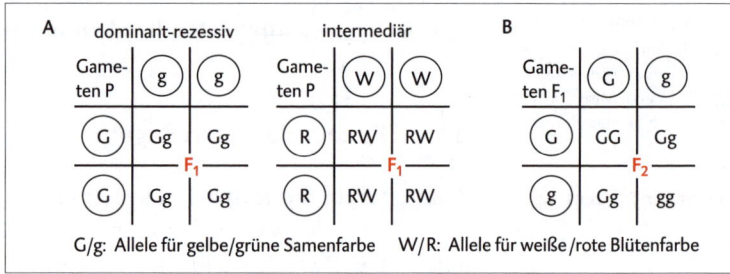

Abb. 39: Kombinationsquadrate zur Uniformitäts- (A) und Spaltungsregel (B)

In einer **dihybriden Kreuzung** mit reinerbigen Erbsenpflanzen kreuzte MENDEL Individuen, die sich in der Ausprägung **zweier** Merkmale (Samenfarbe gelb/grün, Samenform rund/kantig) unterschieden. Während alle F_1-Nachkommen einheitlich gelbe, runde Samen hatten (Bestätigung der 1. Regel), traten nach Kreuzung der Hybride bei den F_2-Nachkommen alle vier möglichen Merkmalskombinationen im Verhältnis 9 : 3 : 3 : 1 auf. MENDEL leitete folgende Gesetzmäßigkeit ab:

3. mendelsche Regel (Unabhängigkeitsregel, Regel von der Neukombination der Gene):

Bei dihybridem (oder polyhybridem) Erbgang spalten sich die Erbanlagen und die dadurch bedingten Merkmale unabhängig voneinander auf und werden unabhängig voneinander neu kombiniert.

Die 3. mendelsche Regel gilt nicht (bzw. nur eingeschränkt), wenn Gene gekoppelt vererbt werden, also auf demselben Chromosom liegen.

GENETIK

Die 3. Regel ist dadurch erklärbar, dass die jeweiligen Anlagen (Gene) auf verschiedenen Chromosomen liegen, die bei der Meiose unabhängig voneinander segregieren und bei der Verschmelzung der Gameten zur Zygote wieder neu kombiniert werden. Die Entsprechungen zwischen den Kreuzungsergebnissen und zytologischen Befunden wurden 1903 von W. SUTTON und T. BOVERI in der **Chromosomentheorie der Vererbung** formuliert.

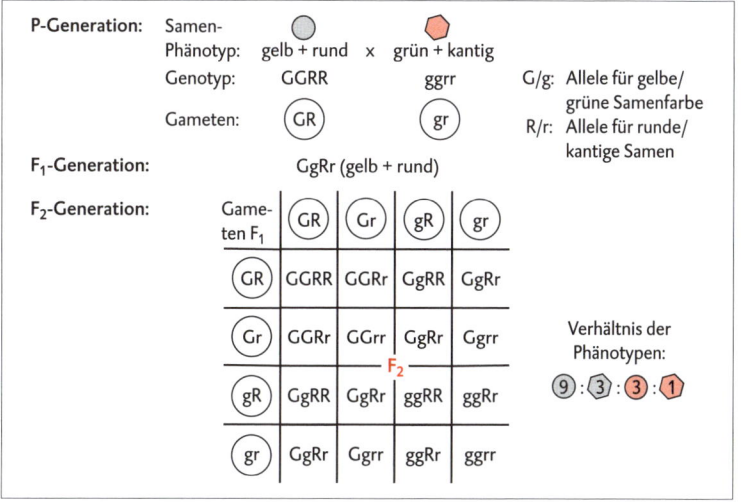

Abb. 40: Beispiel einer dihybriden Kreuzung

Eine **Test-** oder **Rückkreuzung** gibt bei dominant-rezessiver Vererbung Aufschluss darüber, ob der Phänotyp eines Individuums, bei dem das dominante Allel ausgeprägt ist (z. B. der F_2-Generation), auf einem homo- oder heterozygoten Genotyp beruht. Dazu wird es mit einem Individuum mit reinerbig rezessiver Merkmalsausprägung (z. B. der P-Generation; daher der Name **Rück**kreuzung) gekreuzt.

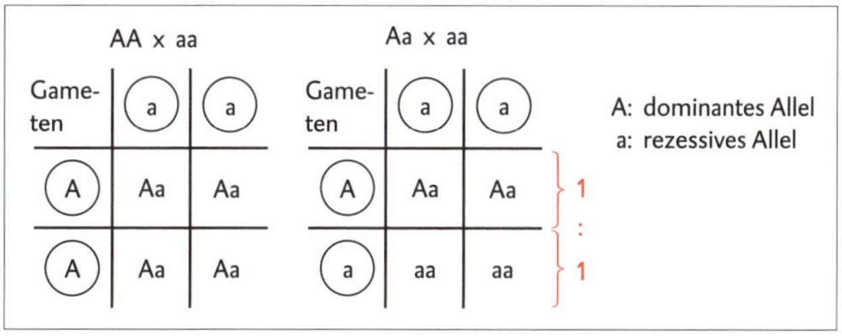

Abb. 41: Mögliche Ergebnisse einer Rückkreuzung

Ist der zu testende Genotyp (daher auch **Test**kreuzung) homozygot, sind die Nachkommen uniform (1. mendelsche Regel). Ist er heterozygot, treten bei monohybridem Erbgang unter den Nachkommen zwei verschiedene Phänotypen im Verhältnis 1:1 auf, bei dihybridem Erbgang vier Phänotypen im Verhältnis 1:1:1:1.

Mithilfe der mendelschen Regeln lassen sich die theoretisch möglichen Geno- und Phänotypen bei vielen (monogenen) Erbgängen ableiten. Die angegebenen Zahlenverhältnisse sind allerdings **statistische Werte**, die nur bei ausreichend großen Individuenzahlen gelten.

3.2 Einschränkungen und Erweiterung der mendelschen Regeln

Genkopplung

Liegen zwei oder mehrere Gene auf demselben Chromosom, sind die Allele nicht gemäß der 3. mendelschen Regel frei kombinierbar, sondern werden zusammen als **Kopplungsgruppe** weitergegeben. So treten z. B. bei einer **dihybriden Rückkreuzung** bei der Taufliege *Drosophila* (Männchen sind heterozygot bezüglich der Gene, die Flügelform und Augenfarbe codieren, Weibchen diesbezüglich homozygot rezessiv) nur Nachkommen mit den Phänotypen der Eltern im Zahlenverhältnis 1:1 auf (Abb. 42). Die erwartete Aufspaltung der Nachkommen in vier Geno- und Phänotypen findet nicht statt.

vg: engl. *vestigial*, verkümmert

pr: engl. *purple*

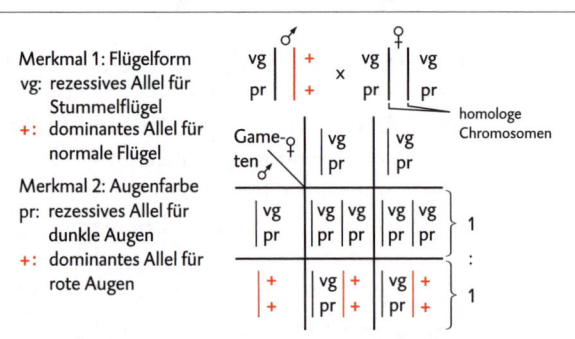

Abb. 42: Beispiel für Genkopplung bei *Drosophila*

Kopplungsbruch durch Genaustausch

Allerdings treten bei der **reziproken** Rückkreuzung bei *Drosophila* (Weibchen heterozygot und Männchen homozygot rezessiv) unter den Nachkommen neben den beiden Phänotypen der Eltern (etwa im Zahlenverhältnis 1:1) zu einem geringen Prozentsatz auch zwei neue Merkmalskombinationen auf (Abb. 43).

GENETIK

Durch ein **Crossing-over** während der Prophase I der Meiose kann es zu einem Austausch von DNA-Abschnitten zwischen zwei Chromatiden der homologen Chromosomen kommen, sodass Allele von Genen, die auf demselben Chromosom liegen, voneinander getrennt und neu kombiniert werden können. Die Wahrscheinlichkeit für ein solches Crossing-over steigt mit der Entfernung zwischen den auf den Chromosomen linear angeordneten Genen. Crossing-over tritt bei *Drosophila* nur beim weiblichen Geschlecht auf.

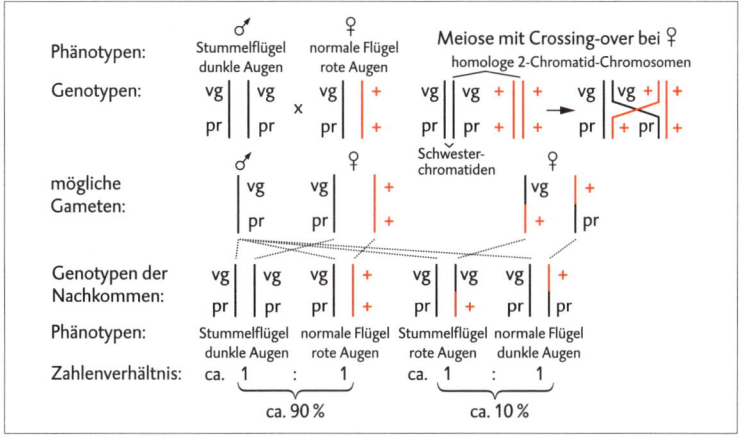

Abb. 43: Beispiel für Kopplungsbruch bei *Drosophila*

Additive Polygenie

Viele Merkmale gehen nicht auf die Expression nur eines einzelnen Gens zurück. Bei **additiver Polygenie** hängt die Ausbildung eines Phänotyps von mehreren Genen ab, deren Wirkung sich addieren kann. Beispiele beim Menschen sind Körpergröße, Hautfarbe und Intelligenz. Beim Weizen wird die Farbe der Weizenkörner von drei Genen bestimmt. Bei Kreuzung zweier bezüglich dieser Gene jeweils homozygoter Pflanzen mit roten bzw. farblosen Körnern weisen alle F_1-Nachkommen uniform rosa gefärbte Körner auf, was auf einen intermediären Erbgang der drei Gene hindeutet. Nach der Kreuzung der F_1-Nachkommen treten in der F_2-Generation 64 Genotypen und sieben farblich abgestufte Korn-Phänotypen auf. Sie folgen dem Zahlenverhältnis $1:6:15:20:15:6:1$, wobei die Genotypen mit dem höchsten Heterozygotiegrad (drei Allele für rote und drei für farblose Körner) am häufigsten sind.

Je mehr Gene additiv an einem Phänotyp mitwirken, desto mehr verschiedene Geno- und Phänotypen treten auf und desto stärker nähert sich die phänotypische Verteilung einer Gauß-Kurve (Normalverteilung, Abb. 44) an.

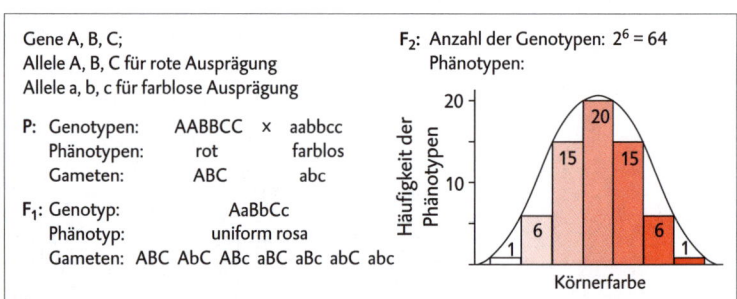

Abb. 44: Beispiel für additive Polygenie bei drei merkmalsbestimmenden Genen

GENETIK

24 Eine seltene Farbvariante des Afrikanischen Löwen *(Panthera leo)* ist der weiße Löwe, dessen Fell weiß ist und dessen Augen grün, blau oder gelb sind. Wissenschaftler haben herausgefunden, dass die Ursache für die weiße Färbung im Gen für das Enzym Tyrosinase zu finden ist.

Zwischen 2007 und 2015 wurden in Reservaten und Nationalparks – ausgehend von Populationen, in denen es keine weißen Löwen mehr gab – 17 Geburten von weißen Löwen dokumentiert. Neumutationen können dabei ausgeschlossen werden.

In der folgenden Abbildung sind Ausschnitte aus den Basensequenzen des Tyrosinasegens sowohl von einem weißen Löwen als auch einem seiner wildfarbenen Elterntiere abgebildet.

> **TIPP**
> Der Informationstext zur Aufgabenstellung enthält einige Formulierungen, aus denen sich wichtige Informationen herleiten lassen:
> - „… ausgehend von Populationen, in denen es keine weißen Löwen mehr gab …" ⇒ Elterntiere sind wildfarben
> - „Neumutationen können dabei ausgeschlossen werden." ⇒ Erbgang
> - „… seltene Farbvariante …" ⇒ rezessiv

	Allel 1		Allel 2
Nyanga:			
	5'… TAT AAT CAG ACC TGC … 3'	Code-Strang	5'… TAT AAT CAG ACC TGC … 3'
	3'… ATA TTA GTC TGG ACG … 5'		3'… ATA TTA GTC TGG ACG … 5'
Shumba:			
	5'… TAT AAT CGG ACC TGC … 3'	Code-Strang	5'… TAT AAT CAG ACC TGC … 3'
	3'… ATA TTA GCC TGG ACG … 5'		3'… ATA TTA GTC TGG ACG … 5'

Ausschnitte aus den Basensequenzen des Tyrosinasegens zweier Löwen
(verändert nach: Yun Sung Cho et al.: The tiger genome and comparative analysis with lion and snow leopard genomes. In: Nature Communications, 4 (2013), Art. 2433, Supplementary Figure S. 12)

Ermitteln Sie, welcher Löwe, Nyanga oder Shumba, das Elterntier bzw. das weiße Jungtier ist und begründen Sie dies unter Bezugnahme auf den vorliegenden Erbgang.
ABI Bayern (Jahrgang 2018, Aufgabe B1/3.1) AFB II–III ➜ 6 BE von 40

> **TIPP**
> Beachten Sie, dass die Pflanzen der F_1-Generation nicht uniform sind und dass das Phänotypenverhältnis bei 1 : 1 liegt.
> In der Aufgabenstellung wird nicht verlangt, abzuleiten, wie Sie auf die Genotypen kommen. Trotzdem sollten Sie, ggf. auf einem separaten Blatt, ein entsprechendes Kombinationsquadrat erstellen.

25 In einem Experiment werden Maispflanzen mit violetten Körnern, die beim Trocknen nicht schrumpfen (beide Merkmale dominant), mit Maispflanzen mit gelben Körnern, die beim Trocknen schrumpfen, gekreuzt. In der nächsten Generation erhält man die Phänotypen der Eltern im Verhältnis 1 : 1.
Geben Sie die Genotypen der Ausgangspflanzen und der Folgegeneration an und charakterisieren Sie den Erbgang!
ABI Bayern (Jahrgang 2015, Aufgabe C1/2) AFB I–II ➜ 7 BE von 40

26 Lupinen werden landwirtschaftlich als Futterpflanzen genutzt. Vor allem ihre Samen weisen einen hohen Protein- und Ölgehalt auf. Möglich wurde die Nutzung jedoch erst, als es gelang, ihren Gehalt an giftigen Alkaloiden durch Züchtung zu reduzieren.

Die wichtigsten Alkaloide der Lupinen sind Lupanin und Spartein. Sie werden in den Chloroplasten auf folgendem Stoffwechselweg hergestellt:

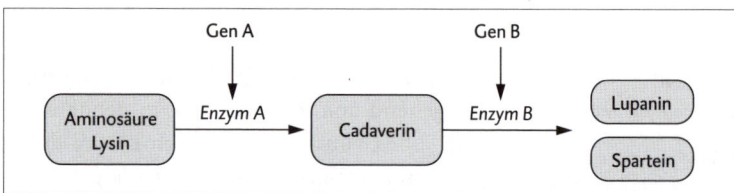

Schematische Darstellung der Lupanin- und Spartein-Synthese
(vereinfacht nach: M. Wink, T. Hartmann (1982): Localization oft the enzymes of quinolizidine alkaloid biosynthesis in leaf chloroplasts of Lupinus polyphyllus. In: Plant Physiology 70 (1), S. 74–77; public domain)

Alkaloidfreie Süßlupinen treten durch zufällige Mutationen immer wieder auf. Züchter nutzten dies, indem sie zwei unterschiedliche Mutanten reinerbiger Süßlupinen miteinander kreuzten. Dabei entstanden in der F_1-Generation nur alkaloidhaltige Nachkommen.

Erklären Sie diesen Befund auf der Basis des heute bekannten Stoffwechselweges (Abb.) und erstellen Sie ein Schema für den vorliegenden Erbgang! Geben Sie das zu erwartende Zahlenverhältnis von alkaloidhaltigen Lupinen und Süßlupinen in der F_2-Generation an!

ABI Bayern (Jahrgang 2014, Aufgabe C2/1.2) AFB III → 8 BE von 40

TIPP
Die Aufgabenstellung umfasst 3 verschiedene Operatoren. Bei solchen umfangreichen Aufgaben ist es hilfreich, die einzelnen Operatoren nach der Bearbeitung „abzuhaken", um nichts zu vergessen.

4 Humangenetik

4.1 Vererbung der Blutgruppen

Antigen: Molekül (oft Protein), an das Antikörper und Rezeptoren von Immunzellen binden können

Erythrozyt: rotes Blutkörperchen

Antigene A und B: spezielle Zuckerreste auf Protein-/Lipidgerüst der Erythrozytenmembran

kodominant: im heterozygoten Zustand werden beide Allele exprimiert

Merkmale können sich auch auf Zelleigenschaften beziehen. So basieren alle Blutgruppensysteme des Menschen auf dem Vorliegen bestimmter **Antigene** auf der Oberfläche der Erythrozyten. Das **AB0-System** und das **Rhesussystem** sind wegen ihrer Bedeutung für Bluttransfusionen die wichtigsten Blutgruppensysteme. Beide Systeme werden jeweils durch die Expression eines einzigen Gens ausgeprägt. Diese **monogenen** Erbgänge folgen den mendelschen Regeln.

Die vier phänotypischen Blutgruppen A, B, AB und 0 des **AB0-Systems** bestimmen sich nach Vorhandensein oder Fehlen der **Antigene A** und **B** (Tab. 4). Gegen das jeweils fehlende Antigen bilden sich im Serum jedes Menschen bis zum 6. Lebensmonat Antikörper, sodass es bei Mischung von Blut unterschiedlicher Gruppen zur Antigen-Antikörper-Reaktion kommt (außer bei Spenden der Blutgruppe 0).

Die Bildung der vier Blutgruppen wird durch die Allele A, B und 0 codiert, von denen jeweils nur zwei Allele auf dem Chromosomenpaar 9 lokalisiert sind. Die Allele A und B sind **kodominant** und führen bei gemeinsamem Auftreten zur Entstehung der Antigene A und B, also zur Blutgruppe AB. Allel 0 verhält sich gegenüber A und B rezessiv, es führt zu keiner Antigenbildung. Existieren wie in diesem Fall in einer Population für einen Genort mehr als zwei verschiedene Allele, spricht man von **multipler Allelie**.

Bedeutung erlangte das **AB0-System** wegen seiner Merkmalskonstanz und dauerhaften Präsenz (zusammen mit anderen Blutgruppenmerkmalen) beim Vaterschaftsausschlussverfahren und in der Kriminologie vor der Entwicklung des genetischen Fingerabdrucks.

Blutgruppe Phänotyp	A	B	AB	0
Genotyp	AA oder A0	BB oder B0	AB	00
Antigene	A	B	AB	–
Antikörper im Serum	Anti-B	Anti-A	keine	Anti-A und Anti-B

Tab. 4: Blutgruppen des AB0-Systems

Antigen D: extrazellulärer Bereich des Membranproteins (Rh)D in der Erythrozytenmembran

Das **Rhesussystem** beruht hauptsächlich auf der Expression eines Gens auf Chromosom 1, dessen Genprodukt, das Membranprotein (Rh)D, extrazellulär einen Bereich hoher antigener Wirkung, das **Antigen D**, aufweist. Antigen D wird ausgeprägt, wenn die Genotypen DD oder Dd vorliegen, wobei Allel D **dominant** gegenüber Allel d ist; die

Betreffenden sind **rhesuspositiv** (Rh⁺). Menschen mit dem Genotyp dd fehlt hingegen das Antigen D, sie sind **rhesusnegativ** (Rh⁻).

Antikörper gegen Antigen D werden erst nach Kontakt mit rhesuspositiven Erythrozyten gebildet **(Sensibilisierung)**. Dies geschieht z. B., wenn während der Geburt kindliche rhesuspositive Erythrozyten in das Blut einer rhesusnegativen Mutter gelangen. Die daraufhin gebildeten Anti-D-Antikörper sind plazentagängig und können bei einer zweiten Schwangerschaft mit einem rhesuspositiven Kind die Erythrozyten des Kindes agglutinieren. Um dies zu verhindern, werden der Mutter unmittelbar nach der Geburt des ersten rhesuspositiven Kindes Anti-D-Antikörper gespritzt. Sie sollen die kindlichen Erythrozyten abfangen und so die eigene Antikörperbildung (Sensibilisierung) der Frau verhindern.

> **Sensibilisierung:** Auftreten einer spezifischen Immunantwort nach erstem Kontakt mit Antigen

4.2 Erbgänge genetisch bedingter Erkrankungen

Monogen bedingte Erkrankungen werden häufig nach den mendelschen Regeln vererbt. Die zugrunde liegenden genetischen Veränderungen gehen dabei ursprünglich auf Mutationen zurück.

Autosomal-dominanter Erbgang
- **Kennzeichen:** Männer und Frauen sind **gleich häufig** betroffen, da der verantwortliche Genort auf einem Autosom liegt. Sowohl hetero- als auch homozygote Personen (Genotypen Aa und AA) erkranken, wobei die Symptome im homozygoten Zustand oftmals gravierender sind als bei Heterozygotie (Kompensation durch intaktes Allel). **Nicht Betroffene** tragen das **rezessive** Allel homozygot (aa). Das Auftreten des Merkmals bei einem Kind nicht betroffener Eltern geht auf eine **Neumutation** zurück.
- **Beispiele für Erkrankungen:**

Bezeichnung	Krankheitsbild
Marfan-Syndrom	Ein verändertes Strukturprotein verursacht erhöhte Bindegewebselastizität und dadurch Schädigungen des Herz-Kreislauf-Systems (u. a. Herzklappenfehler), der Augen und des Skeletts (u. a. überdehnbare Gelenke, starkes Längenwachstum).
Chorea Huntington	Das veränderte Protein Huntingtin bedingt meist ab dem 40. Lebensjahr schwerwiegende neurodegenerative Veränderungen.

Tab. 5: Beispiele für Erkrankungen mit autosomal-dominanter Vererbung

> **Syndrom:** Summe von Einzelsymptomen, die oft gemeinsam auftreten und ggf. ursächlich zusammenhängen

Rufen Mutationen in einem einzelnen Gen eine Vielzahl von Merkmalen hervor wie beim Marfan-Syndrom, liegt **Polyphänie** vor.

> **Polyphänie:** Beeinflussung mehrerer Merkmale durch nur ein Gen

GENETIK

- **Beispielstammbaum:**

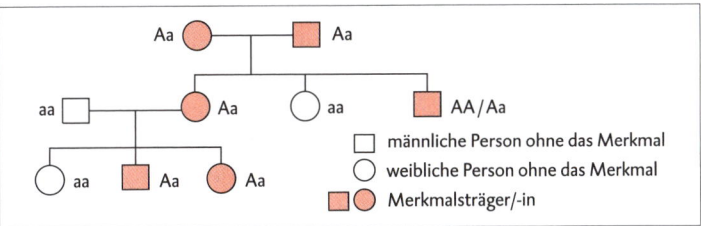

Abb. 45: Beispielstammbaum bei autosomal-dominantem Erbgang

Autosomal-rezessiver Erbgang

- **Kennzeichen:** Männer und Frauen sind **gleich häufig** betroffen. **Betroffene** tragen das **rezessive** Allel homozygot (aa). Menschen mit heterozygotem Genotyp sind merkmalsfrei (phänotypisch gesund), aber können das rezessive Allel weitergeben. So kann das Allel über viele Generationen „versteckt" weitergegeben werden.
- **Beispiele für Erkrankungen:**

Bezeichnung	Krankheitsbild
Muko-viszidose	Defekte Chloridionenkanäle verursachen die Fehlfunktion exokriner Drüsen mit zähflüssiger Schleimbildung u. a. in Lunge und Verdauungsorganen.
Phenyl-ketonurie	Das Fehlen des Enzyms, das die Umwandlung von Phenylalanin in Tyrosin katalysiert, ruft ohne Behandlung (Diät) u. a. Entwicklungs-, Wachstumsstörungen und Schädigungen des Nervensystems hervor (Polyphänie, siehe S. 68).
Sichelzellen-anämie	Die Mutation betrifft ein Gen für das Hämoglobinmolekül. Ein homozygot-rezessiver Genotyp führt phänotypisch zu nadelartigen Strukturen aus aggregierten Hämoglobinmolekülen, die den Erythrozyten eine sichelförmige Gestalt verleihen, zu ihrer raschen Zerstörung (Anämie) und einem frühen Tod des Menschen führen. Heterozygote weisen wegen einer unvollständigen Dominanz des nicht-mutierten Allels bei Sauerstoffmangel leichte Krankheitssymptome auf.

Hämoglobin: sauerstoffbindender Proteinkomplex in den Erythrozyten

Tab. 6: Beispiele für Erkrankungen mit autosomal-rezessiver Vererbung

- **Beispielstammbaum:**

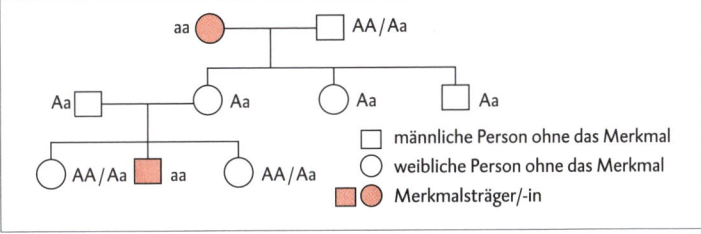

Abb. 46: Beispielstammbaum bei autosomal-rezessivem Erbgang

Gonosomal-rezessiver Erbgang

- **Kennzeichen: Männer** sind deutlich **häufiger** betroffen als Frauen. Der Grund liegt in der unterschiedlichen Größe der beiden Geschlechtschromosomen. Das erheblich kleinere Y-Chromosom ist anders als das X-Chromosom bis auf geschlechtsdeterminierende Gene nahezu genleer. Daher bestimmt im männlichen Geschlecht ausschließlich das jeweilige Allel des X-Chromosoms den Phänotyp; der Genotyp der Männer ist in Bezug auf alle Gene, die auf dem X-Chromosom lokalisiert sind, **hemizygot**. Frauen verfügen für jedes Gen über zwei Allele, sodass ein mutiertes, rezessives Allel phänotypisch nicht ausgeprägt wird. Merkmalsfreie Frauen mit einem heterozygoten Genotyp ($X_A X_a$) sind **Konduktorinnen**.

Hemizygotie: Vorliegen nur eines Allels bei ansonsten diploidem Chromosomensatz; gilt bei Männern für Gene des X-Chromosoms

Konduktorin: merkmalsfreie Trägerin eines Allels, das nur im homozygoten Zustand ausgeprägt wird

- **Beispiele für Erkrankungen:**

Bezeichnung	Krankheitsbild
Hämophilie (Bluterkrankheit)	Der Mangel eines Proteins der Gerinnungskaskade (meist Faktor VIII) beeinträchtigt die Blutgerinnung.
Rot-Grün-Sehschwäche	Veränderte Opsine der Zapfen bewirken, dass rote und grüne Farbtöne nicht unterschieden werden können.

Tab. 7: Beispiele für Erkrankungen mit gonosomal-rezessiver Vererbung

- **Beispielstammbaum:**

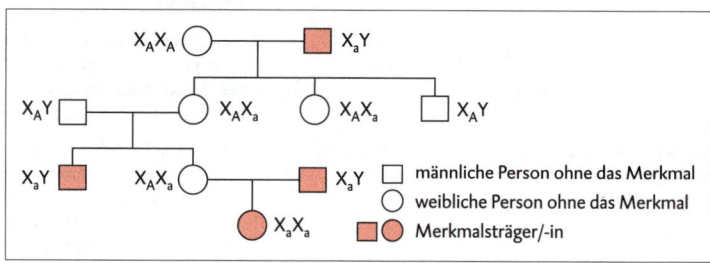

Abb. 47: Beispielstammbaum bei gonosomal-rezessivem Erbgang

4.3 Genetische Familienberatung und Pränataldiagnostik

Eine genetische Familienberatung wird meist in Anspruch genommen, wenn bei Kinderwunsch oder Schwangerschaft bestimmte **Risikofaktoren** für eine genetisch bedingte Erkrankung des (möglichen) Kindes vorliegen, v. a.:
- eine ggf. erbliche Erkrankung bei einem Elternteil oder in der Familie
- schädigende externe Einflüsse, z. B. Röntgenstrahlung, Medikamente
- Verwandtschaft des Paars oder fortgeschrittenes Alter des Paars
- ein bereits betroffenes Kind

GENETIK

Penetranz: Wahrscheinlichkeit der Ausprägung eines Phänotyps bei entsprechendem Genotyp; kann unvollständig sein

Eine **Risikoabschätzung** ist durch die Analyse von **Familienstammbäumen** möglich. Kann daraus der Genotyp ermittelt werden, ist für monogen bedingte Erkrankungen mit vollständiger Penetranz des mutierten Allels eine Wahrscheinlichkeitsvorhersage möglich.
Beispiele für Vorhersagen:
- **Autosomal-dominanter** Erbgang: Für ein Paar mit den Genotypen Aa (erkrankt) und aa (gesund) besteht eine 50 %ige Wahrscheinlichkeit, erkrankte Kinder zu bekommen.
- **Autosomal-rezessiver** Erbgang: Bei einem gesunden, heterozygoten Paar (Aa) besteht die Wahrscheinlichkeit von 25 %, ein erkranktes Kind zu bekommen, und die 75 %ige Wahrscheinlichkeit, ein gesundes Kind zu bekommen. Die Wahrscheinlichkeit, dass ein Kind genotypisch heterozygot ist, beträgt 50 %.
- **X-chromosomal-rezessiver** Erbgang: Die Söhne eines Paars mit den Genotypen $X_A X_a$ (gesund, Konduktorin) und $X_A Y$ (gesund) sind mit 50 %iger Wahrscheinlichkeit erkrankt. Die Töchter sind gesund, aber mit 50 %iger Wahrscheinlichkeit Konduktorinnen.

Phenylketonurie: siehe S. 69

Galaktosämie: mutationsbedingte Stoffwechselerkrankung, bei der Galactose nicht abgebaut wird (wegen Enzymmangels)

Der heterozygote Genzustand lässt sich für manche rezessiv vererbte Krankheiten biochemisch durch den **Heterozygotentest** belegen. Ist z. B. ein Enzym eines Stoffwechselwegs betroffen (z. B. bei Phenylketonurie oder Galaktosämie), weisen im In-vitro-Test bei gleich hoher Substratkonzentration die Proben von heterozygoten Personen eine nur halb so hohe Umsetzungsgeschwindigkeit des Substrats auf wie die von homozygoten Personen. Heterozygote Personen besitzen nur ein intaktes Allel für das Enzym und bilden daher auch nur eine halb so große Enzymmenge wie homozygote Personen. Auch gendiagnostische Methoden (Gensonden, DNA-Sequenzanalyse) können in einigen Fällen zur Feststellung des (heterozygoten) Genotyps herangezogen werden.

Methoden der pränatalen Diagnostik

Die **Pränataldiagnostik** erlaubt es, eine Anzahl genetisch bedingter Erkrankungen und Entwicklungsstörungen des Kindes mit einer gewissen Sicherheit nachzuweisen. Dazu können neben den nicht invasiven Methoden (**Ultraschalluntersuchung** und Analyse mütterlichen Bluts) bei auffälligem Befund auch invasive, mit höherem Risiko behaftete Methoden zur Gewebe-/Zellenentnahme vom Fetus angewendet werden:

Ultraschalluntersuchung: Gewebebildgebung über Aussendung hoher Schallfrequenzen

Fetus: Kind im Mutterleib ab der 9. Woche nach der Befruchtung

Amnion: innere Embryonalhülle, die den Embryo und das Fruchtwasser einschließt

- **Amniozentese:** Ab der 15. Schwangerschaftswoche wird mit einer langen Kanüle durch die Bauchdecke aus der Fruchtblase etwas Fruchtwasser entnommen. Darin befindliche fetale Zellen werden abzentrifugiert und kultiviert.

Chorionzotten: Fortsätze der äußeren embryonalen Hülle, des Chorions, das u. a. mit mütterlichem Gewebe die Plazenta bildet

- **Chorionzottenbiopsie:** Etwa ab der 10. Schwangerschaftswoche kann unter Ultraschallbeobachtung mit einem Katheter über die Vagina der Schwangeren eine Zellentnahme aus den Chorionzotten erfolgen.
- **Nabelschnurpunktion:** Ab der 20. Schwangerschaftswoche wird mit einer Nadel durch die Bauchdecke aus der Nabelschnurvene des Fetus etwa 1–2 ml Blut entnommen.

Die gewonnenen Zellen des Fetus können, z. T. nach Vermehrung in der Zellkultur, mikroskopisch, biochemisch und mittels Gentests u. a. auf Stoffwechselstörungen und Chromosomenaberrationen untersucht werden.

Ethische Analyse

Ethik: philosophische Disziplin, die sich mit den moralischen Kriterien für menschliches Handeln und mit dessen Bewertung befasst

Die Pränataldiagnostik kann bei einem Ausschluss bestimmter schwerwiegender Erkrankungen des Fetus der Mutter/den Eltern eine gewisse Beruhigung vermitteln. Allerdings werden nicht alle Erkrankungen erfasst. Bei der Diagnose einer Erkrankung kann ggf. frühzeitig (mitunter schon im Mutterleib) eine Therapie eingeleitet werden oder die Eltern können auf ein krankes oder behindertes Kind vorbereitet werden. Die Tatsache, dass viele der vorgeburtlich diagnostizierten Behinderungen nicht therapierbar sind, stellt Betroffene vor die Entscheidung, ob (bei medizinischer Indikation) ein Schwangerschaftsabbruch erfolgen soll. Gegenstand ethischer Debatten ist, ob der Wunsch nach einem gesunden Kind zum Anspruch werden und inwiefern über „lebenswertes" Leben entschieden werden darf. Eltern, die sich für ein behindertes Kind entscheiden oder die Methoden der Pränataldiagnostik generell ablehnen, können in diesem Kontext unter Rechtfertigungsdruck geraten.

GENETIK

27 Bei Retinitis pigmentosa handelt es sich um eine Gruppe von Augenerkrankungen, die genetisch bedingt sind. Hierbei verlieren Fotorezeptoren in der Netzhaut der betroffenen Personen ihre Funktionsfähigkeit. Mögliche Folgen reichen von Nachtblindheit, Einengung des Gesichtsfeldes, Verschlechterung des Farb- und Kontrastsehens bis hin zur vollständigen Erblindung. Derzeit sind mindestens 150 Gene bekannt, bei denen eine Mutation zu einer erblichen Netzhauterkrankung führt.
In einer Familie tritt eine Form der Retinitis pigmentosa auf. Zur Untersuchung der Vererbung wurde der Stammbaum der Familie erstellt (Abb.).

TIPP ▶
Beachten Sie, dass nicht alle Eltern von Merkmalsträgern selbst Merkmalsträger sind und dass Männer und Frauen in etwa gleichermaßen von der Krankheit betroffen sind.

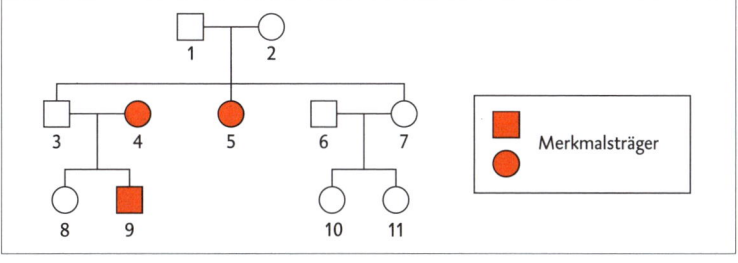

Stammbaum einer Familie, bei der Retinitis pigmentosa auftritt

TIPP ▶
Notieren Sie auf einem separaten Blatt die theoretisch infrage kommenden Erbgänge und haken Sie diese nach dem Abarbeiten in Ihrer Lösung ab, damit Sie nichts vergessen.

Leiten Sie den vorliegenden Erbgang ab, indem Sie nicht zutreffende Erbgänge begründet ausschließen. Geben Sie alle möglichen Genotypen der Personen 2, 5, 6, 7 und 8 an und ermitteln Sie die Wahrscheinlichkeiten, mit denen die Personen 6 und 7 ein erkranktes Kind bekommen können.
ABI Bayern (Jahrgang 2017, Aufgabe C1/1) AFB II ➜ 9 BE von 40

28 Der Wasserstoffperoxid-Abbau erfolgt in eukaryotischen Zellen in speziellen Zellorganellen, den Peroxisomen.
Das sogenannte Refsum-Syndrom ist eine rezessiv vererbte Erkrankung, die den Stoffwechsel in den Peroxisomen des Menschen betrifft und Schädigungen des Nervensystems hervorruft. Aufgrund eines genetischen Defekts kann Phytansäure, ein Stoff, der ausschließlich mit der Nahrung aufgenommen wird, nicht mehr abgebaut werden. Entsprechende Anreicherungen dieses Stoffes sind z. B. in Blutplasma oder Urin nachweisbar.
Die folgende Abbildung zeigt einen Stammbaum-Ausschnitt einer Familie, in der das Refsum-Syndrom auftritt.

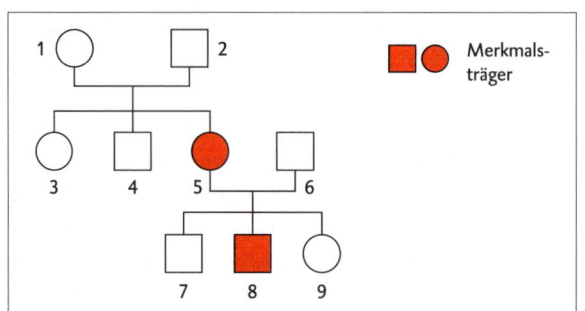

Stammbaum einer Familie, in der das Refsum-Syndrom auftritt

TIPP ▶ Beachten Sie, dass eine Frau mit phänotypisch gesunden Eltern von dem Syndrom betroffen ist.

Leiten Sie ab, ob das Refsum-Syndrom autosomal oder gonosomal vererbt wird! Geben Sie die Nummern der Personen im Stammbaum an, die sicher heterozygot sind, und beschreiben Sie eine mögliche Vorgehensweise, durch die diese Personen diagnostiziert werden können!

ABI Bayern (Jahrgang 2015, Aufgabe A2/2.2.1) AFB II ➔ 8 BE von 40

29 Die landläufige Meinung, dass Stechmücken „süßes Blut" bevorzugen und Menschen mit derartigem Blut häufig gestochen werden, ist falsch. Japanische Forscher konnten vielmehr einen Zusammenhang der Stechmücken-Landungshäufigkeit in Bezug auf die Art der Blutgruppe feststellen (Abb.).

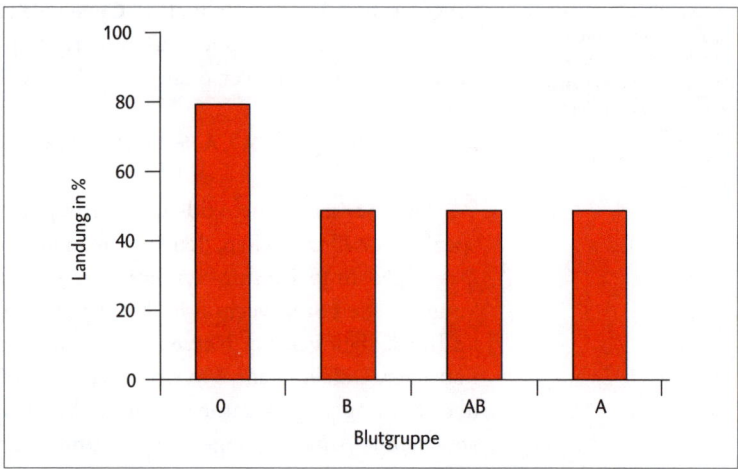

Landungshäufigkeit von Stechmücken in Abhängigkeit von der Blutgruppe
(verändert nach: Y. Shirai et al. (2004): Landing preference of Aedes albopictus (Diptera: Culicidae) on human skin among ABO blood groups, secretors or nonsecretors, and ABH antigens. In: Journal of Medical Entomology 41(4), July 2004)

TIPP ▶ Alternativ zur Verwendung von A, B und 0 zur Kennzeichnung der Genotypen kann auch folgende Benennung verwendet werden, aus der die Dominanz und Rezessivität der Allele klarer hervorgeht:
A: I^A
B: I^B
0: i

29.1 Geben Sie auf Grundlage des folgenden Familienstammbaums (Abb.) die möglichen Genotypen der Personen 3, 4, 8 und 9 an und begründen Sie, ob die Geschwister 7, 8 und 9 anhand der Landungshäufigkeit von Stechmücken ihre jeweilige Blutgruppe erschließen können!

GENETIK

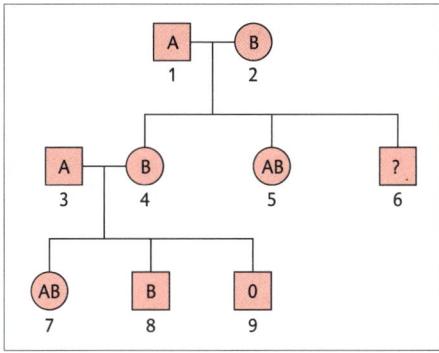

Familienstammbaum unter Angabe der jeweiligen Blutgruppenphänotypen (nach dem AB0-System)

ABI Bayern (Jahrgang 2016, Aufgabe A2/3.1) AFB I–II ➜ 5 BE von 40

29.2 Durch medizinische Tests werden die Blutgruppe und der Genotyp von Person 6 identifiziert. Dabei stellt sich heraus, dass Person 6 nicht leibliches Kind von Person 1 sein kann.
Geben Sie die Blutgruppe und den Genotyp von Person 6 an und begründen Sie Ihre Entscheidung!
ABI Bayern (Jahrgang 2016, Aufgabe A2/3.2) AFB II ➜ 5 BE von 40

5 Gentechnik

Unter Gentechnik versteht man molekulargenetische Methoden, mit deren Hilfe genetisches Material verändert, in (artfremde) Zellen und Organismen eingebracht und dort exprimiert werden kann. Sie ermöglicht zahlreiche Anwendungen u. a. in der Grundlagenforschung, der medizinischen Diagnostik, der Pharmazie, der Kriminalistik und der Tier- und Pflanzenzüchtung.

5.1 Methoden zur Neukombination von DNA

Grundlegende Werkzeuge

Endonuklease: Enzym, das innerhalb von DNA-Strängen Phosphodiesterbindungen des Zucker-Phosphat-Gerüsts spaltet

- **Restriktionsenzyme** als molekulare „Scheren": Die meist aus Bakterien isolierten **Restriktionsendonukleasen** (z. B. EcoRI) schneiden DNA nur an bestimmten, für jedes Enzym charakteristischen Schnittstellen. Diese Erkennungssequenzen sind meist Palindrome, also kurze DNA-Sequenzen, die auf beiden komplementären DNA-Einzelsträngen, jeweils in 5'→3'-Richtung gelesen, die gleiche Basensequenz aufweisen. Beim Schneiden entstehen, je nach Enzym, entweder glatte Enden (blunt ends) oder Einzelstrangüberhänge (**sticky ends**, klebrige Enden).

Bakteriophage: Virus, das Bakterien infiziert

Plasmid: extrachromosomale, ringförmige DNA in Prokaryoten, meist ca. 2–200 kBp groß

- **Vektoren** als „Genfähren": Als Vektoren, die zum Einschleusen von (Fremd-)DNA in Zellen dienen, eignen sich **Plasmide**, Bakteriophagen und **Viren**. Plasmide sind extrachromosomale DNA-Ringe in Bakterien, die meist über Antibiotikumresistenzgene und jeweils einen eigenen Replikationsstartpunkt (ori) verfügen. Das häufig benutzte, künstlich erstellte Plasmid pBR322 trägt Resistenzgene gegen Ampicillin und Tetracyclin und ist mit einer Replikationsstartstelle und einer oder mehreren Restriktionserkennungssequenzen ausgestattet. Auch mithilfe von Viren und Bakteriophagen, in die Fremd-DNA eingebaut wird, lassen sich durch Infektion von Wirtszellen Gene übertragen.

Herstellung rekombinanter DNA

- Die Fremd-/Spender-DNA wird aus den Zellen **isoliert** und gereinigt und anschließend mit einem **Restriktionsenzym** (z. B. EcoRI) in zahlreiche Fragmente mit identischen sticky ends geschnitten.
- Nach der Isolierung der **Vektor-DNA** (aus Viren oder Bakterienplasmide) wird auch sie mit dem gleichen **Restriktionsenzym** geschnitten.

GENETIK

Hybridisierung: Zusammenlagern einzelsträngiger Nukleinsäuren unterschiedlicher Herkunft über komplementäre Basenpaarung, siehe S. 78

Transformation: Übertragung freier DNA in (Bakterien-)Zellen

Elektroporation: Behandlung von Zellen mit elektrischen Impulsen zur Aufnahme von DNA

- Mischt man die Fragmente von Fremd- und Vektor-DNA, **hybridisieren** überhängende klebrige Enden miteinander und können durch Zugabe von Ligasen kovalent verbunden werden. Im günstigsten Fall entsteht rekombinante DNA (**Hybridplasmide**, Abb. 48); es können sich aber auch Fremd-DNA-Fragmente zu Mini-Ringen schließen oder Vektoren ohne DNA-Einbau wieder „verkleben".
- **Transformation:** Das DNA-Gemisch wird in Bakterienzellen (z. B. *E. coli*) eingeführt, z. B. durch Elektroporation oder Behandlung der Zellen mit Calciumchlorid.

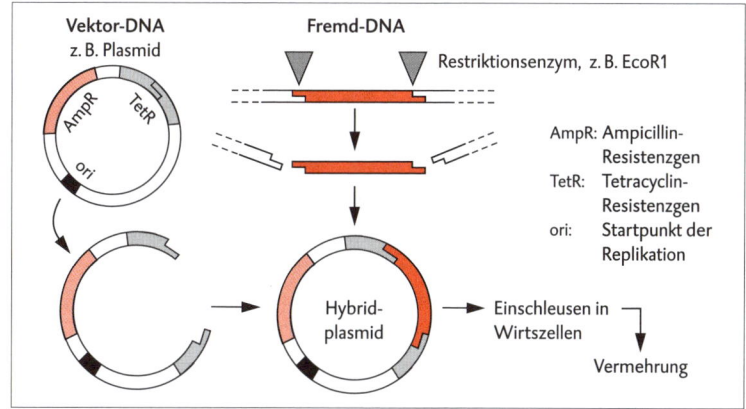

Abb. 48: Schema zur Herstellung eines Hybridplasmids

- Da nicht jede Bakterienzelle rekombinante Plasmide enthält, muss ein Selektionsvorgang erfolgen, um die transformierten Zellen mit der rekombinanten DNA zu **identifizieren**. Wird wie in Abb. 48 als Vektor pBR322 verwendet, streicht man die Bakterien-Suspension auf Nährmedien in Petrischalen aus, die jeweils eines der beiden Antibiotika enthalten. *E.-coli*-Zellen, die kein Plasmid aufgenommen haben, können auf keinem der Nährmedien wachsen; ihnen fehlen die Resistenzgene. Auf Nährböden mit Ampicillin können sich alle Zellen, die ein (Hybrid-)Plasmid aufgenommen haben, vermehren. Die durch Zellteilungen aus einer Ursprungszelle entstehenden Kolonien sind **Klone**. Werden diese Kolonien mittels **Stempeltechnik** auf einen Nährboden mit Tetracyclin übertragen, sind hier nur die Zellen ohne Hybridplasmid wachstumsfähig, weil sie über das Tetracyclin-Resistenzgen verfügen. Zellen mit rekombinanten Plasmiden können hingegen nicht auf Tetracyclin-haltigen Nährböden wachsen, da das Tetracyclin-Resistenzgen durch den Einbau der Fremd-DNA seine Funktion verloren hat (Prinzip der **Markerinaktivierung**).

Klon: genetisch identische Zellen

Stempeltechnik: Übertragung von Bakterienkolonien auf neuen Nährboden mittels Samtstempel

- Die Zellen mit Hybridplasmiden, vom Ampicillin-Nährboden entnommen, lassen sich in flüssigem Nährmedium zur weiteren Verwendung exponentiell **vermehren**.

Dieser gentechnische Prozess der Vervielfältigung eines DNA-Abschnitts in Bakterien (oder auch Viren) wird **Klonierung** genannt.

Die Sammlung von Bakterienklonen, deren Plasmide jeweils unterschiedliche DNA-Fragmente des „Spenders" enthalten, wird als **Genbank**, **genomische Bibliothek** oder Genbibliothek bezeichnet, wenn sie das vollständige Genom des Spenderorganismus umfasst. In ihr kann nach speziellen Genen gesucht werden.

Klonierung: Transfer eines DNA-Abschnitts (über einen Vektor) in eine Bakterienzelle und dessen Vermehrung

5.2 Spezielle Methoden der Gentechnik

Gensonden und Hybridisierung

Um ein bestimmtes Gen oder DNA-Fragment in einer Genbibliothek oder in einem Organismus aufzuspüren, stellt man chemisch eine kurze Einzelstrang-DNA (Oligonukleotide) mit einer bestimmten Basensequenz her, die als **Gensonde** bezeichnet wird. Dazu muss eine kurze Sequenz des gesuchten Gens bekannt sein. Diese Gensonden werden radioaktiv oder mit einem Fluoreszenzfarbstoff markiert. Lässt man sie mit der zu analysierenden, einzelsträngigen DNA hybridisieren, z. B. mit Fragmenten aus einer Genbibliothek, markieren sie die komplementären Sequenzen und lassen sie durch Autoradiografie oder Belichtung sichtbar werden.

Grundlegend bei der Anwendung von Gensonden ist die Tatsache, dass zwei einzelsträngige Nukleinsäuren unterschiedlicher Herkunft nach dem Prinzip der komplementären Basenpaarung **hybridisieren** können. Um Einzelstrang-DNA herzustellen, wird Doppelstrang-DNA erwärmt. Durch die Erhitzung ändert sich ihre Raumstruktur, da die schwachen Wasserstoffbrücken gelöst werden (Schmelzen, **Denaturieren** der DNA). Bei etwa 80 °C liegt die DNA in Einzelsträngen vor. Bei langsamem Abkühlen renaturiert die DNA wieder zur Doppelhelixstruktur, bei schnellem Abkühlen bleiben die Einzelstränge erhalten. Mischt man geschmolzene DNA aus zwei unterschiedlichen Arten oder mit RNA, lagern sich komplementäre Sequenzen zu einem Doppelstrang zusammen (**Hybridisierung**).

Gensonde: kurze Nukleotidsequenz, die zur Identifizierung eines Gens durch Hybridisierung dient

Fluoreszenz: Lichtemission nach Anregung durch meist kurzwelligeres Licht

Autoradiografie: Visualisierung radioaktiv markierter Substanzen durch Auflegen eines Röntgenfilms

Hitzedenaturierung (DNA): Lösen v. a. der Wasserstoffbrückenbindungen durch Temperaturerhöhung

GENETIK

Polymerasekettenreaktion (PCR)

Die Technik der PCR ermöglicht es, in kurzer Zeit *in vitro* aus geringsten DNA-Spuren für Analysezwecke eine enorme Anzahl von Kopien herzustellen (**Amplifikation** der DNA).

PCR: engl. *polymerase chain reaction*

in vitro: „im Glas"; außerhalb des lebenden Organismus

Amplifikation: Vervielfältigung

Taq-Polymerase: hitzestabile DNA-Polymerase aus Bakterium, das in heißen Quellen lebt

Bestandteile des Reaktionsansatzes für die PCR:
- eine sehr geringe Menge **DNA** als Matrize
- die vier **dNTPs** (dATP, dGTP, dCTP, dTTP) als Bausteine der DNA
- eine hitzebeständige **DNA-Polymerase**, z. B. Taq-Polymerase
- zwei **Primer**, deren Basensequenzen jeweils komplementär zu den 3'-Enden des zu vervielfältigenden DNA-Bereichs sind

Die **drei Phasen** des ca. 25 bis 50 Mal wiederholten Prozesses:
- **Denaturierung** der DNA-Doppelstränge durch Erhitzen auf ca. 95 °C, danach rasches Abkühlen auf ca. 60 °C zur Vermeidung der Wiederzusammenlagerung der Einzelstränge
- **Hybridisierung** der DNA-Einzelstränge mit den Primern bei ca. 60 °C
- **Polymerisation** der komplementären Nukleotide durch die DNA-Polymerase bei ca. 70 °C, sodass ausgehend von den Primern jeder Einzelstrang zum Doppelstrang ergänzt wird

Nach 30 Zyklen sind aus einer DNA-Vorlage über 250 Millionen Kopien entstanden.

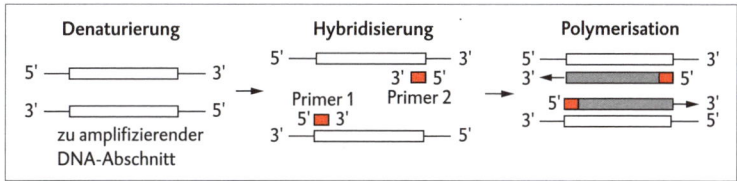

Abb. 49: Schema des 1. Zyklus der Polymerasekettenreaktion

Synthese von cDNA (complementary DNA)

cDNA: zur Matrize der mRNA komplementäre DNA

Reverse Transkriptase: RNA-abhängige DNA-Polymerase, die in Retroviren vorkommt

RNase: RNA abbauendes Enzym, das Phosphodiesterbindungen spaltet

Die cDNA ist eine *in vitro* synthetisierte DNA, die komplementär zu einer reifen mRNA als Matrize hergestellt wird. Sie enthält daher keine Intron-Sequenzen, sondern nur die codierenden Exonbereiche eines Eukaryoten-Gens. Nach der Isolierung der gewünschten mRNA wird an ihr durch das Enzym **Reverse Transkriptase** ein komplementärer DNA-Einzelstrang gebildet. Neben der mRNA und der Reversen Transkriptase muss der Reaktionsansatz noch die vier dNTPs und einen Primer enthalten, der an den Poly-A-Schwanz der mRNA hybridisiert. Die mRNA des Hybriddoppelstrangs wird anschließend durch eine RNase abgebaut und der DNA-Einzelstrang zu einem Doppelstrang ergänzt.

Verwendet wird cDNA bei der gentechnischen Herstellung von Medikamenten in Bakterien, da Bakterienzellen eukaryotische prä-mRNA nicht prozessieren können. Außerdem dient sie der Herstellung von cDNA-Sonden, cDNA-Genbibliotheken und findet Anwendung in der Gendiagnostik.

5.3 Anwendungen der Gentechnik

DNA-Analyse durch den genetischen Fingerabdruck

Der genetische Fingerabdruck eines Menschen erlaubt dessen eindeutige Identifizierung anhand der DNA (Ausnahme: eineiige Zwillinge). Zwei Methoden kommen dabei vor allem zum Einsatz:

- **Restriktionsfragmentlängenpolymorphismus (RFLP):** Da sich die Verteilung von Erkennungssequenzen für bestimmte **Restriktionsenzyme** im Genom individuell stark unterscheidet, entstehen beim Schneiden der DNA mit diesen Enzymen unterschiedlich lange (polymorphe) DNA-Fragmente, die durch eine Gelelektrophorese getrennt und analysiert werden können.
- **Analyse repetitiver Sequenzen:** Der Großteil der menschlichen DNA enthält keine proteincodierenden Gene. Innerhalb dieser informationsfreien Bereiche, die keiner Selektion unterliegen, herrscht eine hohe Variabilität. Zur Charakterisierung individueller DNA nutzt man kurze Abschnitte, in denen eine bestimmte, kurze Basensequenz (Motiv) vielfach hintereinander wiederholt auftritt, z. B. sogenannte *short tandem repeats* (STRs). Von Mensch zu Mensch unterscheidet sich die Anzahl der Motivwiederholungen erheblich und damit auch die Länge dieser STRs (Abb. 50A). Die repetitiven Sequenzen werden von Restriktionsschnittstellen flankiert. Bei den zwei homologen Chromosomen können die homologen Loci gleich lang (homozygot) sein oder sich unterscheiden (heterozygot). Zur eindeutigen Identifizierung eines Menschen hat man sich in der Kriminaltechnik auf etwa acht Genorte zur DNA-Typisierung geeinigt.

Vorgehensweise:
- Nach der DNA-Isolation (z. B. aus Zellen der Mundschleimhaut) werden die jeweiligen DNA-Regionen mittels **PCR** amplifiziert, indem Primer eingesetzt werden, die an die flankierenden Erkennungssequenzen binden.
- Die vervielfältigte DNA der Gen-Loci wird mithilfe der **Gelelektrophorese** ihrer Größe nach sortiert. Dabei dient ein Agarose- oder

repetitive DNA: DNA-Bereiche, die sich aus Wiederholungen von Sequenzmotiven zusammensetzen

Agarose: Polysaccharid

GENETIK

Polyacrylamidgel, das ein Netzwerk aus winzigen Poren bildet, als Trägermaterial. An einer Seite des Gels wird das DNA-Fragmentgemisch aufgetragen. Das Anlegen einer Gleichspannung bewirkt, dass die aufgrund ihrer Phosphatgruppen negativ geladenen DNA-Fragmente zum Pluspol durch das Gel wandern. Dabei bewegen sich größere Moleküle langsamer als kürzere. Nach Ende der Laufzeit können Fragmente z. B. unter UV-Belichtung als Banden sichtbar gemacht werden. Ihre Länge ist anhand eines mitgelaufenen DNA-Gemisches mit Fragmenten bekannter Größe (Längenstandard) bestimmbar.

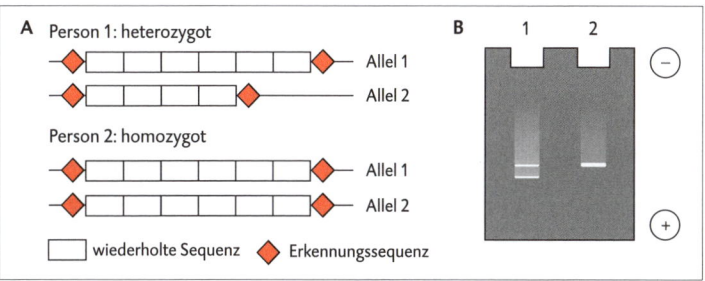

Abb. 50: Repetitive DNA-Sequenz zweier Personen (A) und Ergebnis der Gelelektrophorese (B)

Nutzung von Bakterienkulturen und eukaryotischen Zellkulturen

Viele Substanzen, z. B. Medikamente, die früher aus dem menschlichen Organismus oder Tieren gewonnen wurden, können heute gentechnisch preiswerter, weniger aufwendig und sicherer in prokaryotischen (z. B. *E. coli*) oder eukaryotischen Zellen in Zellkultur (z. B. Hefezellen, Säugerzellen) hergestellt werden. Da Bakterien nicht über die Ausrüstung verfügen, Eukaryoten-prä-mRNA zu prozessieren (siehe S. 42), wird zunächst eine cDNA gebildet. Diese cDNA mit der Information für das gewünschte Gen kann in ein Plasmid innerhalb eines Operons (z. B. lac-Operons) integriert und in Wirtszellen eingeschleust werden. Bei der Vermehrung der Bakterien kann das Genprodukt des Transgens durch Zugabe eines Induktors (z. B. Lactose) ins Nährmedium gezielt und in hoher Konzentration exprimiert und anschließend aus den Zellen isoliert werden. Sind zur Herstellung eines Genprodukts noch posttranslationale Prozesse erforderlich (z. B. Glykosylierung), können diese Produkte nur in eukaryotischen Zellen exprimiert werden.

Transgen: artfremdes, mit molekularbiologischen Methoden eingeschleustes Gen

Interferone: Proteine, die das Immunsystem stimulieren

Beispiele gentechnisch hergestellter Substanzen:
- **Medikamente:** Hormone, z. B. Humaninsulin zur Diabetestherapie, Interferone, z. B. zur Behandlung von Hepatitis-B/C-Infektionen und in der Leukämietherapie, Wachstumsfaktoren/-hormone, z. B.

Erythropoetin: Protein, das die Bildung roter Blutzellen anregt

zur Behandlung von Anämie (Erythropoetin) oder von Kleinwuchs (Somatropin), Blutgerinnungsfaktoren für an Hämophilie Erkrankte (z. B. Faktor VIII) sowie Impfstoffe, z. B. gegen Hepatitis A/B
- **Enzyme:** in der Lebensmittelherstellung z. B. zur Käseerzeugung (Lab) und zur Konservierung von Nahrungsmitteln (z. B. Lysozym); waschaktive Substanzen (z. B. Proteasen, Lipasen, Amylasen)

Gesetzlich sind spezielle **Sicherheitsvorkehrungen** bei der Arbeit mit transgenen Organismen oder Zellen vorgeschrieben, um das Risiko einer unkontrollierten Verbreitung transgener DNA zu unterbinden.

Nutzung transgener Pflanzen

Agrobacterium tumefaciens: Pflanzen infizierendes Bodenbakterium

Ti-Plasmid: Tumor-induzierendes Plasmid von Agrobakterien

t-DNA: transfer-DNA auf Ti-Plasmid, die tumorerzeugende Gene enthält

Als Genfähre bei Pflanzen bedient man sich hauptsächlich des tumorinduzierenden **Ti-Plasmids** aus dem pathogenen *Agrobacterium tumefaciens*. Das Ti-Plasmid enthält neben Genen, die für den Transfer in die Pflanze notwendig sind (Virulenzgene), **t-DNA** mit tumorauslösenden Genen, die über einen konjugationsähnlichen Vorgang in die Wirtszellen übertragen und dort ins Genom integriert wird. Die Expression der t-DNA-Gene induziert zusammen mit Pflanzenhormonen eine Tumorbildung, die als Wucherungen im unteren Pflanzenteil auffallen. Um eine Pflanze gentechnisch zu verändern, werden das einzuschleusende Fremd-Gen und ein Markergen anstelle der t-DNA ins Plasmid integriert, sodass es keine Tumorbildung mehr auslösen kann. Durch Infektion von Protoplasten oder Blattstücken höherer Pflanzen mit rekombinanten *A. tumefaciens* lässt sich das Gen in die Pflanzen-DNA integrieren. Einzelne transgene Pflanzenzellen können auf Nährböden selektiert werden und sich zu vollständigen Pflanzen entwickeln.

Protoplast: (Pflanzen-)Zelle ohne Zellwand

Anwendungsbeispiele:
- Übertragung von Resistenzgenen gegen Insektenbefall, gegen Viren oder Herbizide (z. B. gegen Glyphosat); wirtschaftlich bedeutsam (in den USA) ist **Bt-Mais**, der gegen Schadinsekten, z. B. den Maiszünsler, resistent ist, und durch Übertragung eines bakteriellen Toxin-Gens (Bt-Toxin) auf Maispflanzen erzeugt wurde.
- Übertragung von Genen, die Wachstum und Ertrag, die Widerstandskraft (z. B. gegen Trockenheit, Salinität) oder die Inhaltsstoffe von Pflanzen modifizieren.

Bt-Toxin: spezifisch wirkendes Toxin aus *Bacillus thuringiensis*

Risiken bei der Anwendung:
- Schädliche Auswirkungen bei Konsum der Pflanzen infolge veränderter Inhaltsstoffe, z. B. Allergien gegen Proteine
- Weitergabe veränderter Gene durch horizontalen Gentransfer (über Pollen, Bodenbakterien) an verwandte Pflanzenarten im Freiland

- Negative Auswirkungen auf Ökosysteme durch Ausbreitung konkurrenzstärkerer transgener Pflanzen
- Auftreten toxinresistenter Populationen (z. B. Insekten)
- Reduktion der Artenvielfalt, z. B. durch hohen Herbizideinsatz (bei Anbau herbizidresistenter Sorten) oder weitreichende Beeinflussung von Nahrungsnetzen durch schädlingsresistente Pflanzen

Nutzung transgener Tiere

Mikroinjektion: Transfer von Molekülen (z. B. von DNA) in Zellen mittels feiner Glaskapillare

Durch eine **Mikroinjektion** können Gene *in vitro* in befruchtete Eizellen (Zygoten) von Säugetieren eingebracht werden. Sie integrieren sich an zufälliger Stelle ins Genom und werden dann ggf. exprimiert. Die Zygoten werden anschließend durch Embryonentransfer in Mutter- und Ammentiere verbracht, wo sie sich zu transgenen Tieren entwickeln. Die heute übliche modernere Methode des „Genome Editing" erlaubt eine gezieltere Integration der Fremd-DNA ins Genom der Zygote und damit eine effizientere Transformation.

Genome Editing: Methoden der gezielten Veränderung von DNA mittels Endonukleasen, z. B. CRISPR/Cas-System

Anwendungsbeispiele:
- Gewinnung bestimmter, therapeutisch wirksamer Proteine (**Gen-Pharming**) aus gentechnisch veränderten Tieren; z. B. wird das Protein Alpha-Antitrypsin (AAT) zur Behandlung von Lungenerkrankungen aus der Milch von Schafen gewonnen, in die das menschliche AAT-Gen übertragen wurde. Damit entfällt menschliches Blut als Quelle zur Isolierung von AAT und als Kontaminationsquelle für Krankheitserreger.
- Erzeugung transgener Tiermodelle in der medizinischen Forschung; an Tieren oder tierischem Gewebe, denen mutierte menschliche Gene übertragen wurden, lassen sich Therapiemöglichkeiten testen.
- Leistungssteigerung von Nutztieren, z. B. erhöhte Fleischproduktion bei Rindern oder Lachsen durch Einbau zusätzlicher Wachstumshormon-Gene, oder geringere Krankheitsanfälligkeit, z. B. durch Einbau von Resistenzgenen.

Kritische Aspekte:
- Erzeugung transgener Nutz- und Versuchstiere, die z. B. aufgrund übermäßigen Muskelwachstums unter hohem Verschleiß der Gelenke, Schmerzen und Bewegungseinschränkungen sowie erhöhter Krankheitsanfälligkeit leiden, ist ethisch bedenklich.
- Schädliche Auswirkungen durch den Konsum der tierischen Produkte, z. B. durch Hormonrückstände, sind möglich.
- Veränderte Gene können in Wildpopulationen durch entkommene transgene Tiere verbreitet werden.

5.4 Gendiagnostik und Gentherapie beim Menschen

Gendiagnostik

Mutationen einiger hundert Gene, auf denen genetisch bedingte Erkrankungen beruhen, lassen sich heute gentechnisch durch **Gensonden** in der DNA oder durch die **Sequenzanalyse** des entsprechenden Chromosoms erkennen. Erbkrankheiten lassen sich mit diesen Methoden schon oft vor ihrem Ausbruch diagnostizieren. Beispiele gentechnisch diagnostizierbarer Krankheiten sind das Retinoblastom (ein Augentumor), Schilddrüsenkrebs und Chorea Huntington (siehe S. 68). Auch die sicherste Diagnose einer Infektion mit HIV, dem Erreger von AIDS, erfolgt gentechnisch. Dazu wird an der aus dem Blut isolierten viralen RNA eine komplementäre cDNA gebildet (siehe S. 79). Diese wird mit der PCR vervielfältigt und durch Hybridisierung als spezifisch virale Nukleinsäuresequenz nachgewiesen.

HIV: Humanes Immundefizienzvirus, ein Retrovirus, dessen genetische Information als RNA vorliegt

Gentherapie

Die Gentherapie stellt in Aussicht, durch Verpflanzung von Genen schwere monogenetisch bedingte Erkrankungen ursächlich zu heilen.

- Die **somatische Gentherapie** zielt darauf ab, dass eine Person mit genetisch bedingter Erkrankung das fehlende Genprodukt selbst herstellen kann, indem das intakte Gen mittels eines Vektors (meist modifizierte (Retro-)Viren oder Liposomen) in die Körperzellen eingeschleust wird. Dazu werden, wenn möglich, Stammzellen entnommen, *in vitro* mithilfe von Vektoren rekombiniert, vermehrt und wieder in das Gewebe oder die Blutbahn eingeführt; virale Vektoren können aber auch direkt ins Gewebe eingeschleust werden. Hat die Therapie Erfolg, werden nur Körperzellen verändert, die rekombinante DNA nicht aber an die Nachkommen vererbt. Die erste somatische Gentherapie gelang 1990 bei einem Mädchen mit der autosomal-rezessiven Erkrankung ADA-SCID. Dabei führt das Fehlen des Enzyms Adenosin-Desaminase (ADA) von Geburt an zu einer schweren Immunschwäche. Im Zuge der Therapie wurden der Patientin Stammzellen aus dem Knochenmark entnommen und nach Einschleusen des ADA-Gens wieder zugeführt. Die Patientin entwickelte stabil eine verbesserte, aber nicht völlig normalisierte Immunabwehr.

in vitro: „im Glas"; außerhalb des lebenden Organismus

SCID: *severe combined immunodeficiency*; schwerer kominierter Immundefekt durch Mangel des ADA-Gens in T-Lymphozyten

Abgesehen von der relativ geringen Erfolgsrate ist bei der somatischen Gentherapie die ungerichtete Integration des transferierten Gens in das Genom der Zellen ein Risiko. Dabei können auch wichtige Gene, die z. B. vor Krebs schützen, zerstört werden.

GENETIK

- Die **Keimbahntherapie** ermöglicht es, genetische Veränderungen bereits in den menschlichen Geschlechtszellen oder der Zygote vorzunehmen. Sie ist in Deutschland aus ethischen Gründen durch das Embryonenschutzgesetz verboten. Eine genetische Veränderung folgender Generationen und ein Missbrauch zum gezielten „Designen" von Babys sollen verhindert werden.

Ethische Aspekte

Die Anwendung der vielversprechenden gentechnischen Möglichkeiten, u. a. der DNA-Analyse, Gendiagnostik und auch der Gentherapie, ist Gegenstand ethischer Debatten. Dabei stehen typischerweise Positionen, die die Würde des einzelnen Menschen in den Vordergrund stellen, solchen gegenüber, die Nützlichkeitsaspekte betonen. Von Bedeutung sind u. a. eine verantwortungsvolle Verwendung und der Schutz genetischer Daten. Erhalten z. B. potenzielle Vorgesetzte oder Versicherungen Zugriff auf genetische Informationen, besteht das Risiko, dass Menschen auf der Grundlage ihrer Erbanlagen klassifiziert werden. Die Möglichkeit, in der Reproduktionsbiologie (z. B. bei Durchführung von *In-vitro*-Fertilisationen) Embryonen mit bestimmten genetischen Eigenschaften auszuwählen, kann kritisch als „Selektion" von Leben gesehen werden.

In-vitro-**Fertilisation:**
künstliche Befruchtung einer Eizelle im Reagenzglas

30 In der Fränkischen Schweiz kommt in schattigen Regionen des Waldes die Orchideenart Vogelnestwurz *(Neottia nidus-avis)* vor. Ihr Spross ist bräunlich gefärbt, die Laubblätter sind stark reduziert. In helleren Bereichen des Waldes ist das Weiße Waldvögelein *(Cephalanthera damasonium)* zu finden, dessen Sprossachse und voll ausgebildete Laubblätter grün gefärbt sind.

Die fotosynthetisch inaktive Vogelnestwurz nutzt als Quelle für Kohlenstoffverbindungen Pilze, die in ihre Wurzeln eindringen. […]

Durch den Abgleich bestimmter DNA-Basensequenzen der in den Wurzeln befindlichen Pilze mit Gendatenbanken kann die beteiligte Pilzart bestimmt werden. Ausreichend viel DNA-Material wird mithilfe der Polymerasekettenreaktion (PCR) erzeugt. Eine spezielle Basensequenz der DNA, die für die entsprechenden Pilzarten charakteristisch ist, kann nur mithilfe der Primer ITS1-F und ITS4-B vervielfältigt werden (Abb.).

Organismus A	3' - GGCAATGTA … gewünschte Sequenz … TCAGAGGAC - 5'
Organismus B	3' - GTTAAAGTA … gewünschte Sequenz … ACATTGCCT - 5'
Organismus C	3' - GAACCAGTA … gewünschte Sequenz … TCAGAGGAC - 5'

Basensequenz der DNA eines codogenen Strangs in verschiedenen Lebewesen

5' - CTTGGTCAT…-3'
Ausschnitt aus der Basensequenz des Primers ITS1-F

5' - CAGGAGACT…-3'
Ausschnitt aus der Basensequenz des Primers ITS4-B

Ausschnitte aus den Basensequenzen der Primer ITS1-F und ITS4-B

(verändert nach: M. Gardes, T. D. Bruns: ITS primers with enhanced specificity for basidiomycetes - application to the identification of mycorrhizae and rusts. In: Molecular Ecology Notes, 2 (1993), S. 113–118)

> **TIPP** ▶
> Legen Sie die geforderte Skizze möglichst schematisch an. Verzichten Sie beispielsweise darauf, einzelne Basen darzustellen.

30.1 Beschreiben Sie den Ablauf des PCR-Verfahrens unter Mitverwendung einer beschrifteten Skizze.
ABI Bayern (Jahrgang 2018, Aufgabe B2/2.1) AFB I ➜ 7 BE von 40

30.2 Ermitteln Sie, bei welchem Organismus aus der Tabelle es sich um einen Pilz, der in Orchideenwurzeln vorkommt, handeln muss. Schließen Sie dabei die anderen DNA-Basensequenzen begründet aus.
ABI Bayern (Jahrgang 2018, Aufgabe B2/2.2) AFB I–II ➜ 5 BE von 40

31 Seit einigen Jahren wird eine neuartige Behandlungsmethode für RPE65-Mutationen erprobt. Dabei handelt es sich um eine Gentherapie, die direkt an den Zellen des Auges erfolgt.

GENETIK

Beschreiben Sie das Prinzip der Durchführung dieser Gentherapie beim Menschen.
ABI Bayern (Jahrgang 2017, Aufgabe C1/4) AFB I ➜ 4 BE von 40

32 Neben vielen anderen Formen erblicher Schwerhörigkeit lässt sich eine häufigere Form auf eine bestimmte Mutation im *GJB2*-Gen, das für das Protein Connexin 26 codiert, zurückführen. Das Protein Connexin 26 ist 227 Aminosäuren lang und bildet einen Ionenkanal, der für die Anreicherung von Kalium-Ionen in der Endolymphe des Schneckengangs benötigt wird.
Zur Ermittlung des Überträgerrisikos wird ein Gentest auf die häufige Mutation im *GJB2*-Gen angeboten. In Fachkreisen wird diskutiert, ob der Gentest bei einer Pränataldiagnostik durchgeführt werden sollte. Ein Mediziner äußert im Rahmen der Debatte: „Familien sollten unbedingt den Gentest in der Pränataldiagnostik nutzen, um Aufschluss darüber zu erhalten, ob ein Kind von erblicher Schwerhörigkeit betroffen sein wird."
Um zu einer Urteilsfindung zu kommen, ist es nötig, fachliche Argumente mit Werten in Beziehung zu setzen. Folgende Werte werden häufig genannt: Umweltschutz, Glück, Freundschaft, Gesundheit, Freiheit, Leidverringerung, Wohlstand, Würde des Menschen, Bildung, Sicherheit, Gehorsam, Fortschritt.
Nennen Sie ein Pro- und ein Contra-Argument zur Durchführung dieses Gentests im Rahmen der Pränataldiagnostik und wählen Sie aus der Liste für jedes Argument einen Wert aus, der mit dem Argument verbunden ist. Nehmen Sie unter Einbeziehung dieser Argumente und Werte Stellung zur oben genannten Forderung des Mediziners.
ABI Bayern (Jahrgang 2017, Aufgabe C2/2.3) AFB I–III ➜ 5 BE von 40

TIPP ▶
Beachten Sie, dass nur **ein** Pro- und **ein** Contra-Argument verlangt ist und dass die Zuordnung je eines Wertes aus der Aufzählung gefordert wird.

33 Ein US-Hersteller entwickelte eine transgene Maissorte mit zwei artfremden Genen.
Eines der Fremdgene ist aus dem Bakterium *Bacillus thuringiensis* (Bt) entnommen und für die Bildung eines Proteins zuständig, das für die Schädlinge tödlich ist. Als Vektor für den Gentransfer in die Pflanze wird ein Hybridplasmid erzeugt.
Stellen Sie mithilfe beschrifteter Skizzen das Prinzip der Gewinnung eines Hybridplasmids dar und beschreiben Sie eine Methode zum Nachweis des erfolgreichen Einbaus einer Fremd-DNA in die Pflanzenzellen!
ABI Bayern (Jahrgang 2015, Aufgabe C1/3.2.2) AFB I–II ➜ 8 BE von 40

TIPP ▶
Geht es in Aufgaben um die Darstellung relativ komplizierter Vorgänge, ist es sinnvoll, auf einem separaten Blatt eine kurze Grobgliederung der Lösung zu erstellen. Dadurch wird Ihre Darstellung strukturierter und Sie vergessen nichts.

Der Mensch als Umweltfaktor – Populationsdynamik und Biodiversität

1 Populationsdynamik

Ökosysteme sind veränderliche, offene Systeme, die sich im ständigen Stoff- und Energieaustausch mit ihrer Umgebung befinden. Sie lassen sich grundsätzlich als Lebensgemeinschaft von Organismen (**Biozönose**) in einem durch abiotische Faktoren gekennzeichneten, relativ begrenzten Raum (**Biotop**) charakterisieren. Die Gesamtheit aller Ökosysteme der Erde wird als **Biosphäre** bezeichnet.

Alle Individuen einer Art, die in einem weitgehend begrenzten Lebensraum (Habitat) vorkommen und dort eine Fortpflanzungsgemeinschaft mit gemeinsamem Genpool bilden, nennt man eine **Population**. Populationen sind **dynamische** Systeme. In ihren Habitaten, die wechselnden Einflüssen ausgesetzt sein können, verändern sich Populationsdichten ständig durch Geburt und Tod sowie durch Zu- und Abwanderung.

> **Biozönose:** Gemeinschaft aller Organismen in einem Biotop
> **abiotische Faktoren:** unbelebte Umweltfaktoren, z. B. Licht, Temperatur, Wasser
> **Biotop:** Lebensraum einer Biozönose
> **Habitat:** Aufenthaltsbereich einer Art (im Biotop)
> **Genpool:** Gesamtheit der in einer Population vorhandenen Allele

1.1 Wachstum von Populationen

Das Wachstum einer Population lässt sich durch ihre Wachstumsrate r beschreiben, d. h. durch die Differenz aus der Geburtenrate b und der Sterberate d. Übersteigt im Durchschnitt pro Zeiteinheit die Geburtenrate die Sterberate, liegt positives Wachstum vor.

- **Exponentielles Wachstum:** Ist der Zuwachs einer Population proportional zu ihrer Bestandszahl, verdoppelt sich jeweils nach konstantem Zeitraum die Individuenzahl (Abb. 52). Ein solches Wachstum tritt allerdings nur dann (befristet) auf, wenn optimale Wachstumsbedingungen herrschen (z. B. bei Bakterien in frischem Nährmedium oder bei Besiedlung neuer, konkurrenzfreier Lebensräume).
- **Logistisches Wachstum:** Früher oder später wirken immer begrenzende Faktoren auf die Populationsentwicklung, sodass Populationen nicht uneingeschränkt wachsen können. Mit zunehmender Individuenzahl sinkt z. B. die Verfügbarkeit wichtiger Ressourcen und die Konkurrenz um Nahrung und Raum steigt. Infolgedessen nimmt die Geburtenrate ab und die Sterberate zu, das Wachstum verlangsamt sich. Beim logistischen Wachstum folgt daher auf eine Anlauf-

Umweltkapazität K: maximale Individuenzahl einer Art in bestimmtem Lebensraum (kein konstanter Wert)

phase und eine exponentielle Wachstumsphase eine Phase sinkenden Wachstums, in der sich die Populationsgröße asymptotisch der **Umweltkapazität K** annähert, wobei K der maximalen Zahl von Individuen einer Art in einem Lebensraum unter den gegebenen Bedingungen entspricht. Ist die Umweltkapazität erreicht, erfolgt kein Zuwachs mehr **(stationäre Phase)**. K kann allerdings je nach Wachstumsrate auch kurzfristig überschritten werden. Schwankt die Individuenzahl pro Fläche (Abundanz) einer Population um diesen Wert, indem sich ein dynamisches Gleichgewicht zwischen Geburten- und Sterberate einstellt, liegt **fluktuierendes** Wachstum vor (Abb. 52).

lag-Phase: Anlaufphase eines Populationswachstums mit geringem Zuwachs (geringer Geburtenrate), u. a. infolge Einstellung auf neue Bedingungen

log-Phase: Phase exponentiellen Wachstums

Absterbephase: Sterberate übersteigt Geburtenrate, z. B. infolge Anhäufung toxischer Stoffwechselprodukte im Kulturmedium

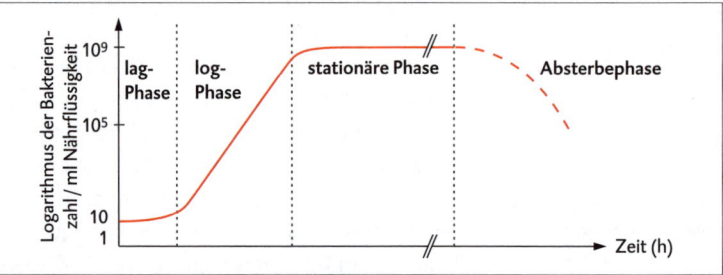

Abb. 51: Typische Wachstumskurve von Bakterien in Kultur

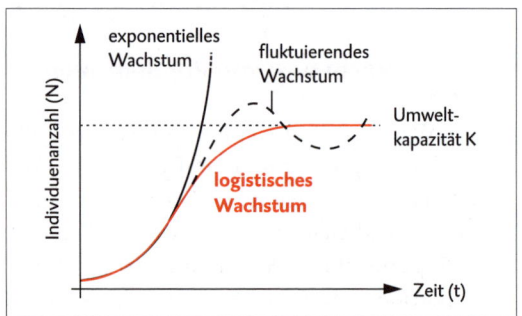

Abb. 52: Exponentielle und logistische Wachstumskurve

1.2 Bedeutung von Fortpflanzungsstrategien

Viele Arten lassen sich einer von zwei gegensätzlichen Fortpflanzungsstrategien zuordnen, die sie bei der Besiedlung von Lebensräumen charakterisiert. Als genetisch bedingte Merkmale sind diese Vermehrungsstrategien das Ergebnis der Wirkung von Evolutionsfaktoren.

r-Strategen sind durch eine hohe Wachstumsrate (r), häufig eine relativ kurze Lebenserwartung und starke Dichteschwankungen der Population gekennzeichnet. Sie nutzen neu entstandene Lebensräume oder Regionen mit sehr variablen Umweltbedingungen. Vorhandene Ressourcen eines Habitats verbrauchen sie oft relativ schnell und erfahren daher oft auch abrupte Einbrüche ihrer Populationsdichte.

K-Strategen weisen eine geringe Wachstumsrate auf, sind langlebig und investieren in die Sicherung der Nachkommen durch intensive Brutpflege. Sie besiedeln ihre Lebensräume langfristig mit einer Populationsdichte, die durch Mechanismen der Dichteregulation nahe der Umweltkapazität K gehalten wird.

Strategie	Eigenschaften	Beispiele
r	• hohe Wachstumsrate • sehr variable Populationsgröße • einmalige Fortpflanzung • viele Nachkommen • kleine Individuen mit relativ kurzer Lebensdauer • schnelle Ressourcennutzung • Lebensraum mit schwankenden Umweltbedingungen • starke Verbreitungstendenz	Birke Pappel Wühlmäuse Blattläuse Ratten
K	• niedrige Wachstumsrate • konstante Populationsgröße nahe an K • mehrmalige Fortpflanzung • wenige Nachkommen und intensive Brutpflege (Tiere) • große Individuen mit hoher Lebenserwartung • effiziente Ressourcenverwertung durch Angepasstheiten • Lebensraum mit relativ konstanten Umweltbedingungen • geringes Verbreitungspotenzial	Eiche Kastanie Elefanten Primaten Großkatzen Wale

Tab. 8: Eigenschaften von r- und K-Strategen

Bei der Zuordnung ist zu beachten, dass es viele Übergangsformen gibt und Strategien auch artintern, z. B. saisonal, variieren können. Auch ist die Einordnung jeweils nur im Vergleich mit anderen Arten sinnvoll.

1.3 Faktoren mit Einfluss auf die Populationsdichte

Die Veränderungen, die Populationsdichten erfahren, z. B. periodische Schwankungen, werden durch Umweltfaktoren verursacht, die entweder unabhängig von der Populationsdichte wirken oder deren Wirkung sich in Abhängigkeit von der Populationsdichte verändert:

dichteunabhängiger Faktor: Umweltfaktor, der unabhängig von der Populationsdichte wirkt

- Zu den **dichteunabhängigen** Faktoren zählen in erster Linie **abiotische** Faktoren wie klimatische Bedingungen oder die Bodenbeschaffenheit. Sie wirken entweder hemmend (z. B. Dürreperioden) oder förderlich (z. B. gutes Mineralstoffangebot) auf das Populationswachstum, und zwar gleichermaßen bei hohen und geringen Populationsdichten.

dichteabhängiger Faktor: Umweltfaktor, der je nach Populationsdichte unterschiedlich stark wirkt und durch Rückkopplung selbst beeinflusst wird

negative Rückkopplung: Mechanismus eines Regelkreises, der durch Hemmung der Ausgangsgröße systemregulierend wirkt

- **Dichteabhängige** Faktoren sind meist **biotisch**, also Wechselwirkungen zwischen Organismen, z. B. Fressfeinden und Beuteorganismen oder Konkurrenten. Sie wirken sich umso stärker aus, je höher die Populationsdichte ist. Bei den meist hemmenden Faktoren wird daher die Population durch **negative Rückkopplung** reguliert. Dies lässt sich mit Regelkreisen darstellen (Abb. 53). Bei für das Populationswachstum günstigen Faktoren, z. B. großem Nahrungsangebot, kann es (bis zu einer gewissen Populationsdichte) zu positiver Rückkopplung kommen.

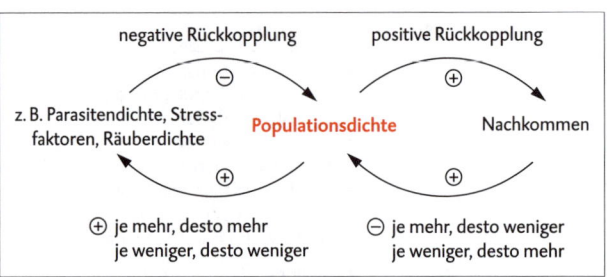

Abb. 53: Auswirkungen dichteabhängiger Faktoren

1.4 Regulation von Räuber-Beute-Systemen

Da dichteabhängige Faktoren Einfluss auf die Populationsdichte nehmen und selbst durch sie verändert werden, kann sich durch Regulationsvorgänge ein dynamisches Gleichgewicht zwischen beiden Größen einstellen. Insbesondere bei Räuber-Beute-Systemen wurden solche Abhängigkeiten der Populationsveränderungen beobachtet und u. a. im Labor in geschlossenen Zwei-Arten-Systemen analysiert. Dabei konnten die Forscher A. LOTKA und V. VOLTERRA zeigen, dass sich die Populationsentwicklungen von Räuber- und Beuteorganismen mithilfe mathematischer Modelle beschreiben lassen. Folgende Grundzusammenhänge gelten als **Lotka-Volterra-Regeln**:

1. **Lotka-Volterra-Regel** der periodischen Zyklen: Die Individuenzahlen von Räuber und Beute (oder Parasit und Wirt) schwanken periodisch mit konstanten Zykluslängen. Die Maxima der Räuberpopulation folgen denjenigen der Beutepopulation phasenverschoben.
2. **Lotka-Volterra-Regel** zur Erhaltung der Mittelwerte: Die durchschnittliche Größe der beiden Populationen (die Mittelwerte) bleibt über längere Zeiträume relativ konstant. Die Abundanz der Beutepopulation ist i. d. R. größer als die der Räuberpopulation.
3. **Lotka-Volterra-Regel** von der Störung des Mittelwertes: Werden Räuber- und Beutepopulation zeitlich begrenzt durch äußere Ursa-

Abundanz: Individuenanzahl pro Fläche

chen in ihrer Entwicklung gestört und gleichermaßen dezimiert, erholt sich die Beutepopulation schneller und stärker als die Räuberpopulation.

Diese Regeln gelten streng genommen nur für das Modell und den stark vereinfachten Fall, dass sich die Individuen der Räuberart nur von Individuen einer Beuteart ernähren und nicht auf andere Beutetiere ausweichen. Auch müssen alle weiteren Umweltfaktoren konstant bleiben.

Parasitoid: parasitisch lebender Organismus, der seinen Wirtsorganismus letztlich tötet, z. B. Schlupfwespen

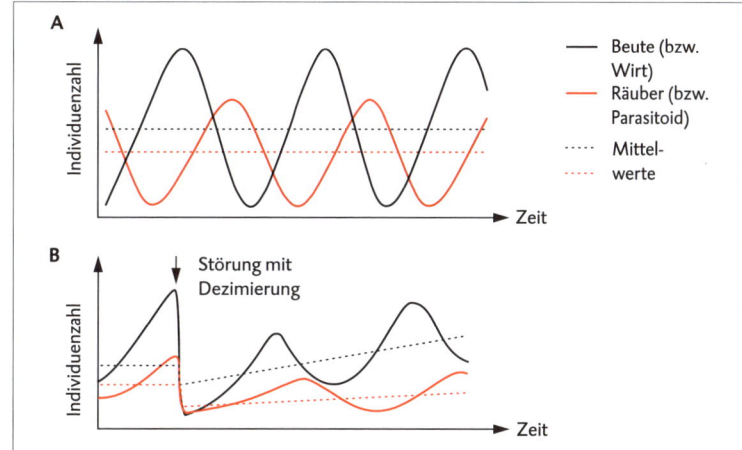

Abb. 54: Modelldarstellungen zur 1. und 2. (A) sowie zur 3. Lotka-Volterra-Regel (B)

1.5 Wachstum der menschlichen Population

Die Weltbevölkerung verdoppelte sich von Mitte des 17. Jahrhunderts bis ca. 1800 auf eine Milliarde Menschen, erreichte 2 Milliarden 1927 und 4 Milliarden Menschen 1974. Sie zeigte also nicht nur exponentielles Wachstum, sondern einen **superexponentiellen** Verlauf, bei dem sich die Verdopplungszeit einer Population durch den Anstieg der Wachstumsrate immer weiter verkürzt. Seit Ende der 1960er-Jahre sinkt zwar die Wachstumsrate global, die Erdbe-

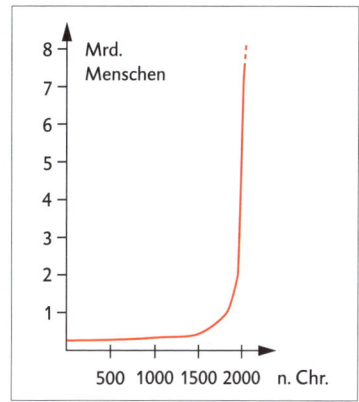

Abb. 55: Wachstumskurve der Weltbevölkerung

völkerung nimmt allerdings weiterhin stark zu. 2011 lebten erstmals 7 Milliarden Menschen auf der Erde.

Gründe für das starke Wachstum waren/sind vor allem die Verbesserung der medizinischen und hygienischen Versorgung, die zu einem Sinken der Sterblichkeit führt/führte, sowie die durch den technischen Fortschritt ermöglichte Erhöhung der Nahrungsmittelproduktion.

Bezüglich des Bevölkerungswachstums muss nach Ländern und Regionen differenziert werden. Ein Großteil des Zuwachses erfolgt in den Entwicklungsländern, während die Bevölkerung in den Industrienationen teilweise abnimmt. Gemäß dem Modell des **demografischen Übergangs** befinden sich die Länder der Welt v. a. je nach Industrialisierungsstufe in verschiedenen Phasen eines zeitverschobenen Absinkens von Sterbe- und Geburtenrate und weisen daher unterschiedliche Wachstumsraten auf.

Die Versorgung der weiter wachsenden Weltbevölkerung ist kritisch, insbesondere angesichts des hohen Verbrauchs natürlicher Ressourcen, der fortschreitenden Umweltbelastung und der Auswirkungen des Klimawandels. Die Annäherung an die Kapazitätsgrenze des Lebensraums Erde macht nachhaltiges Handeln dringend erforderlich.

demografischer Übergang: Bevölkerungsentwicklung von hoher Geburten- und Sterberate zu niedriger Geburten- und Sterberate, wobei die Sterberate als erste sinkt

DER MENSCH ALS UMWELTFAKTOR

34 Die Substanz Chitosan wird als Wirkstoff zum Schutz von Nahrungsmitteln vor bakteriellem Befall untersucht. Chitosan ist ein Naturstoff, der ein Durchlöchern der Bakterienzellwand bewirkt, was zum Absterben der Zellen führen kann. Man erprobt daher den Einsatz von Chitosan als Beschichtung in Konservendosen.

Bei einem Experiment wurden Kulturen von zwei Bakterienarten, *Escherichia coli (E. coli)* und *Staphylococcus aureus (S. aureus)*, unter gleichen Bedingungen der Wirkung von Chitosan ausgesetzt. Im Experiment wurde die Zellzahl indirekt über eine Messung der Optischen Dichte (OD) bestimmt. Je mehr Zellen vorhanden sind, umso höher ist der Wert der OD. Die folgende Abbildung zeigt die erhaltenen Ergebnisse.

> **TIPP**
> Beachten Sie den Hinweis im Aufgabentext, dass die optische Dichte Aussagen zur Zellzahl und somit zur Individuenzahl erlaubt.

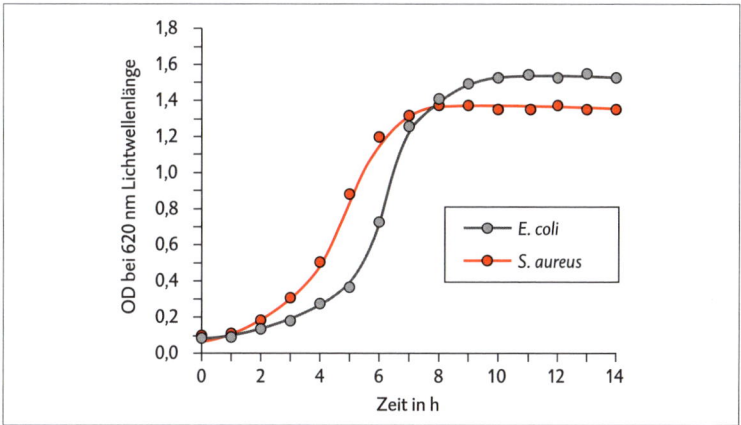

Populationsentwicklung von zwei Bakterienarten unter dem Einfluss von Chitosan (http://www.scielo.br/scielo.php?script=sci_arttext&pid=S0102-695X2016000100122, zuletzt aufgerufen am 13.06.2017)

> **TIPP**
> Für den Vergleich der Kurven und zum Ablesen exakter Werte kann es sehr hilfreich sein, Hilfslinien in die Abbildung einzuziehen.

34.1 Erläutern Sie den Verlauf der Populationsentwicklung von *Escherichia coli*, wie er in der Abbildung dargestellt ist, und vergleichen Sie diesen mit dem von *Staphylococcus aureus*.
ABI Bayern (Jahrgang 2018, Aufgabe C1/3.1) AFB II ➡ 7 BE von 40

34.2 Beurteilen Sie, ob die Schlussfolgerung „Chitosan hemmt die Entwicklung von *Staphylococcus aureus* stärker als die von *Escherichia coli*." aus den gegebenen Daten abgeleitet werden kann.
ABI Bayern (Jahrgang 2018, Aufgabe C1/3.2) AFB III ➡ 3 BE von 40

35 Der Galapagos-Seelöwe *(Zalophus wollebaeki)* ist eine marine, auf den Inseln des Galapagosarchipels ganzjährig anzutreffende Säugetierart.

Den Seelöwen, die eine durchschnittliche Lebenszeit von 15 Jahren erreichen können, dienen flache Lavafelder an den Küstenlinien als Lebensraum. Tagsüber sind sie oft im Wasser zu beobachten, wo sie als ausgezeichnete Schwimmer Jagd auf Fische bis in 20 m Tiefe machen. Im Wasser haben ausgewachsene Seelöwen lediglich Hochseehaie als Feinde, die gelegentlich in Ufernähe schwimmen. Erwachsene Seelöwen-Bullen (sog. Strandmeister) versammeln zur Fortpflanzungszeit einen Harem von drei bis 20 Weibchen um sich und besetzen als Revier einen Küstenabschnitt inklusive Flachwasserzone, wo sie sich mit den Weibchen paaren. Nach einer Tragzeit von 11 Monaten bringen die begatteten Weibchen jeweils ein Junges zur Welt, das im Schutz der Eltern heranwächst und mit vier bis fünf Jahren geschlechtsreif wird.

Galapagos-Seelöwe
(Kelly J. Kane / Wikipedia, CC BY 3.0)

Im Zeitraum von 1978 bis 2001 wurde beobachtet, dass sich die Seelöwenpopulation von ca. 40 000 auf ca. 15 000 Individuen verkleinert hat, wovon sie sich bis heute nicht entscheidend erholt hat.

TIPP ▶

Gehen Sie von dem Ihnen aus dem Unterricht bekannten „Standarddiagramm" zur Populationsentwicklung aus, reproduzieren Sie dieses aber nicht einfach. Lesen Sie sich stattdessen den Informationstext aufmerksam durch und passen Sie den Kurvenverlauf und die Beschriftung entsprechend an.

35.1 Stellen Sie in einem Diagramm die Phasen der Populationsentwicklung der Galapagos-Seelöwen modellhaft dar und benennen Sie diese! Berücksichtigen Sie dabei den Zeitraum von der Erstbesiedlung der Galapagosinseln bis zur heutigen Zeit!
ABI Bayern (Jahrgang 2016, Aufgabe C2/1.1) AFB I ➔ 8 BE von 40

TIPP ▶

Um beurteilen zu können, welche Strategie bei den Seelöwen vorliegt, bietet es sich an, eine Tabelle zu erstellen und anhand der im Text gegebenen Informationen typische Kriterien zu prüfen und einzuordnen.

35.2 Stellen Sie unter Bezug auf Informationen aus dem Text eine begründete Hypothese zur Fortpflanzungsstrategie der Galapagos-Seelöwen auf und geben Sie an, unter welcher Voraussetzung diese Fortpflanzungsstrategie von Vorteil ist!
ABI Bayern (Jahrgang 2016, Aufgabe C2/1.2) AFB I–III ➔ 5 BE von 40

TIPP ▶

Hintergrundwissen zum Thema El Niño wird nicht vorausgesetzt. Es geht lediglich darum, den in der Grafik dargestellten Effekt dieses Klimaphänomens abzuleiten und diesen in Beziehung zum Rückgang der Seelöwenpopulation zu setzen.

35.3 Im Jahr 1983 standen die Inseln unter dem Einfluss eines speziellen Klimaphänomens, des sogenannten El Niño, während die darauffolgenden Jahre dem Normalzustand entsprachen.
Im Rahmen von Untersuchungen zum Einfluss des El Niño wurde die Menge an Phytoplankton (pflanzliche Kleinstlebewesen) durch Messung des Chlorophyllgehalts bestimmt. Die Messergebnisse in Abhängigkeit von der Wassertiefe sind in folgender Abbildung aufgetragen.

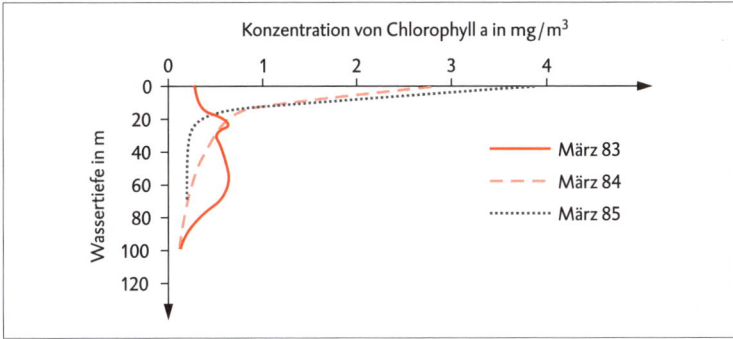

Abhängigkeit des Chlorophyllgehalts von der Wassertiefe
(verändert nach: S. Seitz, H. P. Klein (2011): Die Entstehung und Geschichte der Galapagosinseln. In: Praxis der Naturwissenschaften 5/60, Aulis Verlag, S. 11)

TIPP ▶
Beginnen Sie damit, das Diagramm zu beschreiben. Geben Sie dazu zunächst die Achsenbeschriftung an, und gehen Sie dann auf die Kurvenverläufe ein.

Leiten Sie unter Verwendung der gegebenen Daten einen möglichen Zusammenhang zwischen dem Klimaphänomen El Niño und einem Rückgang der Seelöwenpopulation her!
ABI Bayern (Jahrgang 2016, Aufgabe C2/1.3) AFB II ➜ 5 BE von 40

36 Einer der gefürchtetsten Maisschädlinge ist der Maiszünsler *(Ostrinia nubilalis)*, ein Kleinschmetterling, der seine Eier auf der Blattunterseite von Maispflanzen ablegt. Die geschlüpften Raupen fressen dann neben den Blüten auch das Mark der Maispflanzenstängel.

Maiszünsler
(Donald Hobern / Wikipedia, CC BY 2.0)

TIPP ▶
Sind Diagramme und Skizzen gefordert, ist es sinnvoll, diese zuerst grob auf einem separaten Blatt anzulegen, um sie in der Lösung dann sauber darstellen zu können.

Stellen Sie den Zusammenhang zwischen der Populationsgröße des Maiszünslers, der Anzahl seiner Fressfeinde und der Maisanbaufläche in einem Pfeildiagramm (je-desto-Beziehung) dar und erläutern Sie die von Ihnen dargestellten Zusammenhänge!
ABI Bayern (Jahrgang 2015, Aufgabe C1/3.1) AFB II ➜ 8 BE von 40

2 Biodiversität

Mit Biodiversität wird nicht nur die Vielfalt der Arten bezeichnet, sondern auch die genetische und innerartliche Vielfalt sowie die Vielfalt der biotischen Wechselwirkungen innerhalb von Ökosystemen. In den letzten Jahrzehnten wurde ein starker Rückgang der Artenvielfalt beobachtet, der nicht auf natürliche Prozesse des Aussterbens, sondern in hohem Maße auf menschliche Einflüsse zurückzuführen ist.

2.1 Anthropogene Einflüsse auf die Artenvielfalt

Vernichtung naturnaher Lebensräume

Die Industrialisierung u. a. der Landwirtschaft und die zunehmende wirtschaftliche Nutzung natürlicher Rohstoffe führten zu einem Schwinden natürlicher Lebensräume und damit auch zu einer Abnahme der Artenvielfalt. Durch die Schaffung von Flächen zur ökonomischeren Bewirtschaftung (z. B. Beseitigung von Hecken, Trockenlegung von Feuchtgebieten), die **Rodung** von (Regen-)Wäldern zur Gewinnung von Rohstoffen und (Acker-)Land sowie durch den Abbau **fossiler Brennstoffe** werden immer mehr Lebensräume zerstört. Der Anbau von **Monokulturen** wirkt sich u. a. durch Auslaugung der Böden und den Einsatz von Dünge- und Pflanzenschutzmitteln negativ auf die Diversität aus. Auch der wachsende Siedlungsdruck und der Ausbau von Verkehrswegen fördern den Verlust und die Fragmentierung von Lebensräumen. Eine nicht nachhaltige, industriell betriebene Fischerei gefährdet ebenfalls Arten und Bestandszahlen (Überfischung) aquatischer Ökosysteme.

fossile Brennstoffe: fossile kohlenstoffhaltige Energiequellen, v. a. Erdöl, Kohle, Erdgas

Monokultur: über mehrere Jahre auf eine Art beschränkter Nutzpflanzenanbau, z. B. Fichten, Mais

Weltweiter Tier- und Pflanzentransfer

Seit überregionaler Handel und Verkehr bestehen, gelangt eine Vielzahl von Spezies aus ihren ursprünglichen Verbreitungsgebieten in andere Regionen. Solche Organismen können sich als **Neozoen** und **Neophyten** (Gesamtheit: **Neobiota**) teilweise in den neuen Lebensräumen etablieren. Als **invasiv** bezeichnet man Arten mit dem Potenzial, einheimische Arten zu verdrängen, da sie konkurrenzstärker sind oder als Fressfeinde deren Existenz bedrohen. Sie können die Artenvielfalt und damit die Stabilität des Ökosystems mindern. Auch wirtschaftliche Schäden oder Pathogenität können von invasiven Arten ausgehen, während nicht invasive Arten kaum schädigenden Einfluss auf Ökosys-

Neozoon: Tierart, die sich in einem Gebiet etabliert, in dem sie zuvor nicht heimisch war

Neophyt: Pflanzenart, die einen neuen Lebensraum erfolgreich besiedelt

Pathogenität: Fähigkeit, bei anderen Organismen eine Erkrankung auszulösen

teme ausüben. Neobiota in Deutschland sind z. B. der Waschbär, die Wollhandkrabbe, die Regenbogenforelle, das Drüsige Springkraut und der Riesen-Bärenklau.

Beeinflussung der Artenvielfalt durch Schadstoffeinträge

- **Düngemittel:** Natürliche Düngemittel (z. B. Humus, Gülle) und synthetische Mineraldünger (u. a. Nitrate, Phosphate) werden zur Steigerung der landwirtschaftlichen Produktivität u. a. in die natürlichen Stickstoffkreisläufe eingeschleust, um den Bedarf der angebauten Nutzpflanzen zu decken. Eine weitreichende Ausbringung von Düngemitteln verdrängt allerdings viele Pflanzen- und Tierarten, die unter diesen Bedingungen nicht konkurrenz- und lebensfähig sind. Durch die hohe Wasserlöslichkeit der synthetischen Düngemittel besteht außerdem die Gefahr der Gewässer- und Grundwasserbelastung mit Nitraten durch Auswaschung. Bei hohem Nährsalzeintrag in schwach durchmischte Gewässer (v. a. Seen) kann es zur **Eutrophierung** kommen, wenn die Selbstreinigungskraft des Gewässers nicht mehr ausreicht. Starkes Wachstum der (foto)autotrophen Organismen (v. a. Phytoplankton) bewirkt dann eine starke Zunahme heterotropher Konsumenten. Deren hoher Sauerstoffbedarf und der aerobe Abbau großer Mengen absterbender Biomasse können in tieferen Gewässerschichten zu Sauerstoffmangel führen. Eine Folge ist der Nährstoffabbau durch anaerobe Organismen, der mit Bildung von Giftstoffen (z. B. Ammoniak) einhergeht. Reichern sich die giftigen Stoffe im Gewässer an, kann dies zum Tod vieler Lebewesen führen. Man spricht vom „Umkippen" des Gewässers.
- **Pestizide:** Giftstoffe, die in der Landwirtschaft u. a. zur Wildkräuterbeseitigung (Herbizide), gegen Insektenbefall (Insektizide) oder Pilzbefall (Fungizide) ausgebracht werden, um Ertragseinbußen zu begrenzen, schaden gleichzeitig auch anderen Organismen und können sich, mit Risiken für den Menschen, in Nahrungsketten anreichern.
- **Luftverschmutzung:** Stickoxide und Schwefeloxide u. a. aus Verkehrsabgasen und Kraftwerken belasten mit großer Reichweite die Luft. Unter Einwirkung von Sauerstoff und Wasser können sie zu Salpeter- und Schwefelsäure reagieren, die Bestandteile **sauren Regens** sind. Er beeinträchtigt u. a. das Pflanzenwachstum infolge der Versauerung von Böden und Gewässern. In bodennahen Schichten kann sich unter Lichteinfluss bei hohen Stickoxidkonzentrationen Ozon (O_3) bilden, das für den Menschen gesundheitsschädlich ist und das Pflanzenwachstum einschränkt.

Eutrophierung: hoher Nährstoffeintrag (in Gewässern) gefolgt von starker Biomassezunahme

Selbstreinigung: Fähigkeit von Gewässern, organische Stoffe (durch Gewässerorganismen) abzubauen und zu remineralisieren

saurer Regen: Niederschlag, der aufgrund von Luftverschmutzung einen niedrigeren pH-Wert aufweist

Auswirkungen von Freizeitverhalten

Der (Massen-)Tourismus verursacht u. a. durch einen Anstieg des Verkehrsaufkommens und des Ausbaus der entsprechenden Infrastruktur (Freizeiteinrichtungen, Hotels, Versorgungswege und -anlagen) eine zunehmende Belastung der Umwelt durch Schadstoffe und den Verlust an Lebensräumen. Das Vordringen von Menschen in unberührte Regionen (z. B. in den Alpen) verdrängt und gefährdet Organismen. Verstärkt wird diesbezüglich die Notwendigkeit eines nachhaltigeren Umgangs mit den Ressourcen und der Einrichtung von Schutzzonen zum Erhalt der Artenvielfalt erkannt.

Auswirkungen des Klimawandels

Die Erdoberfläche absorbiert einen Teil der durch die Atmosphäre dringenden Sonnenstrahlung (sichtbares Licht und Bereiche der ultavioletten und infraroten Strahlung) und gibt langwellige Wärmestrahlung wieder in die Atmosphäre ab. Diese wird dort durch Treibhausgase wie Kohlenstoffdioxid (CO_2) teilweise reflektiert, sodass eine Erwärmung der Atmosphäre stattfindet. Der hohe Ausstoß anthropogener Treibhausgase wie CO_2 (v. a. durch Verbrennung fossiler Brennstoffe und Rodungen), Methan (CH_4, u. a. aus der Viehhaltung), Stickoxide (NO_X, v. a. aus Abgasen) und Fluorchlorkohlenwasserstoffe (FCKW) verstärkt diesen natürlichen **Treibhauseffekt** und ist für die messbare globale Erwärmung seit Mitte des 20. Jahrhunderts verantwortlich. Mutmaßliche Folgen sind u. a. der Anstieg der Meeresspiegel (infolge Eisschmelze) und die Zunahme von Wetterextremen. Die Erderwärmung kann auch zur Verschiebung von Klimazonen, zur Wüstenbildung und zum Verlust anderer Lebensräume (z. B. in der Arktis) führen, sodass sowohl mit regionalen Veränderungen der Artenzusammensetzung als auch mit dem Aussterben von Arten zu rechnen ist.

2.2 Bedeutung der Biodiversität

Ökologische und ökonomische Aspekte

Eine hohe Biodiversität verleiht Ökosystemen durch vielfältige Verflechtungen Stabilität und ist auch Voraussetzung dafür, dass bei Änderung von Umweltbedingungen Anpassungsprozesse durch genetisch variable Populationen stattfinden können. Artenverlust bedeutet hingegen durch eine Abnahme der Wechselwirkungen innerhalb von Ökosystemen eine zunehmende Instabilität sowie einen Verlust an genetischem Material als Basis für evolutive Vorgänge.

Ökonomisch ist der Artenreichtum für die Herstellung und den Gewinn von Medikamenten, Rohstoffen und Nahrungsmitteln von großer Bedeutung. Auch bei der Tier- und Pflanzenzucht ist man auf eine große Artenvielfalt und eine hohe genetische Variabilität der Organismen angewiesen.

Bioindikatoren (Zeigerorganismen)

Da Organismen in unterschiedlicher Weise an bestimmte abiotische Umweltfaktoren angepasst sind, lässt sich bei deren Vorkommen auf die Umweltbedingungen eines Standorts/Habitats, z. B. die Bodenverhältnisse, schließen. Bioindikatoren sind meist stenöke Organismen, die für einen bestimmten Umweltfaktor ein geringes Toleranzspektrum aufweisen und auf Änderungen von Umweltfaktoren reagieren (z. B. mit erhöhter Sterberate, Einlagerung von Stoffen). Als **Zeigerpflanzen** eignen sich stenöke Pflanzen wie z. B. Leberblümchen, die nur auf kalkhaltigen Böden wachsen, Brennnesseln, die einen hohen Nitratgehalt des Bodens anzeigen, oder Halophyten (z. B. Queller), die auf salzhaltige Böden hinweisen. Auf der Grundlage des jeweiligen Pflanzeninventars eines Standorts lassen sich die jeweiligen Licht- und Bodenverhältnisse umfassend charakterisieren. Auch Bakterien, Pilze und Tiere werden als Bioindikatoren genutzt, z. B. zeigt das Vorkommen bestimmter Süßwasserorganismen, u. a. Insektenlarven, Krebse und Rädertierchen, den Verschmutzungsgrad von Gewässern an (Saprobiensystem). Viele Flechten sind aufgrund ihrer Empfindlichkeit gegenüber Stickoxiden Anzeiger für eine Schadstoffbelastung der Luft.

---

stenök: bezüglich eines Umweltfaktors mit schmalem Toleranzbereich/Optimum

Halophyt: an erhöhte Salzgehalte der Umgebung angepasste Pflanze

37 Orang-Utans leben heute in freier Wildbahn nur noch in den tropischen Wäldern der beiden Inseln Sumatra (Indonesien) und Borneo (Indonesien, Malaysia, Brunei). Unter Verweis auf die Orang-Utans warnen Wissenschaftler vor einem durch den Menschen verursachten Verlust an Biodiversität. Die folgenden Abbildungen zeigen die Populationsentwicklung wildlebender Orang-Utans (Abb. 1), die Verbreitung der Wälder auf Borneo (Abb. 2) sowie die Entwicklung der Palmölproduktion in Indonesien und Malaysia seit 1975 (Abb. 3).

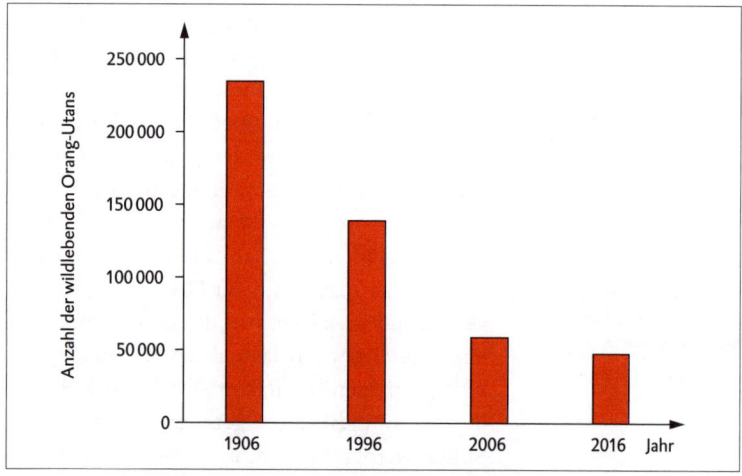

Abb. 1: Populationsentwicklung der wildlebenden Orang-Utans
(erstellt nach Daten von WWF International, Species Fact Sheet: Orang-Utans, 2006)

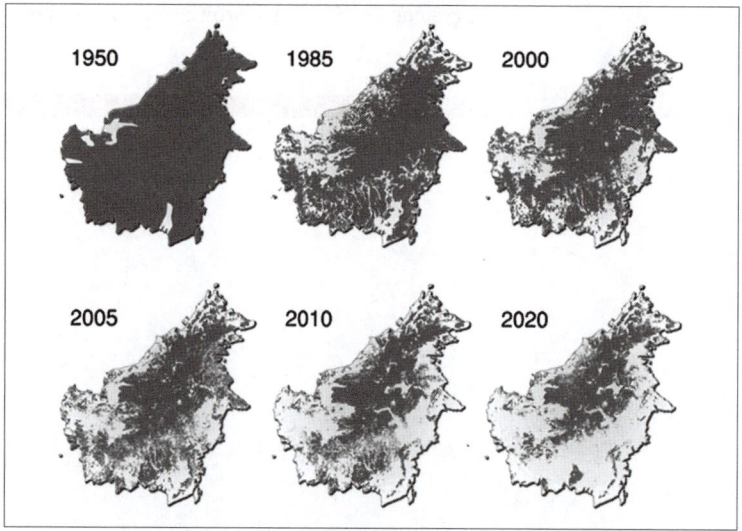

Abb. 2: Waldgebiete auf Borneo, Waldgebiete sind schwarz dargestellt (verändert nach: Hugo Ahlenius, UNEP/GRID-Arendal 2007; http://www.grida.no/resources/8324)

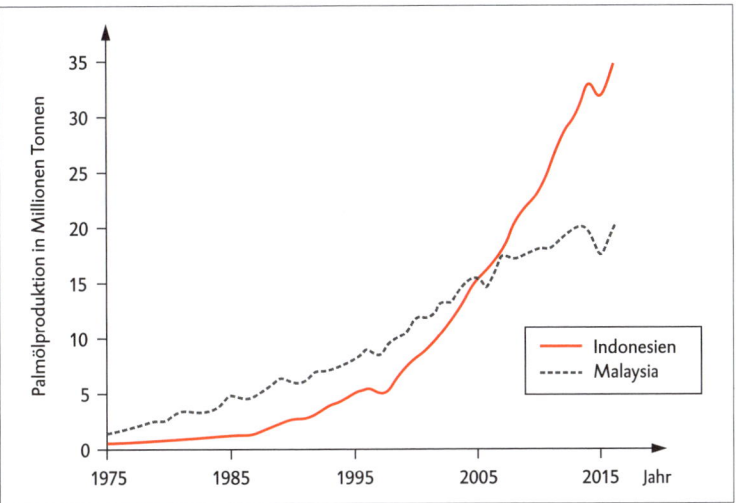

Abb. 3: Entwicklung der Palmölproduktion in Indonesien und Malaysia
(zusammengestellt nach Daten von: USDA auf www.indexmundi.com)

Definieren Sie den Begriff Biodiversität und erläutern Sie mithilfe der Abbildungen 1 bis 3, inwieweit die Warnung der Wissenschaftler begründet ist.

ABI Bayern (Jahrgang 2017, Aufgabe A2/4) AFB I–II ➜ 9 BE von 40

Evolution

1 Evolutionsforschung

1.1 Artenvielfalt und Fossilien als Zeugen der Evolution

rezent: gegenwärtig existierend

Weltweit sind ca. 1,8 Millionen rezente Organismenarten beschrieben, davon ca. 400 000 Pflanzenarten, die tatsächliche Gesamtzahl wird weit höher geschätzt. Dieser Biodiversität steht die Vielfalt und weit größere Anzahl der ausgestorbenen Arten gegenüber. Über deren Existenz geben zu einem gewissen Grad **Fossilien** Aufschluss. Die **Paläontologi**e untersucht diese Überreste von Lebewesen, indem sie diese mit rezenten Arten vergleicht und ihr erdgeschichtliches Alter anhand ihres Fundorts, z. B. Sedimentgesteinsschichten bestimmter Tiefe, abschätzt (relative Altersbestimmung) oder genau datiert (z. B. durch die Radiokarbonmethode). Auch ihre Gestalt sowie ihre jeweiligen Lebensbedingungen lassen sich anhand des Fundorts teilweise rekonstruieren.

Fossilien: Körper(teile) von Lebewesen aus früheren Erdzeitaltern, die z. B. versteinert oder als Einschlüsse vorliegen

Radiokarbonmethode: Datierung von Fossilien auf der Basis der Zerfallsrate radioaktiver Isotope (^{14}C) im Fossil oder Einbettungsmedium

Aus diesen Analysen geht hervor, dass Organismengruppen im Laufe der Erdgeschichte verändert wurden. Lassen sich einzelne Entwicklungsschritte nachvollziehen, ermöglichen sie die Ableitung von Verwandtschaftsbeziehungen und die Erstellung von Stammbäumen. Von besonderer Bedeutung sind dabei **Brückenformen** (Mosaikformen), die Merkmale zweier unterschiedlich alter systematischer Gruppen vereinen. So zeigen z. B. Versteinerungen des „Urvogels" *Archaeopteryx* Merkmale von Reptilien (u. a. Schwanzwirbelsäule, Kiefer mit Zähnen) und Vögeln (u. a. Flügel, Federn, Vogelarmskelett). Ihr Fund belegt die Entwicklung der Vögel aus der Gruppe der Reptilien.

Brückenform: Organismus, der sowohl Merkmale einer stammesgeschichtlich älteren als auch jüngeren Gruppe aufweist, z. B. der „Urvogel" *Archaeopteryx*

Die Erforschung von Fossilien und rezenten Arten lässt den Schluss zu, dass es sich bei der Evolution um einen fortwährenden, nicht zielgerichteten Prozess handelt, der zu einer besseren Angepasstheit der Organismen führt (Optimierungsprinzip).

1.2 Entwicklung des Evolutionsgedankens

Im 18. Jahrhundert, als sich das Weltbild, das einen Gott als Schöpfer alles Lebendigen voraussetzte, infolge zunehmender Erforschung der Natur veränderte, vertrat der Naturforscher CARL VON LINNÉ (siehe

Konstanz der Arten: (Annahme der) Unveränderlichkeit der durch Gott geschaffenen Arten

S. 107) hinsichtlich der Entstehung der Lebewesen noch die Vorstellung von der **Konstanz der Arten**. Er nahm also an, dass die durch Gott geschaffenen Arten unverändert fortbestehen.

Anders als LINNÉ analysierte und verglich der Forscher GEORGES CUVIER (1769–1832) Fossilfunde unterschiedlicher Erdzeitalter. Auch er gilt noch als Verfechter der Artkonstanz, da er bei seinen Untersuchungen keine Übergangsformen zwischen Fossilien fand, die als Belege stammesgeschichtlicher Entwicklungsprozesse hätten dienen können. Seiner **Katastrophentheorie** gemäß kam es im Laufe der Erdgeschichte durch große Katastrophen immer wieder zu regionalen Aussterbeereignissen der Lebewesen, auf die dann die Einwanderung und Vermehrung der verbliebenen Arten folgte.

Die Evolutionstheorie von LAMARCK

JEAN-BAPTISTE DE LAMARCK formulierte zu Beginn des 19. Jahrhunderts erstmals eine systematische Theorie der **Veränderlichkeit der Arten**. Seiner Annahme nach entwickelten sich die Lebewesen durch **aktive Anpassungsprozesse** an geänderte Umweltbedingungen schrittweise von einfacheren zu komplexeren Organismen. Dafür gab er drei wesentliche Gesetzmäßigkeiten an:
- Alle Individuen besitzen ein inneres Bedürfnis, sich an geänderte Bedingungen besser anzupassen (**Vervollkommnungstrieb**).
- Der Gebrauch von Organen entwickelt diese, Nichtgebrauch lässt sie verkümmern oder auch ganz verschwinden.
- So erworbene Eigenschaften werden an die Nachkommen **vererbt**.

LAMARCKS Theorie wurde bald angefochten, u. a., weil keine Belege für eine Vererbung erworbener Eigenschaften sowie für einen Vervollkommnungstrieb erbracht werden konnten.

Die Evolutionstheorie von DARWIN

Der britische Naturforscher CHARLES DARWIN stellte in der Mitte des 19. Jahrhunderts seine Evolutionstheorie vor, deren Grundzüge bis heute anerkannt sind. Basis dafür waren vor allem seine Beobachtungen auf einer mehrjährigen Forschungsreise, die ihm u. a. die besondere, endemische Artenvielfalt auf den Galapagosinseln zeigte. Seine **Selektionstheorie** erklärt die irdische Artenfülle und die Abstammung aller (rezenten) Lebewesen von erdgeschichtlich älteren Lebewesen als Ergebnis **passiver Anpassungsprozesse** hauptsächlich mithilfe der **natürlichen Selektion** (siehe S. 119).

endemisch: nur in einem bestimmten Gebiet vorkommend

Wesentliche Voraussetzungen seiner Theorie sind:
- Es wird eine weit größere Nachkommenzahl erzeugt, als zur Arterhaltung notwendig wäre (**Überproduktion** von Nachkommen).

EVOLUTION

- In jeder Population gibt es verschiedene Phänotypen (**Variabilität**), deren Unterschiede nach heutigem Wissen auf genetischer Variabilität beruhen.
- Immer wieder (mutationsbedingt) auftretende Merkmalsänderungen können an die Nachkommen **vererbt** werden.

Nach DARWIN besteht innerhalb von Populationen infolge der Überproduktion eine starke **Konkurrenz** um begrenzte Ressourcen („Kampf ums Dasein", *struggle for life*). Infolgedessen überleben nur die Individuen, die am besten an die jeweiligen Lebensbedingungen angepasst sind *(survival of the fittest)*, und pflanzen sich erfolgreich fort; es erfolgt eine natürliche „Auslese" *(natural selection)*. Über einen langen Zeitraum finden viele solcher **Selektion**sprozesse statt. Durch die immer bessere Angepasstheit der Lebewesen kommt es zu einer Veränderung der Arten (Artwandel).

Auswirkungen des Evolutionsgedankens auf die Ordnungssysteme der Lebewesen

LINNÉ entwickelte im 18. Jahrhundert ein hierarchisches System zur Einordnung der damals bekannten Tier- und Pflanzenarten auf der Basis abgestufter phänotypischer Ähnlichkeiten. Auf LINNÉ geht auch die wissenschaftliche Artbenennung zurück, die auf der Angabe des Gattungs- und Artnamens beruht (binäre Nomenklatur).

binäre Nomenklatur: eindeutige Klassifizierung mithilfe zweier Begriffe

Taxon: einheitliche Gruppe in der Systematik der Lebewesen, z. B. Metazoa, Otter

Ein Beispiel für die Einordnung in dieses Stufensystem zeigt Abb. 56. Jede Stufe beschreibt dabei ein Taxon. Von oben nach unten nehmen die Ähnlichkeiten innerhalb der Taxa zu.

Reich:	Tiere
Unterreich:	Metazoa
Stamm:	Chordatiere (Unterstamm: Wirbeltiere)
Klasse:	Säugetiere
Ordnung:	Raubtiere
Familie:	Marder
Gattung:	Otter *(Lutra)*
Art:	Fischotter *(Lutra lutra)*

Abb. 56: Systematische Einordnung des Fischotters

Bei solchen **künstlichen** Ordnungssystemen wie dem von LINNÉ, die auf dem Vergleich weniger ausgewählter Merkmale beruhen, können sich Widersprüche ergeben. Die Evolutionstheorie DARWINs, die eine Abstammung aller Arten aus anderen Arten postuliert, impliziert jedoch, dass ein **natürliches** System der Lebewesen existiert, in dem Ähnlichkeiten (Homologien, siehe S. 108) auf Verwandtschaftsbeziehungen zurückzuführen sind.

Morphologie: Lehre von der Struktur und Gestalt von Lebewesen

Morphologischer und biologischer Artbegriff

Auf die Klassifizierung nach Ähnlichkeiten geht der **morphologische Artbegriff** zurück. Danach zählen Lebewesen, die sich untereinander in ihren wesentlichen Merkmalen gleichen, zu einer Art. Neben morpho-

steril: unfruchtbar

logischen Eigenschaften können dabei auch physiologische Merkmale und Verhaltensmerkmale herangezogen werden.

Einer **biologischen Art** werden definitionsgemäß (Populationen von) Organismen zugeordnet, wenn sie miteinander fruchtbare Nachkommen zeugen können. Gehen aus einer Kreuzung sterile Nachkommen hervor, gehören deren Eltern daher unterschiedlichen Arten an. Ein Beispiel dafür sind Maultiere (Maulpferde) und Maulesel, Zuchttiere, die bei einer Paarung von Pferd und Esel entstehen. Im Tierreich sind artübergreifende Kreuzungen jedoch sehr selten.

1.3 Beurteilung von Ähnlichkeiten zur Rekonstruktion der Stammesgeschichte

Anatomie: Teilgebiet der Morphologie, das sich mit dem inneren Aufbau von Lebewesen befasst

Abstammungsähnlichkeiten in der vergleichenden Anatomie

Der Vergleich anatomischer Merkmale von Lebewesen kann Aufschluss über deren stammesgeschichtliche Verwandtschaft geben. Weisen Strukturen trotz ggf. großer Unterschiede in Funktion und Gestalt einen gemeinsamen Grundbauplan auf und gehen sie auf eine gemeinsame Ursprungsform zurück, bezeichnet man sie als **homolog**. So lassen sich z. B. die Vordergliedmaßen der Wirbeltiere homologisieren, wobei die Extremitäten gemäß ihrer jeweiligen Funktion infolge evolutionärer Prozesse abgewandelt sind.

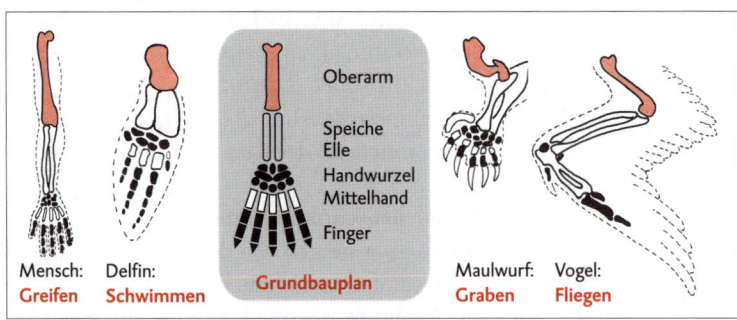

Abb. 57: Vordergliedmaßen ausgewählter Wirbeltiere und ihre Funktion

Homologie: Abstammungsähnlichkeit, die eine stammesgeschichtliche Verwandtschaft belegt

Nicht immer sind Homologien also sofort eindeutig erkennbar. Zur Beurteilung zieht man drei Homologiekriterien heran, von denen, um Organe homologisieren zu können, mindestens eines zutreffen muss:
- **Kriterium der Lage:** Strukturen sind homolog, wenn sie in vergleichbaren Gefügesystemen die gleiche Lage einnehmen. Dies trifft z. B. auf die Vordergliedmaßen von Wirbeltieren (Abb. 57) oder die Beine von Insekten zu.

- **Kriterium der spezifischen Qualität:** Auch wenn die Lage verschieden ist, können Strukturen homolog sein, wenn sie in vielen Einzelheiten übereinstimmen. Je komplexer dabei die jeweilige Struktur ist, desto wahrscheinlicher ist eine Homologie. Ein Beispiel dafür sind die Haischuppe (Hautzahn) und der Säugetierzahn.

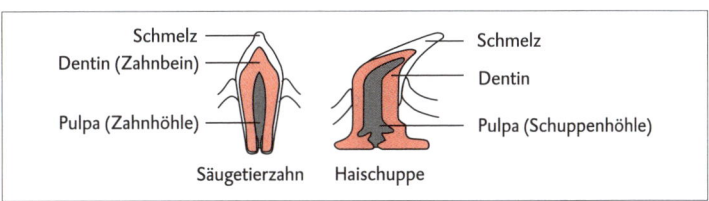

Abb. 58: Homologie von Säugetierzahn und Haischuppe

- **Kriterium der Kontinuität:** Homologie liegt bei Strukturen vor, die zwar im Bau stark voneinander abweichen, aber über eine Reihe von Zwischenformen miteinander verbunden sind. Belege können Fossilfunde oder die Embryonalentwicklung liefern. Ein Beispiel ist die Entwicklung der Gehörknöchelchen der Säuger. Der Steigbügel ging aus dem Hyomandibulare der Fische bzw. der Columella der Amphibien hervor, Amboss und Hammer entwickelten sich aus Teilen des primären Kiefergelenks (Quadratum und Articulare) der Fische, Amphibien und Reptilien.

Hyomandibulare: knöchernes Kieferelement bei Fischen

Columella: Gehörknöchelchen bei Amphibien, Reptilien und Vögeln

Rudiment: im Laufe der Evolution zurückgebildete, meist funktionslose Struktur

Atavismus: Merkmal stammesgeschichtlich älterer Lebewesen, das individuell erneut auftritt

Weitere Belege für eine gemeinsame Abstammung:
- **Rudimente** sind im Zuge evolutionärer Prozesse zurückgebildete Strukturen, die für alle Vertreter einer Art typisch sind. Meist ist mit der Rückbildung ein Verlust der ursprünglichen Funktion verbunden, z. B. bei den menschlichen Weisheitszähnen oder dem Steißbein. Rudimente mit Funktionswandel sind z. B. der Wurmfortsatz des Menschen, der als lymphatisches Organ dient, und die Reste der Hintergliedmaßen bei Walen als Ansatzstelle für Muskeln.
- **Atavismen** sind bei einzelnen Individuen wieder auftretende Merkmale, die im Zuge der Evolution verschwunden waren. Manche Menschen werden z. B. mit verlängertem Steißbein oder einer fast vollständigen Körperbehaarung geboren, bei Pferden kann sich ein verlängertes Griffelbein als zusätzlicher Zeh ausbilden. Die Entstehung von Atavismen erklärt sich vermutlich durch die Aktivierung von Genen, die noch von Artvorfahren im Genom enthalten sind, aber normalerweise nicht mehr exprimiert werden.

Belege aus der Embryologie

Der Naturforscher K. v. BAER verglich zu Beginn des 19. Jahrhunderts die Embryonalstadien verschiedener Wirbeltierarten und stellte fest, dass sich die einzelnen Stadien umso mehr ähneln, je jünger die Embryonen sind (Regel der Embryonenähnlichkeit). Der Wissenschaftler E. HAECKEL leitete später auf der Grundlage weiterer Untersuchungen folgenden Zusammenhang zwischen Individual- und Stammesentwicklung ab: Gemäß seinem **biogenetischen Grundgesetz** (1872) ist die Ontogenese eine kurze und schnelle Rekapitulation der Phylogenese. Tatsächlich treten in der Ontogenese (der Wirbeltiere) verschiedene Merkmale stammesgeschichtlicher Vorfahren auf, z. B. Kiemenbogenanlagen bei Säugern oder eine verlängerte Wirbelsäule bei Vogelembryonen. Im Laufe der späteren Entwicklung bilden sie sich allerdings zurück oder um, sind also beim adulten Tier nicht mehr vorhanden. Diese Tatsache gilt heute als **biogenetische Grundregel** und belegt eine Verwandtschaft der betrachteten Taxa. Einschränkend gilt allerdings, dass in der Individualentwicklung niemals Merkmale der Erwachsenenstadien eines stammesgeschichtlichen Vorfahren auftreten, sondern lediglich ihre Anlagen. Auch wiederholen sich nicht alle Stadien der Phylogenese. Darüber hinaus werden embryonal auch Strukturen ausgebildet, die keinen Bezug zur Stammesentwicklung aufweisen, z. B. Eihäute.

Embryo: Organismus während seiner Entwicklung im Mutterleib oder einer Eihülle

Ontogenese: Entwicklung eines Individuums
Phylogenese: stammesgeschichtliche Entwicklung

Homologien auf molekularbiologischer Ebene

Die Tatsache, dass bei allen Lebewesen (weitgehend) der gleiche (universelle) genetische Code genutzt wird und viele zentrale Stoffwechselprozesse (z. B. Glykolyse) gleich sind, deutet stark auf einen gemeinsamen Ursprung (der biochemischen Ausstattung) aller Lebewesen hin. Dies ist die Grundlage für eine Verwandtschaftsbestimmung, die auf dem Vergleich von Proteinen und der DNA beruht.

- **Serologische Analyse:** Die Ähnlichkeit artspezifischer Serumproteine wird als Maß für den Verwandtschaftsgrad verschiedener Arten gewertet. Ein Nachweis dieser Ähnlichkeit ist über die **Präzipitation** von Serumproteinen durch spezifische Antikörper möglich.
  Zur Durchführung eines **Serum-Präzipitin-Tests** wird z. B. einem Kaninchen Blutserum eines Menschen injiziert. Das Tier bildet daraufhin im Rahmen seiner Immunantwort Antikörper gegen die menschlichen Proteine. Aus einer Probe des Kaninchenblutes wird anschließend Anti-Human-Serum gewonnen. Als Bezugsgröße wird dieses mit Menschenblut versetzt, wobei durch Bildung von Antigen-Antikörper-Komplexen eine 100 %ige Ausfällung der menschlichen Serumproteine erfolgt. Wird das Serum mit den Blutproben anderer Tierarten gemischt, fällt die Präzipitatbildung geringer aus.

Präzipitation: Ausfällung gelöster Antigene durch spezifische Antikörper zu unlöslichen Komplexen
Blutserum: durch Zentrifugation gewonnene flüssige Phase des Blutes ohne feste (zelluläre) Bestandteile und Gerinnungsfaktoren

Der Grad der prozentualen Ausfällung ist dann ein Maß für die Ähnlichkeit der Serumproteine des Menschen mit denen der betreffenden Tierart und damit auch für die Nähe der phylogenetischen Verwandtschaft.

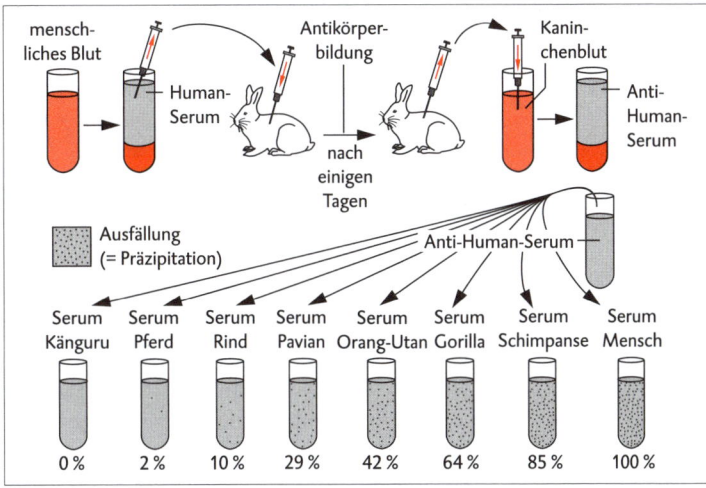

Abb. 59: Schema zur Durchführung eines Serum-Präzipitin-Tests

- **Aminosäuresequenzanalyse:** Der artübergreifende Vergleich der Aminosäuresequenzen bestimmter funktionsgleicher, homologer Proteine, die weitgehend universell vorkommen (z. B. Cytochrom c), kann dazu dienen, Verwandtschaften zu bestimmen und **phylogenetische Stammbäume** zu erstellen.

Cytochrom c: Protein, das für den Elektronentransport in der Atmungskette bedeutsam ist, siehe S. 30

Wenn man von einer ursprünglichen Aminosäuresequenz ausgeht, lässt jede unterschiedliche Aminosäure bei Betrachtung der Sequenzen zweier Arten auf mindestens einen Mutationsschritt in der codierenden Basensequenz schließen. Da Genmutationen mit einer bestimmten Rate auftreten, besteht ein zeitlicher Zusammenhang: Je mehr Unterschiede es gibt, desto länger liegt der Zeitpunkt der Aufspaltung der Entwicklungs-

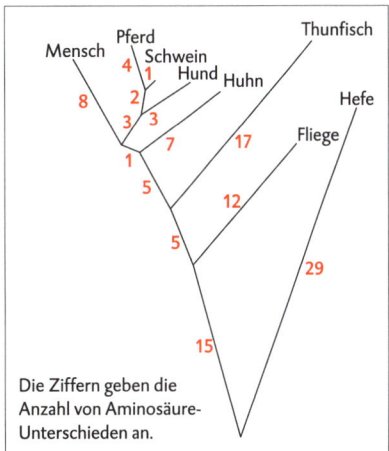

Die Ziffern geben die Anzahl von Aminosäure-Unterschieden an.

Abb. 60: Teil eines Stammbaums auf der Grundlage der Cytochrom-c-Sequenz

linien der betrachteten Arten zurück. Eine relativ hohe Anzahl an Aminosäureaustauschen zeigt daher einen relativ großen stammesgeschichtlichen Abstand der untersuchten Arten an. Allerdings ist die **Evolutionsgeschwindigkeit** nicht für alle Proteine gleich; sie ist u. a. abhängig davon, wie gravierend sich eine mutationsbedingte Änderung der Sequenz auf die Funktion des jeweiligen Proteins auswirkt.

Auch ein Vergleich der Aminosäuresequenzen des Insulins verschiedener Säugetierarten ermöglicht z. B. eine Verwandtschaftsbestimmung.

- **Vergleich der DNA:** Mittels **DNA-Sequenzanalyse** können homologe DNA-Sequenzen decodiert und artübergreifend verglichen werden. Je mehr Unterschiede zwei Sequenzen mutationsbedingt aufweisen, desto eher erfolgte vermutlich eine Trennung der Entwicklungslinien der betreffenden Arten und desto entfernter ist deren Verwandtschaft.

Bei der **DNA-Hybridisierung** (siehe auch S. 78) wird die Übereinstimmung der Nukleotidsequenzen verschiedener Arten anhand der Ausbildung komplementärer Basenpaarungen verglichen. Durch Hitzedenaturierung werden dazu zunächst DNA-Doppelstränge der Arten, deren verwandtschaftliche Nähe ermittelt werden soll, aufgetrennt. Nach Abkühlung werden die Einzelstränge unterschiedlicher Herkunft zusammengeführt. Dabei hybridisieren (verbinden sich) artfremde Einzelstränge über komplementäre Abschnitte wieder zu einem Doppelstrang. Werden diese Hybrid-Doppelstränge erneut erhitzt, ist die Höhe der Schmelztemperatur, die zur erneuten Denaturierung notwendig ist, ein Indikator für den Grad der Übereinstimmung der Sequenzen und folglich für die Verwandtschaft der betreffenden Arten. Je mehr komplementäre Basenpaarungen sich ausgebildet haben, desto höher ist die Schmelztemperatur und desto größer die Verwandtschaft.

Schmelztemperatur: Temperatur, bei der sich ein (hybrider) DNA-Doppelstrang in Einzelstränge auftrennt

Analogien und konvergente Entwicklung

Liegt bei Merkmalen (unterschiedlicher Arten) eine Funktionsähnlichkeit und gleichartige Ausprägung vor, die jedoch auf verschiedene Baupläne zurückgehen, handelt es sich um **Analogien** oder analoge Strukturen. Sie belegen keine Verwandtschaftsbeziehungen. Die Entstehung solcher Ähnlichkeiten wird als **konvergente** (gleichgerichtete) **Entwicklung** bezeichnet und lässt sich auf gleichgerichteten Selektionsdruck in demselben oder einem ähnlichen Lebensraum zurückführen.

Analogie: Funktionsähnlichkeit, die nicht auf eine gemeinsame Abstammung ihrer Träger zurückgeht

EVOLUTION

Ein Beispiel sind die Grabschaufeln von Maulwurf und Maulwurfsgrille. Während der Maulwurf als Wirbeltier ein knöchernes Innenskelett aufweist, besitzt die Grille als Insekt ein Außenskelett aus Chitin. Konvergenz tritt oftmals bei Organismen auf, die weit voneinander entfernte Regionen besiedeln, z. B. die Stammsukkulenz bei verschiedenen Pflanzentaxa.

Sukkulenz: Besitz wasserspeichernder Organe bei Pflanzen

> **TIPP**
> Dieser Absatz des Aufgabentextes erlaubt eine eindeutige Aussage dazu, ob die Gemeinsamkeiten der Gebisse auf Verwandtschaft beruhen können.

38 Der Haushund stellt systematisch eine Unterart des Raubtieres Wolf dar. Es wird davon ausgegangen, dass es weltweit hunderte verschiedene Hunderassen gibt.

Anders als Hunde, die wie u. a. auch die Wale, Nagetiere und Primaten zur Unterklasse der Höheren Säugetiere zählen, gehörte der 1936 ausgestorbene Beutelwolf der Unterklasse der Beuteltiere an. Der letzte gemeinsame Vorfahre der beiden genannten Unterklassen existierte vor über 160 Millionen Jahren und ernährte sich von Insekten.

In der nachfolgenden Abbildung sind der Schädel eines Beutelwolfes und eines Hundes gegenübergestellt.

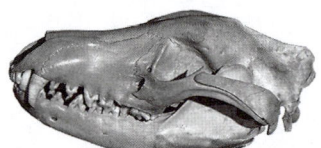 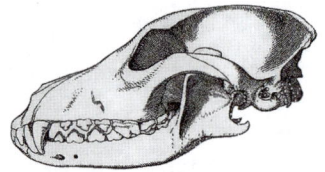

Schädel von Beutelwolf (links) und Hund (rechts)
(© Dave Watts / Alamy Stock Photo, Herrmann Dittrich)

38.1 Beschreiben Sie Gemeinsamkeiten im Bau des Gebisses von Beutelwolf und Hund und erklären Sie diese Gemeinsamkeiten aus evolutionsbiologischer Sicht.
ABI Bayern (Jahrgang 2019, Aufgabe B1/1.1) AFB I–II ➜ 6 BE von 40

38.2 Der in der Abbildung erkennbare stark verlängerte Gesichtsschädel des Hundes bietet u. a. Platz für eine große Riechschleimhaut, die eine Grundlage für den ausgeprägten Geruchssinn von Hunden darstellt.
Erläutern Sie, wie JEAN-BAPTISTE DE LAMARCK (1744–1829) die Entstehung der langgezogenen Schädelform erklärt hätte, und geben Sie zwei Aspekte an, in denen dieser Erklärungsansatz aus heutiger wissenschaftlicher Sichtweise kritisiert werden kann.
ABI Bayern (Jahrgang 2019, Aufgabe B1/1.2) AFB I–II ➜ 8 BE von 40

> **TIPP**
> Versuchen Sie hier, das in der Aufgabenstellung gewählte Beispiel (langgezogene Schädelform) gedanklich auf ein Ihnen aus dem Unterricht bekanntes Beispiel (z. B. Giraffenhals) zu übertragen.

39 Die zu den Vipern zählende Aspisviper *(Vipera aspis)* und die Kreuzotter sind sich im äußeren Erscheinungsbild sehr ähnlich. Ihre Verbreitungsgebiete überlappen sich nur in einer Region in Frankreich.
Die Aspisviper besitzt unter den europäischen Vipern ein einzigartiges Karyogramm mit einem Chromosomensatz von 21 Chromosomenpaaren. Im Vergleich dazu weist die Kreuzotter 18 Chromosomenpaare auf. Forscher fanden in Frankreich Hybridvarianten, die jedoch unfruchtbar sind.

EVOLUTION

115

TIPP
Am sinnvollsten ist es, wenn Sie Ihren Lösungstext mit der Wiedergabe der beiden relevanten Artdefinitionen beginnen.

Diskutieren Sie unter Bezug auf verschiedene Artdefinitionen, inwiefern es sich bei der Kreuzotter und der Aspisviper um unterschiedliche Arten handelt.
ABI Bayern (Jahrgang 2019, Aufgabe B2/2.1) AFB III ➜ 5 BE von 40

40 Sowohl in den Savannen des südlichen Afrikas als auch in der Prärie Nordamerikas trifft man auf Kolonien in Familienverbänden zusammenlebender, höhlenbewohnender Säugetiere. Beide Tiergruppen zeigen einen auffällig ähnlichen Körperbau und ein vergleichbares Verhaltensrepertoire. So halten sowohl die afrikanischen Erdmännchen *(Suricata suricatta)* als auch die amerikanischen Präriehunde *(Cynomis sp.)* Wache, indem sich einzelne Individuen aufrecht stehend an Höhleneingängen positionieren und ihre Artgenossen durch schrille Alarmlaute vor eventuellen Gefahren wie Räubern warnen.

Erdmännchen (links) und Präriehund (rechts)
(Charles J Sharp / Wikipedia, CC BY-SA 4.0; Robert Otto / Wikipedia, CC BY-SA 4.0)

TIPP
Infrage kommen hier vor allem die DNA-Hybridisierung und die DNA-Sequenzierung.
Sollten Sie in Ihrem Unterricht noch weitere Methoden kennengelernt haben, können Sie selbstverständlich auch diese beschreiben.

Erdmännchen und Präriehunde sind nicht näher miteinander verwandt. Beschreiben Sie eine molekularbiologische Methode Ihrer Wahl, mit der dies nachgewiesen werden kann, und erklären Sie unter Bezug auf den oben angefügten Text, inwieweit das ähnliche Verhalten und Aussehen der beiden Tiergruppen wissenschaftlich erklärt werden kann!
ABI Bayern (Jahrgang 2015, Aufgabe B1/1) AFB I–II ➜ 8 BE von 40

41 Tintenfische verfügen wie Wirbeltiere über leistungsfähige Linsenaugen, von denen ausgewählte Charakteristika in folgender Tabelle gegenübergestellt sind.

EVOLUTION

	Tintenfischauge	Wirbeltierauge
Netzhaut	Netzhaut einschichtig; die lichtempfindliche Seite der enthaltenen Lichtsinneszellen ist dem einfallenden Licht zugewandt	Netzhaut mehrschichtig; die lichtempfindliche Seite der enthaltenen Lichtsinneszellen ist vom einfallenden Licht abgewandt
Entstehung während der Embryonalentwicklung	Bildung des Auges vollständig aus den obersten Hautschichten des Kopfbereichs	Bildung des Auges großteils aus einer Ausstülpung des Zwischenhirns
Fähigkeit zur Anpassung an unterschiedliche Helligkeitsverhältnisse	vorhanden	vorhanden

Vergleich von Tintenfisch- und Wirbeltierauge

TIPP
Erinnern Sie sich daran, welche Art von Merkmalen Rückschlüsse auf Verwandtschaft zulassen und wie geprüft werden kann, ob es sich bei bestimmten Strukturen um diese Art von Merkmalen handelt.

Erörtern Sie, ob man auf der Grundlage der relevanten Informationen aus der Tabelle auf eine nahe stammesgeschichtliche Verwandtschaft von Tintenfischen und Wirbeltieren schließen kann!

ABI Bayern (Jahrgang 2016, Aufgabe B1/2.1) AFB III ➔ 5 BE von 40

2 Mechanismen der Evolution

2.1 Zusammenspiel der Evolutionsfaktoren

Nach der bis heute weitgehend anerkannten **Synthetischen Evolutionstheorie**, die klassische Theorien (v. a. von DARWIN) und Befunde aus der Populations- und Molekulargenetik, der Ökologie, der Zellbiologie und der Paläontologie vereint, spielt sich Evolution auf Populationsebene ab. Sie ist dadurch zu erklären, dass sich die **Allelfrequenzen** im **Genpool** einer Population verändern. Verantwortlich dafür ist das Zusammenwirken verschiedener **Evolutionsfaktoren**: **Mutation** und **Rekombination** sind entscheidend für die genetische Variabilität einer Population und Grundlage für die Ausbildung phänotypisch variabler Individuen. An diesen Phänotypen greift die **Selektion** an, d. h., die Tauglichkeit der Individuen wird unter den bestehenden Umweltfaktoren „erprobt". **Gendrift** (siehe S. 121) bewirkt eine zufällige Veränderung der Allelhäufigkeit. Eine Artaufspaltung erfordert meist die **Isolation** von Populationen.

Population: Gruppe von Individuen einer Art in einem weitgehend begrenzten Gebiet, die eine Fortpflanzungsgemeinschaft bilden

Allelfrequenz: Häufigkeit eines Allels im Genpool einer Population

Genpool: Gesamtheit aller Genvarianten (Allele) innerhalb einer Population

Phänotyp: Erscheinungsbild bzw. Merkmalskombination eines Individuums

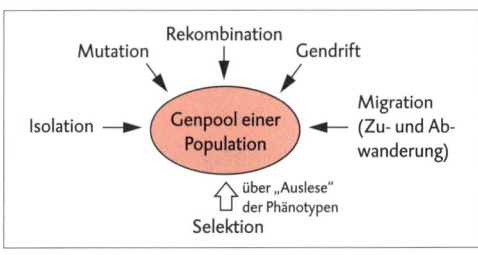

Abb. 61: Evolutionsfaktoren mit Einfluss auf den Genpool einer Population

2.2 Allelfrequenzänderung durch Mutation und Rekombination

Genotyp: Erbbild eines Individuums

Modifikation: nicht erbliche Variante des Phänotyps, die auf Umwelteinflüsse zurückgeht

Voraussetzung für die Entstehung variabler Genotypen (und Phänotypen) ist die Veränderlichkeit des Erbmaterials. Die Evolutionsfaktoren Mutation und Rekombination rufen diese Veränderungen hervor und erhöhen die genetische Vielfalt. Unterschiedliche Phänotypen können zwar auch infolge von Umwelteinflüssen entstehen; diese modifikatorische Variabilität ist jedoch nicht genetisch bedingt und daher keine Basis für die Wirkung von Evolutionsmechanismen.

Mutation: zufällige und ungerichtete Veränderung des Erbmaterials

Mutation

Mutationen treten unter natürlichen Bedingungen spontan auf, können aber auch durch Mutagene und z. B. starke UV-Strahlung induziert werden (siehe S. 45). Der am häufigsten auftretende und für die Evolution besonders relevante Mutationstyp ist die **Genmutation**. Solche, nur einzelne Gene betreffende Mutationen erzeugen neue Allele und ggf. neue Phänotypen. Meist sind Mutationen schädigend, wenn sie z. B. die Basensequenzen wichtiger Proteine verändern, sie können aber auch zu verbesserter Angepasstheit führen. Handelt es sich um rezessive Mutationen, wirken sie sich auf den Phänotyp nur dann aus, wenn sie homozygot vorliegen. Diese rezessiven Allele können jedoch vererbt werden, sich so in einer Population anreichern und unter anderen Umweltbedingungen einen Vorteil bieten. Mutationsbedingte Merkmale, die weder vor- noch nachteilig sind, können sich bei den Nachkommen unter veränderten Umweltbedingungen als Selektionsvorteil erweisen (**Präadaptionen**). Voraussetzung dafür, dass Mutationen vererbt werden, ist, dass sie (bei Mehrzellern) in Zellen der Keimbahn auftreten.

Präadaption: genetisch bedingtes Merkmal, das unter veränderten Umweltbedingungen einen Selektionsvorteil bietet

Rekombination: Neukombination von genetischem Material durch geschlechtliche Fortpflanzung

Rekombination

Rekombinationsvorgänge bei der sexuellen Fortpflanzung diploider Organismen (siehe S. 54) können eine Neukombination von Allelen und die Entstehung neuer Phänotypen bewirken. Sie finden auf verschiedenen Ebenen statt:

- Bei Crossing-over-Ereignissen während der 1. Reifeteilung der Meiose kommt es häufig zu einem Stückaustausch von homologen Abschnitten der beiden elterlichen Chromosomen (intrachromosomale Rekombination).
- Bei der 1. Reifeteilung der Meiose werden väterliche und mütterliche homologe Chromosomen zufällig verteilt (interchromosomale Rekombination).
- Bei der Befruchtung unterliegt es ebenfalls dem Zufall, welche väterlichen und mütterlichen Keimzellen zum Zuge kommen.

Rekombination durch geschlechtliche Fortpflanzung erweitert also über das Auftreten von Mutationen hinaus die genetische Variabilität der Nachkommen einer Population. Dies wirkt sich auch auf die **Evolutionsgeschwindigkeit** aus. Geht man von einer spontanen Mutationsrate von ca. 10^{-6} (pro Gen und Generation) aus, wird klar, dass Mutationen allein die genetische Variabilität und Entwicklung komplexer Angepasstheiten, v. a. bei Arten mit langer Generationszeit und großen Populationen, nicht erklären können.

2.3 Selektion als richtender Evolutionsfaktor

Die **natürliche Selektion** bezeichnet die Auslese einzelner Individuen einer merkmalsvariablen Population auf der Grundlage ihres (genetisch bedingten) Phänotyps. Sie beruht darauf, dass Individuen einer Population ihre Gene mit unterschiedlicher Wahrscheinlichkeit an die Folgegeneration weitergeben: Besser an gegebene Bedingungen angepasste Individuen besitzen eine größere **Fitness** und pflanzen sich erfolgreicher fort. Auf populationsgenetischer Ebene lässt sich Selektion daher als **gerichtete Änderung** der Allelfrequenzen innerhalb des Genpools einer Population definieren.

> **Fitness:** genetischer Beitrag, den ein Individuum zum Genpool der Folgegeneration leistet

Selektionsformen

Geht man von einer Population aus, die eine annähernd normalverteilte Streuung hinsichtlich eines Merkmals (z. B. der Körpergröße) zeigt, kann Selektion diese Verteilung unterschiedlich beeinflussen. Es wirkt ein **Selektionsdruck** auf den Phänotyp, der den Genpool der Population in verschiedene Richtungen verändert:

> **Selektionsdruck:** Einfluss, den ein Selektionsfaktor (siehe S. 120) auf Individuen einer Population ausübt

- **Stabilisierende** (optimierende) Selektion: Unter langfristig konstanten Umweltbedingungen wirkt der Selektionsdruck in Richtung einer optimalen Angepasstheit, begünstigt also Individuen mit einer durchschnittlichen Merkmalsausprägung. Individuen mit extremen Merkmalsausprägungen pflanzen sich hingegen seltener fort. Ein Beispiel für diese Form der Selektion ist die Flügellänge von Insekten, die bei einem Durchschnittswert am vorteilhaftesten ist.
- **Gerichtete** (transformierende) Selektion: Sich ändernde Umweltbedingungen führen dazu, dass Individuen, deren Merkmalsausprägung vom Durchschnitt abweicht, einen Selektionsvorteil besitzen. Aufgrund einer Änderung des Genpools verschiebt sich die Variationsbreite in die Richtung des Extremwerts. Es findet ein Artwandel statt. Beispiele sind eine Erhöhung der Fluchtgeschwindigkeit bei Populationen, die hohem Feinddruck ausgesetzt sind, oder Industriemelanismus (siehe S. 121).

> **Artwandel:** Veränderung einer Art (ohne Zunahme der Artenzahl)

- **Aufspaltende** (disruptive) Selektion: Bei dieser selteneren Form bewirken die Umweltfaktoren, dass sich Individuen mit den extremen Merkmalsausprägungen erfolgreich fortpflanzen, während durchschnittliche Formen benachteiligt sind. Dies kann zu einer **Artaufspaltung** führen. Z. B. können aufgrund des speziellen Nahrungsangebots Körnerfresser mit sehr kräftigen oder sehr zart gebauten Schnäbeln besser angepasst sein als Tiere mit durchschnittlichem Schnabel.

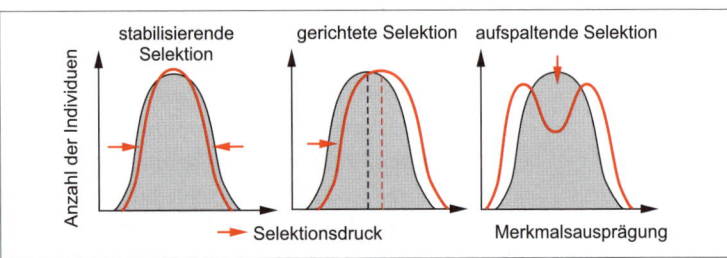

Abb. 62: Wirkung verschiedener Selektionsmechanismen

Selektionsfaktoren

Selektionsfaktoren sind abiotische und biotische Einflüsse aus der Umwelt, die einen Selektionsdruck auf die Individuen einer Population ausüben und so eine Veränderung des Genpools bewirken.

abiotische Faktoren: Einflüsse der unbelebten Umwelt, z. B. klimatische Bedingungen oder Bodenverhältnisse

Beispiele für Auswirkungen **abiotischer** Selektionsfaktoren:
- Kälte: Gleichwarme Tierarten in kalten Regionen haben meist kleinere Körperanhänge als verwandte Arten in wärmeren Regionen (allensche Regel).
- Trockenheit: Pflanzen an heißen und trockenen Standorten haben spezielle Angepasstheiten (z. B. wasserspeichernde Gewebe, eingesenkte Spaltöffnungen).

biotische Faktoren: alle Wechselbeziehungen zwischen Organismen

Mimese: Tarnung durch Imitation anderer Objekte des Lebensraums

Mimikry: Scheinwarntracht, Imitation eines wehrhaften Organismus zur Abschreckung und zum Schutz (batessche Mimikry)

Beispiele **biotischer** Selektionsfaktoren und mögliche Auswirkungen:
- Räuber-Beute-Beziehung: Die Ausbildung einer Tarntracht (z. B. beim Insekt Wandelndes Blatt) wird als **Mimese** bezeichnet und schützt u. a. vor Fressfeinden. Die Nachahmung bestimmter Merkmale, die Vertreter einer wehrhaften oder ungenießbaren Art kennzeichnen (**Mimikry**), wirkt abschreckend und bietet auf diese Weise Schutz (z. B. Schwebfliegen mit wespenähnlicher Färbung).
- Parasiten, Krankheitserreger: Individuen mit bestimmten Merkmalen sind innerhalb einer Population besser gegen Pathogene geschützt.
- Konkurrenz: Innerartliche Konkurrenz, z. B. um Nahrung (siehe S. 119), kann zur Artaufspaltung führen (disruptive Selektion), zwischenartliche Konkurrenz zum Auseinanderdriften der Merkmalsausprägungen der verschiedenen Arten (gerichtete Selektion). Einnischung (siehe S. 123) ist jeweils die Folge.

sexuelle Selektion: geschlechtliche Zuchtwahl; erhöhter Fortpflanzungserfolg gegenüber gleichgeschlechtlichen Konkurrenten aufgrund bestimmter Merkmale

Sexuelle Selektion ist ein Sonderfall der innerartlichen Konkurrenz um Geschlechtspartner. Sie tritt vor allem bei Tierarten auf, bei denen mehrere Männchen um dasselbe Weibchen konkurrieren. Die Selektion begünstigt diejenigen Männchen, deren Merkmale oder Verhalten besonders geeignet sind, Weibchen paarungsbereit zu machen (intersexuell) sowie ggf. Konkurrenten einzuschüchtern (intrasexuell). Die durch die weibliche Partnerwahl bevorzugten Männ-

EVOLUTION

Sexualdimorphismus: starke innerartliche Unterschiede in den sekundären Geschlechtsmerkmalen der Geschlechter

Industriemelanismus: gehäuftes Auftreten schwarz gefärbter Birkenspanner-Individuen in Regionen Englands mit industriell verursachten Rußablagerungen (z. B. auf Bäumen)

chen geben dann ihre Allele vermehrt an den Genpool der Folgegeneration weiter. Starker **Sexualdimorphismus** kann die Folge sexueller Selektion sein und betrifft z. B. die Körpergröße, Färbung (z. B. Gesichtsfärbung des Mandrills) oder die Ausbildung spezifischer Strukturen (z. B. Pfauenrad, großes Geweih bei Hirschen).

- Menschliche Einflüsse: Unbeabsichtigte Einflüsse (z. B. Industriemelanismus beim Birkenspanner) lassen sich von gezielter **künstlicher Selektion** bei der Tier- und Pflanzenzucht unterscheiden (z. B. bei der Zucht von Hunderassen).

2.4 Genetische Drift

Mit Gendrift (auch Sewall-Wright-Effekt) wird eine **zufällige Änderung der Allelhäufigkeit** innerhalb des Genpools einer Population beschrieben. Sie wirkt sich vor allem auf kleine Populationen aus und tritt im Gegensatz zu Selektionsvorgängen **ungerichtet** auf. Je kleiner eine Population ist, desto größer ist die Wahrscheinlichkeit, dass bestimmte (seltene) Allelkombinationen gehäuft auftreten oder verloren gehen. Gendrift führt meist zu einer Verringerung der genetischen Vielfalt.

Eine Sonderform der Gendrift ist der **Gründereffekt**. Besiedelt eine kleine Gruppe von Individuen einer Stammpopulation einen neuen Lebensraum, z. B. eine Insel, enthält deren Genpool eine zufallsbedingte Auswahl von Allelen, deren Häufigkeiten von den Allelfrequenzen in der Ursprungspopulation abweichen können. Unter den veränderten Bedingungen können Individuen mit besonderen Allelvarianten im Vorteil sein, sodass sich deren Allele im Genpool anreichern.

Auch äußere Einflüsse wie Naturkatastrophen oder Krankheiten können Populationen stark dezimieren und so zu einer zufälligen neuen Zusammensetzung des Genpools mit veränderten Allelfrequenzen führen. Man spricht von einem **Flaschenhalseffekt**. Sind in der verbleibenden Population keine ausreichend gut angepassten In-

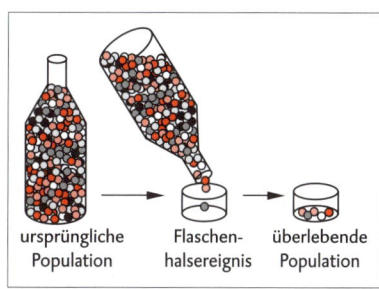

Abb. 63: Schema zum Flaschenhalseffekt

ursprüngliche Population — Flaschenhalsereignis — überlebende Population

Inzucht: Fortpflanzung oder Kreuzung bei nahe verwandten Individuen

dividuen übrig, kann ein solches Ereignis zum Aussterben der Population führen. Auch durch Inzucht können sich in solchen kleinen Populationen die Allelfrequenzen weiter verschieben und die Überlebenschancen der Populationen mindern.

Genfluss: Austausch von genetischem Material

reproduktive Isolation: Unterbrechung des Genflusses zwischen Populationen aufgrund genetisch bedingter Fortpflanzungsbarrieren

2.5 Artbildung infolge von Isolation

Verschiedene Isolationsformen sind die Voraussetzung für die Entstehung neuer Unterarten und Arten, da sie den **Genfluss**, der gemäß dem biologischen Artbegriff zwischen den Populationen und Individuen einer Art besteht, unterbinden. Die getrennte Entwicklung voneinander isolierter Teilpopulationen kann dann unter Einfluss der Evolutionsfaktoren zur **reproduktiven Isolation** der Populationen und zur Aufspaltung in zwei Arten führen.

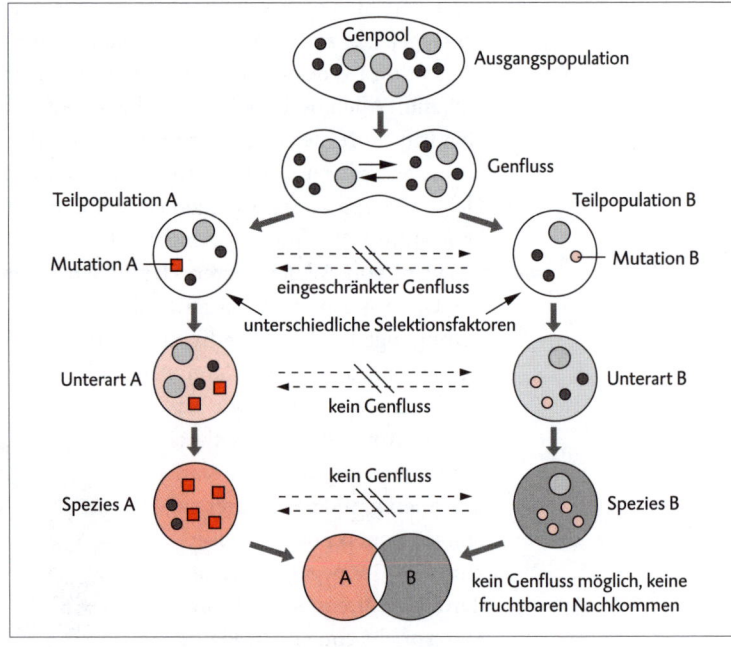

Abb. 64: Schema zur Bildung von Unterarten und Arten

Unterarten: Populationen einer Art, die sich in bestimmten Merkmalen unterscheiden

allopatrisch: mit räumlich getrennten Verbreitungsgebieten

Separation: räumliche Trennung durch äußere Einflüsse

Geografische Isolation

Bei den meisten Artbildungsprozessen handelt es sich um eine **allopatrische** Artbildung. Dabei wird ein Teil einer Population infolge äußerer Einwirkungen räumlich isoliert (**Separation** oder **geografische Isolation**), sodass der Genfluss zwischen den Teilpopulationen versiegt. Bei fortwährender Separation kommt es durch Mutationen, Rekombination, die Wirkung unterschiedlicher Selektionsfaktoren und eventuell auch Gendrift zur eigenständigen Evolution innerhalb der Teilpopulationen. Mit zunehmender genetischer Distanz entstehen zwei Arten, zwischen denen es genetisch bedingte Fortpflanzungsbarrieren gibt und kein Genfluss mehr möglich ist. Nicht immer hat eine Separation jedoch eine (vollständige) reproduktive Isolation von Populationen zur Folge. Zwischen der in West- und Mitteleuropa beheimateten Rabenkrähe und der überwiegend in Osteuropa vorkommenden Nebelkrähe kommt es z. B. zu Kreuzungen mit fruchtbaren Nachkommen in deren Überschneidungsgebiet, obwohl die Ausgangspopulation während der letzten Eiszeit geteilt wurde.

Ursachen für die Separation von Teilpopulationen:
- Verdriftung oder Transfer kleiner Populationen (Gründereffekt)
- geologische Ereignisse, z. B. Bildung/Verschwinden von Landbrücken, Kontinentaldrift
- klimatische Veränderungen, z. B. Gletscherbildung während Eiszeiten oder Wüstenbildung infolge von Dürreperioden

Ökologische Isolation

Bilden Populationen einer Art im selben Verbreitungsgebiet unterschiedliche **ökologische Nischen** aus, kann dies ebenfalls eine Artaufspaltung begünstigen. Gelangt eine Teilpopulation einer wenig spezialisierten Ausgangsart z. B. durch Separation in ein weitgehend unbesetztes Gebiet, vermehren sich die Individuen dank des geringen intra- und interspezifischen Konkurrenzdrucks dort zunächst stark. Steigt infolgedessen die intraspezifische Konkurrenz, wird sie zum Selektionsfaktor. Individuen, die mutationsbedingt Ressourcen in ihrer Umwelt in spezieller Weise, z. B. durch Verzehr spezieller Nahrung, nutzen können, besitzen dann einen Selektionsvorteil. Der Konkurrenzdruck vermindert sich für diese Individuen und sie können sich vermehren. Man spricht bei diesem Anpassungsprozess von **Einnischung (Annidation)**. Zur Aufspaltung der Teilpopulationen in reproduktiv isolierte Arten ist jedoch zusätzlich eine Separation nötig, durch die die Entstehung weiterer Merkmalsunterschiede begünstigt wird.

Findet auf diese Weise die Aufspaltung einer Stammart in viele neue Arten statt, spricht man von **adaptiver Radiation**. Das bekannteste Beispiel ist die Entwicklung der Darwinfinken auf den Galapagosinseln. Eine ursprünglich körnerfressende Finkenpopulation der südamerikanischen Stammart fächerte sich nach Isolation auf dem Archipel in ca. 13 Arten mit unterschiedlichen Schnabelformen und -größen auf. Neben der Einnischung durch Nutzung verschiedener Nahrungsressourcen spielte dabei auch die Separation von Teilpopulationen auf verschiede-

---

ökologische Nische: Gesamtheit der biotischen und abiotischen Faktoren, die für das Überleben einer Art wesentlich sind

Einnischung: Prozess der Ausbildung einer ökologischen Nische

adaptive Radiation: Aufspaltung einer Ausgangsart in eine Vielzahl neuer Arten unter Ausbildung verschiedener ökologischer Nischen

nen Inseln des Archipels unter der Einwirkung unterschiedlicher Selektionsfaktoren eine Rolle. Die Teilpopulationen entfernten sich dabei genetisch so weit voneinander, dass sie reproduktiv isoliert wurden. Durch wiederholte Separations- und Einnischungsprozesse bildeten sich innerhalb eines relativ kurzen Zeitraums viele neue Arten, die dann teilweise auf den Inseln koexistieren konnten. Auch die Entwicklung der Beuteltierarten in Australien geht auf adaptive Radiation zurück.

Formen der reproduktiven Isolation

Kennzeichen biologischer Arten ist deren reproduktive Isolation. Es gibt unterschiedliche Fortpflanzungsbarrieren, die den zwischenartlichen Genaustausch verhindern, auch wenn die Individuen miteinander in Kontakt kommen. Diese **Isolationsmechanismen** können entweder vor oder nach einer eventuellen Paarung ansetzen.

- Eine **zeitliche Isolation** liegt vor, wenn die Fortpflanzungszeiträume, z. B. Paarungs- oder Blühperioden, voneinander abweichen. So variieren z. B. die Paarungszeiten der Gras- und Wasserfrösche.
- Eine **ethologische Isolation** beruht auf der Ausbildung unterschiedlicher Verhaltensweisen, die für die Anziehung bzw. die Paarungsbereitschaft zwischen den Geschlechtern entscheidend sind, z. B. die Aussendung von Balzsignalen.
- Verhindert der Körperbau oder die Gestalt der Geschlechtsorgane eine Paarung, spricht man von anatomischer oder **mechanischer Isolation**, z. B. bei den Begattungsorganen vieler Insektenarten.

Findet dennoch eine Paarung statt, ist in vielen Fällen die Zygote oder der Embryo nicht entwicklungsfähig. Falls doch Nachkommen aus der Paarung hervorgehen, weisen diese oft eine geringere Fitness auf und sind grundsätzlich **nicht fortpflanzungsfähig** (steril, siehe S. 108).

Artbildung ohne Separation

Findet eine Artbildung ohne die räumliche Trennung von Teilpopulationen statt, spricht man von der sehr selten vorkommenden **sympatrischen** Artbildung. Ein Beispiel dafür ist die **Polyploidisierung** bei manchen Pflanzenarten (z. B. bei vielen unserer Nutzgetreidearten, siehe S. 44). Sie kann schlagartig zur reproduktiven Isolation der polyploiden Individuen führen, da eine Kreuzung mit diploiden Pflanzen sterile Nachkommen zur Folge hat. Nachweislich wurden auch Populationen von Buntbarschen in kleinen Kraterseen, z. B. in Nicaragua, in verschiedene Arten aufgespalten. Voraussetzung dafür war vermutlich u. a. eine sehr starke sexuelle Selektion.

---

sympatrisch: mit gemeinsamem Verbreitungsgebiet

Polyploidisierung: Vervielfachung eines Chromosomensatzes infolge einer Genommutation

42 In der Fränkischen Schweiz kommt in schattigen Regionen des Waldes die Orchideenart Vogelnestwurz *(Neottia nidus-avis)* vor. Ihr Spross ist bräunlich gefärbt, die Laubblätter sind stark reduziert. In helleren Bereichen des Waldes ist das Weiße Waldvögelein *(Cephalanthera damasonium)* zu finden, dessen Sprossachse und voll ausgebildete Laubblätter grün gefärbt sind.
Die fotosynthetisch inaktive Vogelnestwurz nutzt als Quelle für Kohlenstoffverbindungen Pilze, die in ihre Wurzeln eindringen. Vom Weißen Waldvögelein sind ebenfalls chlorophyllfreie Individuen bekannt. […]
Erklären Sie auf Grundlage der erweiterten Evolutionstheorie die Entstehung einer im einleitenden Text beschriebenen Besonderheit von fotosynthetisch inaktiven Pflanzen.
ABI Bayern (Jahrgang 2018, Aufgabe B2/1.3) AFB II ➜ 8 BE von 40

> **TIPP**
> Beachten Sie, dass sich Ihre Lösung auf die erweiterte Evolutionstheorie und nicht nur auf die Selektionstheorie DARWINs beziehen soll. Bei dieser Aufgabe ist es außerdem notwendig, dass Sie sich Ihre Kenntnisse zum Assimilationsstoffwechsel in Erinnerung rufen.

43 Schwertträger *(Xiphophorus)* sind beliebte Aquarienfische. […] Besonders auffällig ist beim Männchen die verlängerte Schwanzflosse, die als Schwert bezeichnet wird und namensgebend ist. Sie wird erst beim Erreichen der Geschlechtsreife ausgebildet und bei der Balz dem Weibchen mehrmals bei verschiedenen Schwimmmanövern präsentiert. In mehreren Experimenten werden Wirkungen des Schwertes auf männliche bzw. weibliche Fische untersucht. […]

Experiment B:
In jedem Versuchsdurchgang sind immer gleichzeitig zwei Männchen mit unterschiedlich langen Schwertern und ein Weibchen anwesend.
Es wird jeweils die Schwertlänge der Männchen gemessen und die Zeitdauer, die ein Weibchen mit dem jeweiligen Männchen verbringt.

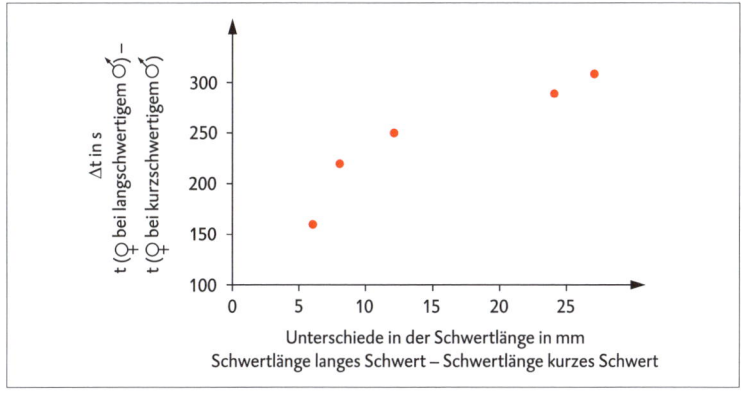

Abb. 1: Unterschiede der gemeinsam verbrachten Zeiten von Weibchen und Männchen in Abhängigkeit von den Unterschieden der Schwertlänge
(verändert nach: A. L. Basolo (1990): Female preference for male sword length in the green sword tail, Xiphophorus helleri. In: Animal Behaviour, 40, p. 332–338)

In zwei natürlichen Lebensräumen werden die relativen Schwertlängen der männlichen Fische bestimmt. Ein Lebensraum ist frei von Fressfeinden der Fische, im anderen leben Fressfeinde.

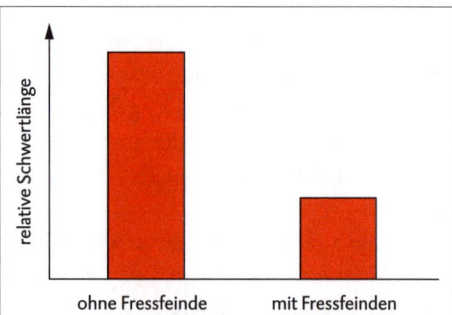

Abb. 2: Relative Schwertlänge bei *Xiphophorus helleri* in Abhängigkeit von der Anwesenheit von Fressfeinden
(verändert nach: A. L. Basolo and W. E. Wagner Jr: Covariation between predation risk, body size and fin elaboration in the green swordtail, Xiphophorus helleri. In: Biological Journal of the Linnean Society, 83 (2004), p. 87–100)

TIPP
Um die Aussage des Diagramms in Experiment B zu verstehen, machen Sie sich zunächst die Bedeutung der komplexen Achsenbeschriftung klar.

Bei dem in Experiment B beobachteten Verhalten der Fischweibchen spricht man von sexueller Selektion.
Beurteilen Sie folgende Aussage eines Biologen: „Die in einem Lebensraum zu beobachtenden Merkmale der Tiere sind ein Ergebnis der Wirkung sowohl der sexuellen als auch der natürlichen Selektion." Beziehen Sie sich in Ihrer Erklärung auf die in Abbildung 2 dargestellten Ergebnisse.
ABI Bayern (Jahrgang 2017, Aufgabe B1/2.2) AFB III ➔ 6 BE von 40

44 Bei den Kannenpflanzen der Gattung *Nepenthes* handelt es sich um tropische Pflanzen, die auf stickstoffarmem Untergrund vorkommen. Fehlende Stickstoffversorgung wirkt sich prinzipiell negativ auf das pflanzliche Wachstum aus.
Um ihren Stickstoffbedarf decken zu können, bilden die Pflanzen tüten- oder kannenförmige Fallgruben aus, mit deren Hilfe sie z. B. Insekten fangen. Diese werden dabei mithilfe von Duftstoffen und verschiedenen Signalfarben angelockt und im Inneren der Kanne in einer Verdauungsflüssigkeit enzymatisch abgebaut. Die verwertbaren Bestandteile werden anschließend von der Pflanze aufgenommen.

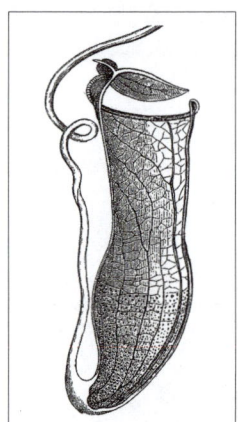

(John Muirhead Macfarlane)

Im tropischen Asien sind über 90 verschiedene *Nepenthes*-Arten bekannt, die alle auf extrem stickstoffarmem Untergrund wachsen.
Die große Vielfalt der in Südostasien vorkommenden *Nepenthes*-Arten zeigt sich u. a. in unterschiedlichen Ausprägungen der Kannenstrukturen, wie folgende Aufstellung zeigt:

- *N. albomarginata*: längliche Kannenform; Kranz von lebenden weißen Haaren am oberen Rand der Kanne, der von Termiten gefressen wird, die dabei leicht in die Kanne fallen können
- *N. ampullaria*: Kannen tonnenförmig mit vollständig zurückgezogenem ovalem Deckel; Kannen am Waldboden teppichartig dicht nebeneinander angeordnet; keine Nektardrüsen; Kannen enthalten meist verrottende Laubblätter von Urwaldbäumen
- *N. bicalcarata*: verbreiterter Abschnitt am unteren Kannenansatz, der Wohnraum für die Ameisenart *Camponotus schmitzi* bietet, deren Kot und Kadaver von den Pflanzen verwertet werden können; Besitz von Nektardrüsen

Beachten Sie die Angabe „im gleichen Verbreitungsgebiet". Dadurch können Sie den „normalen" Weg der Artaufspaltung ausschließen.

Erklären Sie die Entstehung der großen Vielfalt südostasiatischer *Nepenthes*-Arten im gleichen Verbreitungsgebiet aus evolutionsbiologischer Sicht.

ABI Bayern (Jahrgang 2017, Aufgabe B2/2.2) AFB II ➡ 6 BE von 40

3 Evolutionsprozesse

3.1 Chemische Evolution

chemische Evolution: Entwicklung von Biomolekülen bzw. einzelligen Lebewesen aus abiotischen Ausgangsstoffen

Uratmosphäre: noch sauerstofffreie Gashüllen der Erde vor ca. 4 Mrd. Jahren

Zur Bildung der ersten Biomoleküle auf der Erde als Voraussetzung für die Entstehung einzelliger Lebewesen aus anorganischen und organischen Stoffen gibt es verschiedene Hypothesen. Man vermutet, dass die sich abkühlende Erde, als sich vor ca. 4,2 Mrd. Jahren eine feste Erdkruste gebildet hatte, eine **Uratmosphäre** aus u. a. durch Vulkanismus entweichenden Gasen umgab. Sie war aufgrund fehlenden freien Sauerstoffs und der enthaltenen Gase wie Wasserdampf, Kohlenstoffdioxid, Stickstoff, Schwefelwasserstoff, Methan und Ammoniak reduzierend. UV- und kosmische Strahlung sowie Gewitter und Vulkanausbrüche lieferten ständig Energie. S. MILLER stellte 1953 die mutmaßlichen Bedingungen der Uratmosphäre experimentell nach (Abb. 65).

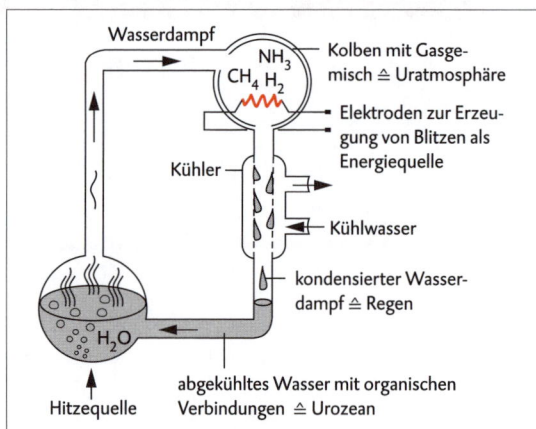

Abb. 65: Schematischer Aufbau des Simulationsversuchs von MILLER

In den Proben des heruntergekühlten Kondensats konnten er und auch andere Wissenschaftler nach ihm die Entstehung u. a. von einfachen Säuren, Harnstoff, Aminosäuren und sogar Einfachzuckern, Fettsäuren und Purinbasen belegen. Die Schlussfolgerung war, dass vermutlich auch unter den Bedingungen der Uratmosphäre die Synthesen einfacher organischer Verbindungen aus anorganischen Molekülen spontan erfolgten. In den entstehenden Seen und Meeren („Urozean") reicherten sich folglich organische Moleküle an, man spricht dabei von der **Ursuppe**. Aus den relativ einfachen Molekülen (Monomeren) könnten sich **Biopolymere** spontan gebildet haben, z. B. durch die Anlagerung von Monomeren an der Oberfläche von Mineralien. Auf diese Weise

Ursuppe: Gewässer mit angereicherten, gelösten organischen Molekülen

Biopolymere: für die Entstehung des Lebens wichtige Makromoleküle

EVOLUTION

könnten aus Aminosäuren durch Verknüpfung Proteinoide (proteinähnliche Moleküle) entstanden sein.

Einer anderen Hypothese zufolge sind erste Biomoleküle nicht oberflächennah in Gewässern, sondern an heißen **Tiefseequellen** (schwarzen Rauchern) vulkanischen Ursprungs entstanden. Unter anaeroben Bedingungen können dort Eisen(II)-sulfid (FeS) und Schwefelwasserstoff (H_2S) exotherm zu Pyrit (FeS_2) und Wasserstoff reagieren. Mithilfe des Wasserstoffs könnten unter Energiezufuhr Kohlenstoffmonoxid und Kohlenstoffdioxid zu ersten organischen Verbindungen reduziert worden sein, für die an den katalytisch wirksamen Oberflächen von Pyrit eine Entwicklung zu Makromolekülen möglich war. Bakterien, die zur Reduktion von Kohlenstoffdioxid Wasserstoff aus H_2S nutzen, sind, diese Theorie stützend, an solchen Quellen zu finden.

schwarzer Raucher: heiße Thermalquelle mit gelösten Eisensalzen am Boden der Tiefsee

3.2 Die Evolution der Zelle

Den Beginn der **biologischen Evolution** markiert die Entwicklung erster Zellen. Man vermutete, dass unter den Bedingungen der Ursuppe Lipidmoleküle im Wasser aufgrund ihrer Moleküleigenschaften Doppelmembranen ausbildeten. Indem sich Vesikel abschnürten, die ggf. Nukleinsäuren und Proteine einschlossen, könnten erste, noch instabile Kompartimente entstanden sein, in denen chemische Reaktionen ablaufen konnten (**Protozellen**). Bei der weiteren Entwicklung gilt die Annahme, dass Evolutionsmechanismen, v.a. die Selektion aufgrund besserer Angepasstheit, bereits auf der Ebene der Molekül(system)e wirkten. RNA-Moleküle, die als Informationsspeicher fungierten und zur Katalyse sowie zur Selbstreplikation fähig waren, könnten dabei eine wichtige Rolle gespielt haben. In Arbeitsteilung mit Proteinen als den leistungsfähigeren Katalysatoren entstanden vermutlich schließlich zunächst einfache, später erweiterte Reaktionssysteme. Solche durch Biomembranen abgeschlossenen Systeme waren möglicherweise die ersten **Protobionten**, die bereits Kennzeichen des Lebens wie Vermehrung, Stoffwechsel (Stoffaustausch), Informationsweitergabe und die Eigenschaften der Variabilität (durch Mutationen) aufwiesen.

Prokaryot: einzellige Lebewesen ohne Zellkern, siehe S. 1

Eukaryot: Organismus, dessen Zellen einen Zellkern besitzen, siehe S. 1

Prokaryoten existieren seit ca. 3,5 Mrd. Jahren. Ihre als Pro(to)zyten bezeichneten Zellen haben eine ringförmige DNA, keinen Zellkern und keine Zellorganellen mit Doppelmembranen. Die mögliche Entstehung der Euzyte, des Zelltyps der **Eukaryoten**, vor ca. 1,8 Mrd. Jahren erklärt die **Endosymbiontentheorie**. Nach dieser Hypothese sind Mitochondrien und Chloroplasten aus Phagozytosevorgängen hervorgegangen: Prokaryotische Zellen, die zur Zellatmung fähig waren, wurden von amöboiden Ureukaryoten endozytotisch in Vesikel aufgenommen, aber innerhalb der Zellen ggf. mutationsbedingt nicht verdaut. Stattdessen lebten sie in den Wirtszellen als Endosymbionten fort, die sehr effizient Energie (ATP) lieferten und im Austausch Kohlenhydrate erhielten. Auch Chloroplasten könnten auf diese Weise endozytotisch aus zur Fotosynthese befähigten Cyanobakterien hervorgegangen sein, die dann als Endosymbionten Kohlenhydrate erzeugten. Für diese Theorie spricht, dass Mitochondrien und Chloroplasten ...

- eine Doppelmembran besitzen, deren innere Membran strukturell derjenigen von Bakterien ähnelt,
- sich eigenständig teilen und sich so vermehren,
- eine eigene DNA und bakterienähnliche Ribosomen besitzen.

Die Theorie stützen auch rezente Beispiele für solche Endosymbiosen.

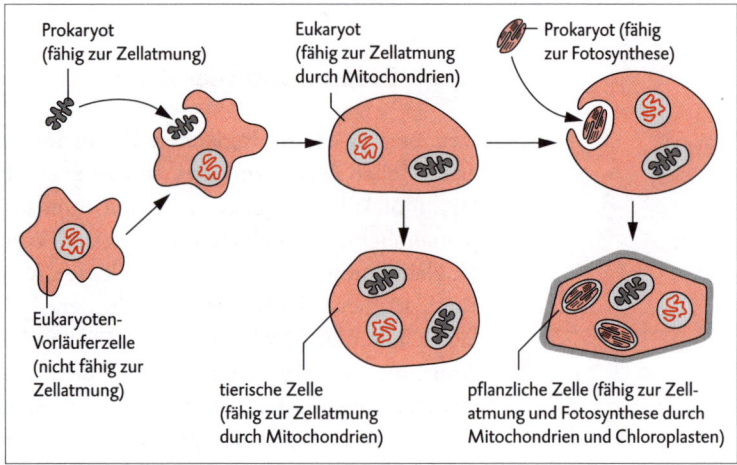

Abb. 66: Schema zur möglichen Entstehung der Euzyte

3.3 Ernährungsformen und Schritte zur Vielzelligkeit

Fossile Belege der ersten Lebensformen sind über 3,5 Mrd. Jahre alte **Stromatolithen**, die infolge der Lebensprozesse von Prokaryoten durch Sedimentation entstanden. Die ersten prokaryotischen Zellen waren **heterotroph** und bezogen die Energie für ihre Lebensvorgänge durch Abbau organischer Stoffe (Kohlenstoff) aus der Umgebung (Ursuppe); sie waren obligat **anaerob**, da es noch keinen freien Sauerstoff gab. Erste **chemoautotrophe** Bakterien besaßen den Vorteil, Kohlenstoffdioxid als C-Quelle verwenden und die Energie für den Aufbau organischer Substanz durch Oxidation anorganischer Substanzen wie

Stromatolith: meist geschichtetes Kalkgestein, dessen Bildung auf die Aktivität von Mikroorganismen zurückgeht

chemoautotroph: Energie aus der Umwandlung anorganischer Stoffe gewinnend

EVOLUTION

Schwefelwasserstoff (H_2S) gewinnen zu können. Die ersten **fotoautotrophen** Bakterien vor ca. 2,8 Mrd. Jahren nutzten Sonnenlicht als Energiequelle und als Wasserstoffdonator z. B. H_2S. Die Entwicklung der oxygenen **Fotosynthese** vor ca. 3 Mrd. Jahren wurde durch die Nutzung von Wasser als Wasserstoffquelle möglich. Mit dem Beginn fotosynthetischer Aktivität entstand freier Sauerstoff, der zunächst gelöste Eisenionen zu unlöslichem, sedimentierendem Eisenoxid (Fe_2O_3) oxidierte, bevor er sich im Meer und dann durch Freisetzung in der Atmosphäre anreicherte. Der Anstieg der Konzentration an freiem Sauerstoff war aufgrund dessen oxidierender Wirkung vermutlich für viele Einzeller tödlich. Unter diesen Bedingungen konnten einzelne Organismen mit der Fähigkeit zur **Zellatmung** (siehe S. 28) überleben. Der aerobe Abbau organischer Stoffe bot außerdem einen deutlich höheren Energiegewinn als anaerobe katabole Prozesse wie z. B. Gärungen.

Eukaryotische Zellen, die vor ca. 2 Mrd. Jahren entstanden, besaßen gegenüber Prokaryoten aufgrund ihrer Kompartimentierung, der Entstehung der Diploidie und ihrer Fähigkeit zur sexuellen Reproduktion ein deutlich höheres Evolutionspotenzial. Die Entwicklung der **Vielzelligkeit**, die mehrfach unabhängig voneinander erfolgte, bot Organismen durch Größenzunahme Überlebensvorteile und die Möglichkeit der Arbeitsteilung durch Zelldifferenzierung. Sie entstand zunächst, indem nach mitotischen Zellteilungen Tochterzellen miteinander verbunden blieben. Bei rezenten Grünalgenarten lässt sich die Entwicklung von der Ein- zur Vielzelligkeit nachvollziehen: Neben einzelligen begeißelten Arten wie *Chlamydomonas* gibt es Algenarten wie *Eudorina*, die Kolonien aus ca. 16 Zellen bilden. Sie sind von einer Gallerte umgeben und können sich bereits synchronisiert fortbewegen. Bei *Volvox*, Hohlkugeln mit über 1 000 Zellen, stehen die Zellen über Plasmabrücken in Kontakt und es findet sich eine Unterteilung in Fortpflanzungs- und Körperzellen.

3.4 Massenaussterben und Evolutionsschübe

Der Großteil der Arten (99 %), die je auf der Erde gelebt haben, ist ausgestorben. Oft handelte es sich dabei um allmähliches Verschwinden von Arten (Hintergrundaussterben). Allerdings belegen Fossilfunde auch **Massenaussterben**, sogenannte Faunenschnitte, die über einen Zeitraum von höchstens einigen 100 000 Jahren stattfanden und z. B. auf Klimaveränderungen oder Vulkanausbrüche zurückgingen. Charak-

Faunenschnitt: Massenaussterben von größeren Organismengruppen aus dem Tierreich

teristischerweise folgten auf Massenaussterben rasche Anstiege der Artenzahlen infolge adaptiver Radiationen (siehe S. 123).

Eines der größten Massenaussterben ereignete sich am Ende der Permzeit vor ca. 250 Mio. Jahren, ausgelöst vermutlich durch den Austritt erheblicher Mengen Lava. Der größte Teil mariner Lebewesen, z. B. auch die Trilobiten, starb aus. Bekannter ist der Faunenschnitt vor ca. 65 Mio. Jahren (Ende der Kreidezeit), der u. a. zur Auslöschung der Dinosaurier und vieler weiterer Artengruppen, z. B. der Ammoniten, führte. Als wahrscheinlichste Ursache dafür gilt ein Asteroid, dessen Einschlag auf der Erde weltweite Flächenbrände und die Verteilung enormer Staub- und Rußmengen in der Atmosphäre verursachte. Die dadurch bewirkte Verfinsterung und Abkühlung bedeutete u. a. einen massiven Einbruch fotosynthetischer Aktivität und dadurch für viele Organismen, darunter die Dinosaurier, den Verlust ihrer Lebensgrundlage. Für die noch wenig verbreitete Gruppe der Säugetiere wirkte das Artensterben hingegen als **Evolutionsschub**. Die Verfügbarkeit nahezu konkurrenzfreier Lebensräume stieg und führte durch viele adaptive Radiationen (siehe S. 123) innerhalb eines relativ kurzen Zeitraums zur vielfältigen Aufspaltung insbesondere der höheren Säugetiere (Plazentatiere).

Trilobit: ausgestorbener Urgliederfüßer aus dem Erdaltertum (Paläozoikum)

Ammoniten: in der Kreidezeit ausgestorbene Gruppe von Kopffüßern

3.5 Koevolution

Innerhalb von Biozönosen (siehe S. 89) kann engen interspezifischen Beziehungen wie z. B. Räuber-Beute- oder Parasit-Wirt-Beziehungen eine gemeinsame evolutive Entwicklung zugrunde liegen, eine **Koevolution**. Sie bezeichnet einen wechselseitigen Anpassungsprozess von Arten über einen langen stammesgeschichtlichen Zeitraum hinweg. Der gegenseitige Selektionsdruck, den die „Partner" aufeinander ausüben, bewirkt dabei, dass sich spezifische Anpassungsmerkmale (**Koadaptationen**) ausbilden können. Jede mutationsbedingte Änderung im Phänotyp oder im Verhalten, die Individuen der einen Art in der Beziehung einen Fitnessvorteil verschafft und sich in der Population durchsetzt, erzeugt bei Individuen auf der Gegenseite einen Selektionsdruck zur entsprechenden Angepasstheit. Man spricht dabei auch von koevolutivem „Wettrüsten".

Koadaptationen: Merkmale wechselseitiger Anpassung, die als Ergebnis einer Koevolution entstehen können

Beispiele für koevolutive Beziehungen:
- **Räuber-Beute-Beziehungen:** Manche Pflanzen besitzen z. B. giftige Inhaltsstoffe zum Schutz vor Fressfeinden wie Blattläusen; diese wiederum können eine hohe Toleranz gegenüber den pflanzlichen Toxinen aufweisen oder diese sogar im eigenen Stoffwechsel nutzen.

Symbiose: Lebensgemeinschaft zweier Arten zum beiderseitigen Vorteil

- **Symbiotische Beziehungen:** Manche bedecktsamige Blütenpflanzen und Bestäuberinsekten, -vögel oder -säugetiere weisen Koadaptationen auf, die in einem sehr spezifischen Blütenbau und einem genau darauf abgestimmten Körperbau der Tiere, z. B. den Mundwerkzeugen von Insekten, bestehen. Die Pflanzen sichern dadurch die Bestäubung mit arteigenem Pollen und damit ihre Fortpflanzung, während die bestäubenden Tiere von einer im besten Fall nur ihnen zugänglichen Nährstoffquelle profitieren.

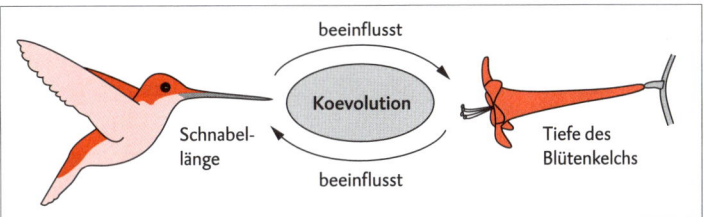

Abb. 67: Schematische Darstellung einer koevolutiven symbiotischen Beziehung

- **Parasit-Wirt-Beziehungen:** Beim Brutparasitismus des Kuckucks bestehen Koadaptationen u. a. darin, dass vonseiten des Kuckucks die Imitation der Eier der Wirtsvögel und vonseiten des Wirts die Erkennung fremder Eier optimiert wird.

TIPP

Falls Sie nicht sofort auf den korrekten Lösungsansatz kommen, verfallen Sie nicht in Panik. Notieren Sie zuerst die theoretisch in Frage kommenden interspezifischen Beziehungen auf einem separaten Blatt. Anschließend überlegen Sie sich, welche Beziehungsformen Sie vor dem Hintergrund der Angaben im Aufgabentext ausschließen können.

45 Die Weißbeerige Mistel *(Viscum album)* ist ein immergrüner Strauch. Als Halbparasit befällt sie meistens größere Bäume wie Pappeln, Apfelbäume oder Linden. Dazu treibt die Pflanze sogenannte Haustorien (zu Saugorganen umgewandelte Wurzeln) in das Holz der Wirtsbäume.

Einige Vogelarten wie die Misteldrossel *(Turdus viscivorus)* nutzen besonders in kargen Wintermonaten die Beeren der Mistelpflanze als Nahrungsquelle. Viele andere Vogelarten verschmähen die Früchte dieser Pflanze aufgrund besonderer Inhaltsstoffe. Beim Abzupfen der Beeren durch die Vögel wird die äußere Fruchtwand verletzt, die der Mistelkeimling ohne Hilfe nicht durchdringen könnte. Nach dem Verzehr suchen die Vögel Ruheplätze zur Verdauung auf hohen und oft lichtdurchfluteten Bäumen auf. Dabei hinterlassen sie oft die klebrigen Samen der Mistel auf den Bäumen.

Erläutern Sie die Entstehung der Beziehung zwischen Misteldrossel und Mistelpflanzen aus evolutionsbiologischer Sicht.

ABI Bayern (Jahrgang 2019, Aufgabe A1/3) AFB II ➜ **6 BE von 40**

46 Erstes Leben trat auf der Erde vor ca. 3,5–4 Mrd. Jahren auf. Die Tabelle zeigt verschiedene in der Erdgeschichte auftretende Organismengruppen. In der Abbildung ist vereinfacht die Entwicklung des Sauerstoffgehalts in der Atmosphäre im Verlauf der letzten 4,5 Milliarden Jahre dargestellt.

A	B	C	D
aerobe heterotrophe Prokaryoten	anaerobe, heterotrophe Prokaryoten	mehrzellige Pflanzen	Cyanobakterien mit Fotosynthese

Verschiedene in der Erdgeschichte auftretende Organismengruppen

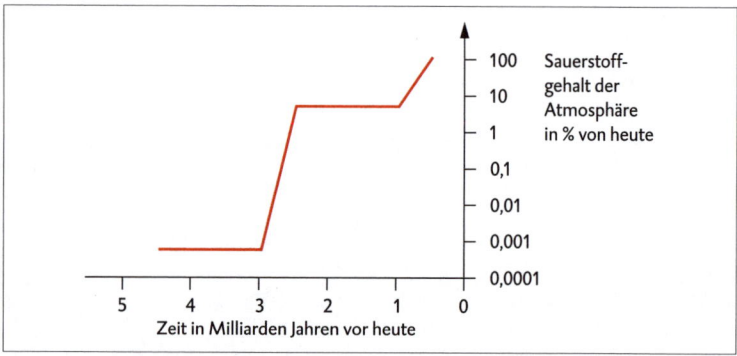

Entwicklung des Sauerstoffgehalts in der Atmosphäre im Verlauf der letzten 4,5 Milliarden Jahre (verändert nach: J. Markl (2010): Markl Biologie – Oberstufe. Ernst Klett Verlag, Stuttgart, S. 287)

TIPP
Zeichnen Sie, bevor Sie mit der Ausarbeitung der Lösung beginnen, die Zeitpunkte des Auftretens der einzelnen Organismengruppen in die Grafik ein. So vermeiden Sie Flüchtigkeitsfehler und können die Plausibilität der Anordnung besser abschätzen.

Schätzen Sie den Zeitpunkt des erstmöglichen Auftretens der angegebenen Organismengruppen A bis D ab und begründen Sie Ihre Angabe!
ABI Bayern (Jahrgang 2015, Aufgabe C2/2.1) AFB II ➜ 8 BE von 40

47 Bei Malaria handelt es sich um eine der häufigsten Infektionskrankheiten des Menschen. Sie wird z. B. durch den einzelligen eukaryotischen Parasiten *Plasmodium falciparum* hervorgerufen. Wird der Parasit bei einem Stich der Stechmücke *Anopheles gambiae* übertragen, befällt er zunächst menschliche Leberzellen, um sich anschließend im Blut innerhalb der roten Blutkörperchen zu vermehren.

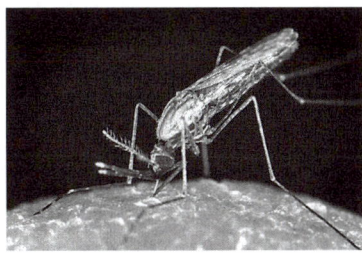
Anopheles gambiae
(James Gathany, Wikipedia)

Plasmodien enthalten besondere Zellorganellen, die sogenannten Apicoplasten. Untersuchungen ergaben, dass Apicoplasten von vier Membranen umgeben sind, von denen die drei äußeren strukturelle Ähnlichkeiten aufweisen.
Stellen Sie eine begründete Hypothese zur Entstehung der Hüllen der Apicoplasten auf!
ABI Bayern (Jahrgang 2014, Aufgabe C1/2.2) AFB III ➜ 6 BE von 40

TIPP
Die Anfertigung einer Skizze, die das mögliche Geschehen veranschaulicht, kann für Ihre Ausführungen sehr hilfreich sein, ist aber nicht verlangt.

Neuronale Informationsverarbeitung

1 Aufbau und Funktion von Nervenzellen

Nervenzellen (Neuronen) sind elektrisch erregbare Zellen, die als Empfänger, Prozessoren und Überträger von Information fungieren und in den komplexen Nervensystemen höher entwickelter Tiere in vielfältiger Weise vernetzt sind. In neuronalen Netzwerken werden afferente, interneurale und efferente Zellen unterschieden: Sinneszellen (Rezeptoren) nehmen Reize auf und geben sie als elektrische Signale über **afferente** Fasern an das zentrale Nervensystem (ZNS) weiter. Dort erfolgt eine **Verarbeitung** der Signale und eine Signalausgabe an **efferente** Zellen, deren Aktivität in Zielzellen eine Reaktion, z. B. eine Muskelkontraktion, bewirkt.

afferente Fasern: Fasern, die Signale aus der Peripherie (von Sinneszellen/-organen) ins ZNS leiten

efferente Fasern: Fasern, die Signale aus dem ZNS zu Erfolgsorganen (z. B. Muskeln) leiten

1.1 Struktur von Nervenzellen

Obwohl Neuronen eine enorme Gestaltvielfalt aufweisen, sind sie im Prinzip ähnlich aufgebaut: Sie bestehen aus einem Zellkörper (**Soma**) und Zellfortsätzen, den **Dendriten** und einem **Axon**.

Das **Soma** enthält den Zellkern und andere Organellen. Die **Dendriten** sind fein verzweigte Zellfortsätze, die oberflächenvergrößernd wirken. Sie nehmen wie die Somamembran Signale von anderen Zellen auf, die sich über die Membran bis zum Axonhügel ausbreiten und dort verrechnet werden. Das **Axon**, das vom Axonhügel am Soma ausgeht, ist ein langer Zellfortsatz, der elektrische Signale in Form von Aktionspotenzialen bis zu den Axonendigungen weiterleitet, den synaptischen Endknöpfchen. Diese stehen mit Zielzellen wie Neuronen, Muskelzellen oder Drüsenzellen über **Synapsen** in Kontakt.

Axon: Nervenzellfortsatz (Neurit), zwischen 0,1 mm und 3 m lang (bei Motoneuronen mancher Säugetiere)

Zum Nervensystem gehören auch **Gliazellen**. Sie besitzen Stütz- und Schutzfunktionen, versorgen Neuronen mit Nährstoffen und Sauerstoff und tragen zur Aufrechterhaltung des extrazellulären Ionenmilieus bei. Außerdem umhüllen und isolieren sie die Axone vieler Nervenzellen. Spezielle Gliazellen, die **schwannschen Zellen**, sind bei Wirbeltieren abschnittsweise mehrfach dicht um die Axone peripherer Nervenzellen gewunden. Die so entstehende lipid- und proteinreiche Hüllschicht ist die **Myelin-** oder **Markscheide**. Zwischen den schwannschen Zellen unterbrechen **ranviersche Schnürringe** die Isolierung. Entsprechende Neuronen werden als markhaltig oder myelinisiert bezeichnet, lichtmi-

Gliazellen: von Neuronen abgrenzbare Zelltypen in neuronalem Gewebe

Myelin: besonders lipidreiche Biomembran

ranvierscher Schnürring: Kurzer, nicht isolierter Axonabschnitt zwischen zwei schwannschen Zellen

kroskopisch erscheinen sie weiß. Wirbellose besitzen nur marklose Zellen ohne Myelinscheiden.

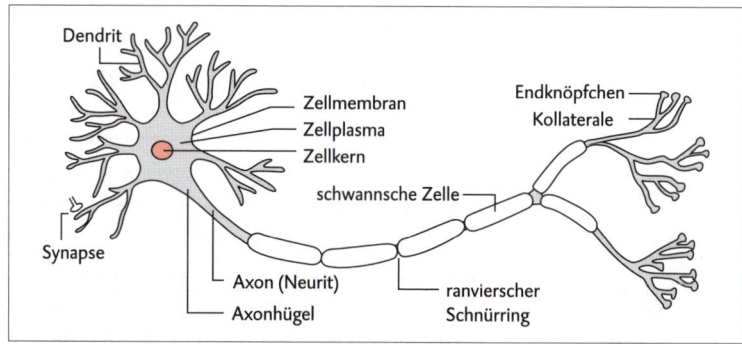

Abb. 68: Schematischer Aufbau eines Wirbeltier-Motoneurons

1.2 Entstehung des Ruhepotenzials

Mikroelektrode: feine, mit Salzlösung (und Silberdraht) gefüllte Glaskapillare, die in die Zelle eingestochen wird; mithilfe extrazellulärer Bezugselektrode erfolgt die Spannungsmessung

Misst man z. B. an einem Säugerneuron mithilfe einer Mikroelektrode die elektrische Spannung über der unerregten Neuronenmembran, stellt man ein negatives Membranpotenzial von ca. −70 mV fest. Auf der Innenseite der Zellmembran befinden sich demnach negative Ladungen und auf der Außenseite positive Ladungen im Überschuss. Entscheidend für die Ausbildung dieses Ruhepotenzials ist nach der **Ionentheorie** sowohl eine **ungleiche Ionenverteilung** zu beiden Seiten der Membran (Tab. 9) als auch eine unterschiedliche **Permeabilität** der Membran für verschiedene Ionenarten, die durch den Öffnungszustand spezifischer Ionenkanäle (Tunnelproteine) realisiert wird.

Ionenart	Konzentration intrazellulär (mmol/L)	Konzentration extrazellulär (mmol/L)
K^+	120–155	4–5
Na^+	5–15	140–150
Cl^-	4–5	120–130
organische Anionen	155	0

Tab. 9: Verteilung ausgewählter Ionensorten an der Nervenzellmembran

Anion: negativ geladenes Ion

Für die auf der Innenseite hoch konzentrierten Kaliumionen sind Ionenkanäle dauerhaft geöffnet, während Natrium- und Chloridionen die Membran nur in geringem Maße passieren können. Für organische Anionen (z. B. anionische Proteine) ist die Membran undurchlässig.

K⁺-Ionen diffundieren durch die geöffneten Kanäle aufgrund ihres Konzentrationsgefälles (**chemischer Gradient**) nach außen. Als Folge dieses Ausstroms positiver Ladungen und des Zurückbleibens negativer Ladungen tritt eine Ladungsdifferenz (**elektrischer Gradient**) auf. Da die aus beiden Gradienten resultierenden Triebkräfte gegenläufig sind, stellt sich ein **elektrochemisches Gleichgewicht** ein, bei dem der K⁺-Einstrom genau dem Ausstrom von K⁺-Ionen entspricht. Auf diesem K⁺-Gleichgewichtspotenzial beruht hauptsächlich das gemessene Ruhepotenzial, weicht davon allerdings leicht ins Positive ab, da in geringerem Umfang auch Na⁺-Ionen ins Zellinnere dringen (**Na⁺-Leckströme**). Auf Dauer könnte daher das Ruhepotenzial nicht aufrechterhalten werden. **Natrium-Kalium-Pumpen**, die durch aktiven Transport pro Molekül ATP drei Na⁺-Ionen aus der Zelle und zwei K⁺-Ionen in die Zelle befördern, wirken der Positivierung des Ruhepotenzials entgegen.

Natrium-Kalium-Pumpe: Carrierprotein in der Zellmembran

1.3 Erregungsleitung am Axon durch Aktionspotenziale

Ablauf eines Aktionspotenzials

Aktionspotenziale (APs) sind kurze, gleichförmige Änderungen des Membranpotenzials, die Erregung in Nervenzellen fortleiten. Entscheidend für ihre Entstehung sind **spannungsgesteuerte K⁺- und Na⁺-Ionenkanäle** in der Axonmembran. Wird das Membranpotenzial des Axons z. B. durch elektrische Reizung auf ca. – 50 mV, das **Schwellenpotenzial**, verringert, öffnen sich spannungsgesteuerte Na⁺-Ionenkanäle und Na⁺-Ionen strömen gemäß ihrem elektrochemischen Gradienten blitzartig in das Zellinnere. Die resultierende **Depolarisation** erhöht die Na⁺-Permeabilität weiter und es kommt durch positive Rückkopplung zur Ladungsumkehr an der Membran bis auf ein Potenzial von ca. + 30 mV. Schon nach ca. 1 ms schließen sich die Na⁺-Ionenkanäle wieder und bleiben kurzzeitig inaktivierbar (**absolute Refraktärzeit**), sodass sich unmittelbar kein weiteres Aktionspotenzial auslösen lässt. Etwas später als die Na⁺-Ionenkanäle öffnen sich **spannungsgesteuerte K⁺-Ionenkanäle**. Aufgrund des Konzentrationsgefälles und des positiven Ladungsüberschusses im Zellinneren strömen K⁺-Ionen schnell aus, sodass das Zellinnere wieder negativ und die Axonmembran **repolarisiert** wird. Da die K⁺-Permeabilität erst allmählich abnimmt, kommt es sogar zu einer kurzzeitigen **Hyperpolarisation** auf einen gegenüber dem Ruhepotenzial negativeren Wert. Die Wiederher-

Depolarisation: Positivierung des Membranpotenzials

Refraktärzeit: Zeitraum, in dem eine erneute Stimulation keine Reaktion auslöst

Hyperpolarisation: Negativierung des Membranpotenzials

stellung der ursprünglichen Ionenverteilung wird durch die Aktivität von Natrium-Kalium-Pumpen (siehe S. 139) gewährleistet.

Nach Ende der absoluten Refraktärzeit können während der **relativen Refraktärzeit** (ca. 3 ms) Aktionspotenziale nur mit geringerer Amplitude ausgelöst werden. Außer während der Refraktärphase laufen Aktionspotenziale aber zeitlich und in der Amplitudenhöhe immer gleich ab, sie folgen dem **Alles-oder-nichts-Gesetz**.

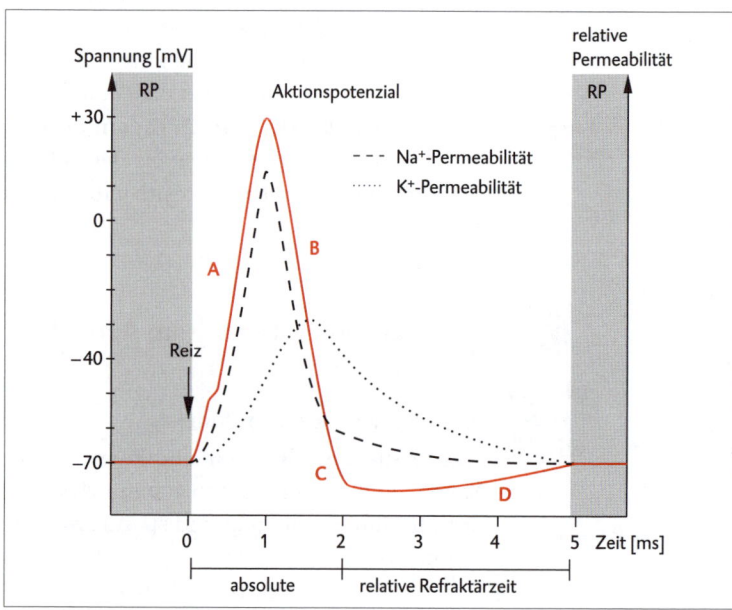

Abb. 69: Verlauf eines Aktionspotenzials mit den Phasen Depolarisation (A), Repolarisation (B), Hyperpolarisation (C) und Rückkehr zum Ruhepotenzial (D); RP: Ruhepotenzial

Weiterleitung von Aktionspotenzialen

Läuft ein Aktionspotenzial an einer Membranstelle ab, bewirken lokale Ionenströme (Ionenverschiebungen, „Kreisströmchen"), dass die Depolarisation der Membran auf die Nachbarregion des Axons übergreift, sodass sich hier ebenfalls spannungsabhängige Na^+-Ionenkanäle öffnen und ein Aktionspotenzial gebildet wird. Auf diese Weise pflanzt sich das Signal entlang des Axons **unabgeschwächt** unter ständiger Neubildung von Aktionspotenzialen fort, man spricht von **kontinuierlicher Erregungsleitung** (Abb. 70). Die Aktionspotenziale werden dabei nur in eine Richtung, vom Axonhügel zu den synaptischen Endknöpfchen, weitergeleitet, da die spannungsabhängigen Na^+-Ionenkanäle während der Repolarisationsphase kurzzeitig nicht aktivierbar sind (absolute Refraktärzeit).

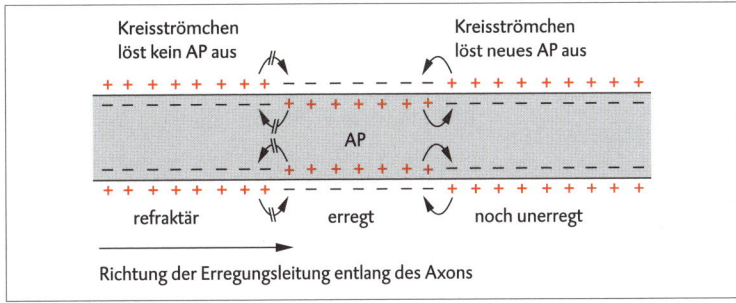

Abb. 70: Schema der Ladungsverteilung bei der kontinuierlichen Erregungsleitung

Die Ausbreitungsgeschwindigkeit von Aktionspotenzialen steigt mit dem Axondurchmesser. Selbst Riesenaxone bei Tintenfischen (Durchmesser bis zu 1 mm) leiten jedoch die Erregung mit ca. 20 m/s deutlich langsamer als die am schnellsten leitenden Nervenfasern der Wirbeltiere (ca. 100 m/s bei 0,02 mm Axondurchmesser). Deren Axone sind von Myelinscheiden (siehe S. 137) umgeben, die elektrisch isolierend wirken. In den Bereichen der Umwicklung gibt es auch nur sehr wenige Ionenkanäle. Dort können also keine Aktionspotenziale gebildet werden. Nur an den **ranvierschen Schnürringen** (siehe S. 137) steht das Axon in Kontakt mit der extrazellulären Flüssigkeit und eine hohe Dichte spannungsgesteuerter Na^+-Ionenkanäle ermöglicht hier die Entstehung von Aktionspotenzialen. Die Depolarisation an einem Schnürring kann sich daher sehr schnell über Ionenverschiebungen zum benachbarten Schnürring ausbreiten, sodass Aktionspotenziale von Schnürring zu Schnürring zu „springen" scheinen, man spricht von **saltatorischer Erregungsleitung**. Auf diese Weise wird einerseits die Leitungsgeschwindigkeit gegenüber nicht myelinisierten Neuronen deutlich erhöht und andererseits werden Zellmaterial und Energie eingespart, da z. B. nur an den Schnürringen Natrium-Kalium-Pumpen benötigt werden.

NEURONALE INFORMATIONSVERARBEITUNG

48 Um die beim Menschen vorkommende Autoimmunerkrankung „Multiple Sklerose" (MS) näher untersuchen zu können, wird bei Mäusen die Erkrankung „Experimentelle Autoimmune Enzephalomyelitis" (EAE) induziert, die ähnliche Symptome wie MS aufweist.
Sowohl bei MS wie auch bei EAE kommt es zu einer als Demyelinisation bezeichneten Zerstörung der Myelinscheide der Axone von Nervenzellen. Hiervon kann auch der Hippocampus betroffen sein.
Skizzieren Sie eine von EAE betroffene motorische Nervenzelle einer Maus und erläutern Sie, welche Auswirkungen die Demyelinisation auf die Erregungsweiterleitung im Neuron und auf die Funktion der innervierten Muskulatur hat.
ABI Bayern (Jahrgang 2019, Aufgabe C1/4.2) AFB I–II ➜ 10 BE von 40

> **TIPP** ▶
> Anhand der Anzahl der zu vergebenden Bewertungseinheiten können Sie rückschließen, wie tiefgehend Ihre Lösung ausfallen sollte. Da hier für eine Reproduktionsaufgabe relativ viele BEs veranschlagt sind, wird eine ausführliche Lösung verlangt.

49 Beschreiben Sie das Zustandekommen und die Aufrechterhaltung des Ruhepotenzials!
ABI Bayern (Jahrgang 2016, Aufgabe A1/2.1) AFB I ➜ 9 BE von 40

50 Das Nervensystem von Tintenfischen der Gattung *Loligo* wird aufgrund des großen Durchmessers der Axone seit Jahrzehnten in neurobiologischen Experimenten verwendet. Bei einem dieser Experimente konnte gezeigt werden, dass bei Kontakt mit dem Toxin GbTX (Giftstoff) rasch sehr viele Aktionspotenziale am Tintenfisch-Axon ausgelöst werden.

50.1 Erklären Sie den Verlauf des Aktionspotenzials eines typischen Neurons anhand eines Diagramms mithilfe der Ionentheorie.
ABI Bayern (Jahrgang 2019, Aufgabe C2/2.1) AFB II ➜ 8 BE von 40

> **TIPP** ▶
> Legen Sie das Diagramm unbedingt sorgfältig (Lineal) und groß genug an, um eine übersichtliche Grafik zu erhalten.

50.2 Bei reizphysiologischen Untersuchungen an Axonen von *Loligo* werden die extrazellulär vorliegenden Natrium-Ionen vollständig durch Calcium-Ionen ersetzt. Begründen Sie, ob diese Veränderung Auswirkungen auf das Aktionspotenzial hat.
ABI Bayern (Jahrgang 2019, Aufgabe C2/2.2) AFB I ➜ 3 BE von 40

> **TIPP** ▶
> Machen Sie sich bei solchen und ähnlichen Aufgabenstellungen (sofern es nicht verlangt ist) keine Gedanken darüber, wie etwas passiert. Nehmen Sie in diesem Fall die Tatsache, dass die Natrium-Ionen durch Calcium-Ionen ersetzt wurden, einfach als gegeben hin.

50.3 Der Ablauf eines einzelnen Aktionspotenzials bleibt bei Gabe von GbTX nahezu unverändert. Es konnten jedoch Veränderungen im Ruhepotenzial beobachtet werden, die in der folgenden Abbildung dargestellt sind.

NEURONALE INFORMATIONSVERARBEITUNG

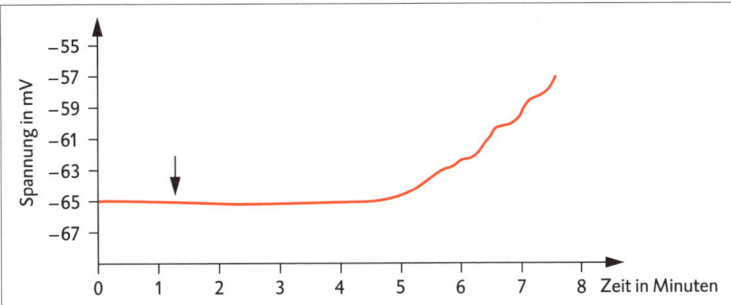

Veränderung des Ruhepotenzials am Axon eines Tintenfisches nach Gabe von GbTX (Pfeil) (verändert nach: M. Westerfield et al.: How Gymnodinium breve red tide toxin(s) produce repetitive firing in squid axons. In: American J. of Physiology (Cell Physiology), 232 (1) (1977), S. 23–29)

Erklären Sie mithilfe der Abbildung, weshalb es bei der Gabe von GbTX zur spontanen Auslösung von Aktionspotenzialen kommt.
ABI Bayern (Jahrgang 2019, Aufgabe C2/2.3) AFB II ➜ 4 BE von 40

> **TIPP** ▶
> Hier ist nicht nach dem Wirkmechanismus des GbTX gefragt (dieser wird auch weder als Vorwissen vorausgesetzt, noch ist er dem Aufgabentext zu entnehmen); es geht lediglich darum zu erklären, warum die beobachtete Wirkung das Auslösen von APs begünstigt.

51 Ursachen für Schwerhörigkeit können neben Schädigungen im Mittelohr oder im Gehirn u. a. auch im Innenohr zu finden sein.
Im Innenohr der Säugetiere befinden sich die Hörsinneszellen, die an ihrer Oberseite feine Härchen besitzen. Diese Härchen sind in den mit Flüssigkeit gefüllten Schneckengang eingebettet. Werden Schwingungen auf das Innenohr übertragen, treten Wellen auf, die zur Auslenkung der Sinneszellhärchen führen. Abbildung 1 zeigt die Sinneszellen mit unterschiedlicher Ablenkung ihrer Härchen und die daraus resultierenden Vorgänge.

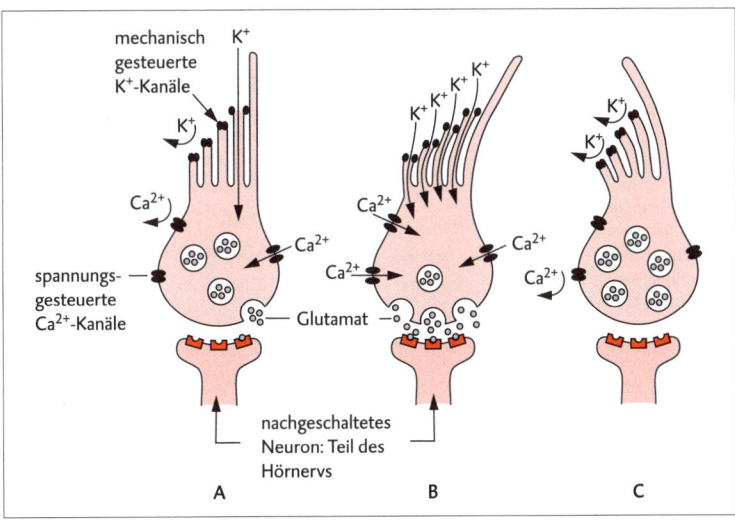

Abb. 1: Sinneszellen im Innenohr mit unterschiedlicher Auslenkung ihrer Härchen
(verändert nach: C. D. Moyes, P. M. Schulte (2008): Tierphysiologie, Pearson Verlag, S. 299)

Bei einer neurophysiologischen Untersuchung ergaben sich die in Abbildung 2 angegebenen Membranpotenziale an den Sinneszellen bei den in Abbildung 1 bezeichneten Zuständen A, B und C.

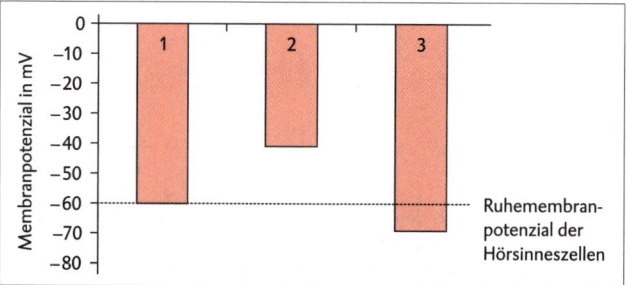

Abb. 2: Membranpotenziale an den Sinneszellen

Erläutern Sie mithilfe der Abbildungen 1 und 2 die Vorgänge, die zur Ausbildung der Potenziale 2 und 3 führen.
ABI Bayern (Jahrgang 2017, Aufgabe C2/1.1) AFB II → 9 BE von 40

52 Manche Nationalparks sind unmittelbar von Farmland umgeben. In den Grenzgebieten zwischen Nationalparks und Farmland kommt es immer wieder zu Konflikten zwischen Bauern und Elefanten. Die auf die Schutzgebiete zurückgedrängten Elefanten fallen auf den umliegenden Feldern ein. Sie zerstören die Ernte und nehmen den Nutztieren und den Menschen die Nahrung. Es wird deshalb ständig nach neuen Methoden geforscht, um die Elefanten von den Feldern fernzuhalten.
In Simbabwe gelang es den Farmern, die Elefanten durch einen Ring von Chilisträuchern, den sie um ihre Felder pflanzten, abzuwehren. Der in Chilischoten enthaltene Stoff Capsaicin entfaltet bei Elefanten eine ähnliche Wirkung wie beim Menschen. Er aktiviert Nozizeptoren, Endigungen spezifischer in der Haut und Mundschleimhaut vorkommender Nervenzellen, indem er an Calciumionenkanäle in der Membran der Nozizeptoren bindet und so die Öffnung dieser Ionenkanäle bewirkt. Das infolgedessen in den Nozizeptoren ausgelöste Aktionspotential wird über Nervenbahnen zum Gehirn geleitet und dort als schmerzartige Empfindung wahrgenommen.

> **TIPP** ▸
> Alle relevanten Informationen zum Mechanismus der Öffnung der Calciumionenkanäle finden Sie im vorletzten Satz dieses Aufgabentextes. Überlegen Sie sich davon ausgehend, wie es zur Öffnung der Natrium- und Kaliumionenkanäle der Nervenzelle kommt.

	intrazellulär	extrazellulär
Calciumionenkonzentration in mmol / l	10^{-4}	2

Calciumionenkonzentration im Zellplasma von Nozizeptoren und extrazellulär vor der Bindung von Capsaicin
(Daten nach: D. E. Clapham (1997): Some like it hot: spicing up ion channels. In: Nature, Macmillan Publishers, Vol. 389, Oct. 1997, S. 783–784)

Vergleichen Sie den Mechanismus, der zur Öffnung der Calciumionenkanäle in der Membran der Nozizeptoren führt, mit dem Mechanismus, der die Ionenkanäle öffnet, die an der Weiterleitung eines Aktionspotenzials innerhalb einer Nervenzelle maßgeblich beteiligt sind!

ABI Bayern (Jahrgang 2015, Aufgabe B2/3.2.2) AFB II → 5 BE von 40

2 Bau und Funktion von Synapsen

Die Informationsübertragung von einem Neuron zum anderen oder zu weiteren Zielzellen wie Muskel- oder Drüsenzellen geschieht an speziellen Kontaktstellen, den Synapsen. Synapsen, bei denen die Informationen schnell über direkte Zell-Zell-Kontakte in Form von Aktionspotenzialen übertragen werden, heißen elektrische Synapsen. Bei den häufigeren **chemischen Synapsen** sind die Zellen durch einen schmalen Spalt (ca. 25 nm) voneinander getrennt. Aktionspotenziale, die an der präsynaptischen Membran der Endknöpfchen ankommen, werden daher mithilfe von **Neurotransmittern** in chemische Signale transformiert und an der postsynaptischen Membran des nachgeschalteten Neurons (interneurale Synapse) oder der Muskelzelle (**neuromuskuläre Synapse**) erneut in elektrische Signale umgewandelt.

chemische Synapse: Synapse, bei der die Informationsübertragung über Botenstoffe erfolgt

Neurotransmitter: Botenstoffe chemischer Synapsen

2.1 Erregungsübertragung an chemischen Synapsen

Abb. 71 zeigt die Vorgänge bei der Erregungsübertragung an einer neuromuskulären Synapse (**motorischen Endplatte**) mit dem Neurotransmitter Acetylcholin.

Acetylcholin: Neurotransmitter des zentralen und peripheren Nervensystems, u. a. an neuromuskulären Synapsen

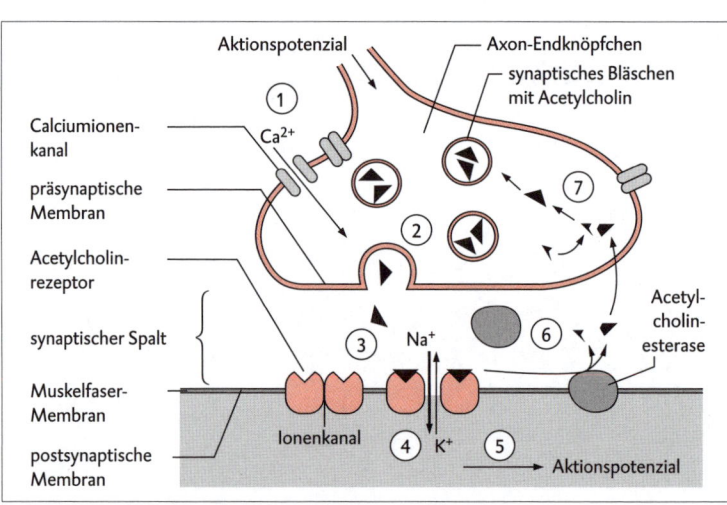

Abb. 71: Erregungsübertragung an einer neuromuskulären Synapse

1 Das am Endknöpfchen einlaufende Aktionspotenzial bewirkt dort die Öffnung spannungsgesteuerter Calciumionenkanäle. Entsprechend dem Konzentrationsgefälle erfolgt ein Einstrom von Ca^{2+}-Ionen in das Endknöpfchen.

2 Ca^{2+}-Ionen bewirken, dass mit Acetylcholin gefüllte **Vesikel** mit der präsynaptischen Membran verschmelzen und ihren Inhalt in den synaptischen Spalt entleeren.
3 Acetylcholinmoleküle diffundieren zur postsynaptischen Membran und binden dort an spezifische **Acetylcholinrezeptoren**, die Teil ligandengesteuerter Ionenkanäle sind.
4 Durch zweifache Bindung des Liganden Acetylcholin öffnet sich durch Konformationsänderung der Kationenkanal und vor allem Na^+-Ionen strömen in die postsynaptische Zelle ein.
5 Die postsynaptische Membran der Muskelzelle wird dadurch lokal depolarisiert. Das entstehende **Endplattenpotenzial** breitet sich passiv entlang der Membran unter Abschwächung aus. Außerhalb des synaptischen Bereichs wird ein Aktionspotenzial ausgelöst, das zur Muskelkontraktion führt.
6 Acetylcholin wird im synaptischen Spalt von dem Enzym **Acetylcholinesterase** in Cholin und Acetat gespalten und so inaktiviert. Wenn nicht mehr genügend Acetylcholin zur Bindung an die Rezeptoren zur Verfügung steht, schließen sich die Na^+-Ionenkanäle.
7 Cholinmoleküle werden durch die präsynaptische Membran transportiert und (mit Acetyl-Coenzym A) zur Resynthese von Acetylcholin genutzt.

An zentralen, interneuronalen Synapsen (siehe S. 148) ist der Ablauf ähnlich, wobei hier auch andere Transmitter, u. a. Glutamat und Dopamin, wirken.

ligandengesteuert: durch Bindung eines Liganden aktivierbar

Kationenkanal: Ionenkanal, der für positiv geladene Ionen durchlässig ist

Acetylcholinesterase: Enzym im synaptischen Spalt, das Acetylcholin abbaut

2.2 Erregende und hemmende Synapsen

Je nach Transmittertyp und Rezeptoren in der postsynaptischen Membran gibt es **erregende** und **hemmende Synapsen**. Bei erregenden Synapsen entsteht infolge der Transmitterausschüttung ein **erregendes postsynaptisches Potenzial (EPSP)**. Bei hemmenden Synapsen wird nach Eintreffen von Aktionspotenzialen z. B. der Transmitter **GABA** aus der Präsynapse freigesetzt. GABA öffnet in der postsynaptischen Membran Cl^--Ionenkanäle, sodass der Einstrom negativ geladener Cl^--Ionen verstärkt und die postsynaptische Membran hyperpolarisiert wird. Man spricht von einem **inhibitorischen postsynaptischen Potenzial (IPSP)**.

An chemischen Synapsen ist die Menge der ausgeschütteten Transmittersubstanzen i. d. R. proportional zur Frequenz der präsynaptisch einlaufenden Aktionspotenziale. Je größer die Transmittermenge, desto

GABA: γ-Aminobuttersäure, Neurotransmitter vorwiegend hemmender Synapsen stärker ist die Ausprägung der PSPs an der postsynaptischen Membran (Amplitudenmodulation).

Signalverrechnung durch zeitliche und räumliche Summation

Neuronen erhalten als Bestandteile neuronaler Netzwerke eine Fülle von Signalen über erregende und hemmende Synapsen. Bei der Verarbeitung dieser Informationen werden die jeweiligen postsynaptischen Potenziale (EPSPs oder IPSPs), die infolge synaptischer Erregungsübertragung an der Zellmembran entstehen, **summiert**:

- Einzelne, kurz aufeinanderfolgende PSPs an einer einzigen Synapse addieren sich **(zeitliche Summation)**. Handelt es sich um EPSPs, ergibt sich dadurch eine Verstärkung der Depolarisation, handelt es sich um IPSPs, eine Verstärkung der Hyperpolarisation der postsynaptischen Membran.
- Gehen über mehrere Synapsen gleichzeitig postsynaptische Signale ein, überlagern sich diese PSPs, wenn sie sich entlang der Membran in Richtung Axonhügel ausbreiten **(räumliche Summation)**. Dabei schwächt z. B. ein IPSP ein EPSP ab oder hebt es ganz auf (Abb. 72).

Der Potenzialverlauf, der sich infolge dieser zeitlichen und räumlichen Überlagerung ergibt, wird zum Axonhügel (unter Abschwächung) weitergeleitet, wo die Umcodierung in Aktionspotenziale erfolgt. Nur wenn die Potenzialänderung dort das Schwellenpotenzial erreicht, wird ein Aktionspotenzial ausgelöst. Dabei gilt, dass die Stärke der Depolarisation (bzw. des Reizes) durch die Frequenz der Aktionspotenziale codiert wird (Frequenzmodulation), während sich die Länge der Depolarisation in der Dauer der Aktionspotenzialfolge widerspiegelt.

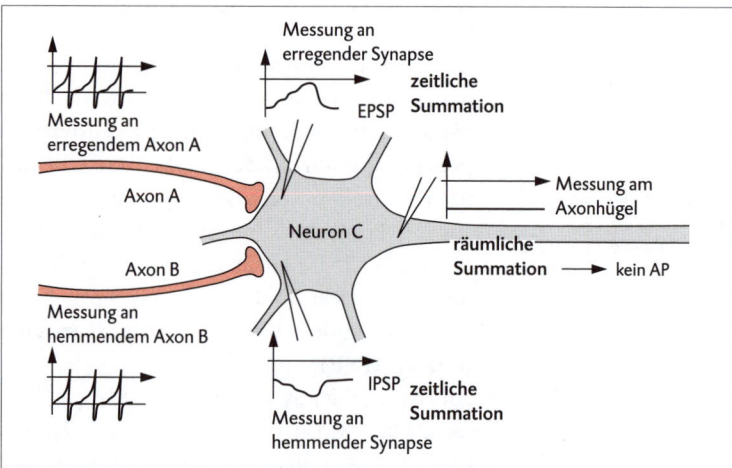

Abb. 72: Beispiel zum Prinzip der zeitlichen und räumlichen Summation

2.3 Nervengifte, Medikamente und Suchtmittel

Die Funktion der Synapsen kann durch Nervengifte vielfältig beeinflusst werden. Viele **Neurotoxine** (und daraus entwickelte Medikamente) entfalten ihre Wirkung auf der Synapsenebene. Meist sind sie synapsenspezifisch und wirken entweder prä- oder postsynaptisch oder im synaptischen Spalt:

- **Präsynaptisch** können Synapsengifte die Verschmelzung der transmittergefüllten Vesikel mit der Membran verhindern, sodass die Erregungsübertragung unterbleibt. Das **Botulinumtoxin** wirkt auf diese Art z. B. an neuromuskulären Synapsen, sodass es nicht zur Muskelkontraktion kommt und Lähmungen (ggf. Atemlähmung) eintreten.
- Im **synaptischen Spalt** können Nervengifte die Acetylcholinesterase blockieren, sodass Acetylcholin im synaptischen Spalt nicht abgebaut wird. An neuromuskulären Synapsen resultiert so durch Offenhaltung der postsynaptischen Na^+-Ionenkanäle eine Dauererregung. Anhaltende Krämpfe, die ebenfalls in eine (starre) Lähmung mit Atemstillstand übergehen können, sind die Folge. **Fasciculin** hemmt das Enzym z. B. allosterisch, synthetisch hergestellte Stoffe wie das Insektizid **E605** und chemische Kampfstoffe wie z. B. **Sarin** und **Tabun** (Phosphorsäureester) hemmen es irreversibel.
- An der **postsynaptischen** Membran können Substanzen an Transmitterrezeptoren, z. B. Acetylcholinrezeptoren, binden und so die Erregungsübertragung beeinflussen. **Nicotin** bindet z. B. als Agonist an Acetylcholinrezeptoren und aktiviert diese wie Acetylcholin. Da es nicht von der Acetylcholinesterase abgebaut wird, hat es eine länger anhaltende Wirkung u. a. an motorischen Endplatten und Rezeptoren des vegetativen Nervensystems. In geringen Dosen hat es einen stimulierenden Effekt, hohe Dosen verursachen Vergiftungen. Als Antagonist zu Acetylcholin besetzt und blockiert das Pfeilgift **Curare** Acetylcholinrezeptoren an neuromuskulären Synapsen quergestreifter Muskulatur. Die Na^+-Ionenkanäle der postsynaptischen Membran werden nicht geöffnet, sodass die synaptische Übertragung unterbleibt. Es kommt zu Muskellähmungen und ggf. Atemlähmung (schlaffe Lähmung). Da Curare die Herzmuskulatur nicht beeinflusst und reversibel bindet, ist es bei Operationen zur Entspannung bestimmter Muskeln unter künstlicher Beatmung einsetzbar. Auch **Atropin** bindet als Antagonist an Acetylcholinrezeptoren, allerdings im parasympathischen Nervensystem, sodass es zur Aktivierung des Sympathikus kommt (u. a. Herzfrequenzsteigerung, Pupillenweitung und Hemmung der Verdauungstätigkeit).

Neurotoxin: giftiger, nervenzellschädigender Stoff

Botulinumtoxin: neurotoxisches Protein aus dem Bakterium *Clostridium botulinum*

Fasciculin: neurotoxisch wirkendes Protein der Grünen Mamba

Agonist: hier: Stoff, der durch Bindung an Rezeptor eine Signalkette in der zugehörigen Zelle aktiviert

vegetatives Nervensystem (VNS): autonomes, nicht willkürlich steuerbares NS

Antagonist: Gegenspieler eines Agonisten bei Konkurrenz um Rezeptorbindestellen, der eine Aktivierung der zellulären Signalkette verhindert

Parasympathikus: Teil des vegetativen NS; erhöht bei Aktivierung den Ruhezustand und die Stoffwechseltätigkeit

Sympathikus: Teil des vegetativen NS; vermittelt bei Aktivierung erhöhte Aktionsbereitschaft

Da viele der Toxine gegensätzliche Wirkungen haben, lassen sich Vergiftungen durch Nervengifte z. T. durch die Verabreichung anderer Toxine behandeln (z. B. Atropingabe bei Sarin-Vergiftung).

Wirkung von Rauschmitteln

Drogen sind (laut WHO) direkt auf das ZNS wirkende Substanzen, die einen negativ wahrgenommenen Zustand abmildern oder einen als angenehm empfundenen Zustand hervorrufen. Neben Genussmitteln wie Kaffee, Nicotin oder Alkohol zählen dazu u. a. Cannabiserzeugnisse (Haschisch, Marihuana), Kokain, Heroin und weitere Opiate sowie synthetische Stimulanzien, z. B. Amphetamine. Bei vielen Substanzen kann wiederholter Konsum zu einer Abhängigkeit führen.

Eine ähnliche Wirkung wie Opiate (z. B. Morphin) haben **Endorphine**, körpereigene Neurotransmitter, die z. B. in Stress- und Notfallsituationen ausgeschüttet werden. Indem sie an Opiatrezeptoren binden, die sich an Neuronen u. a. im Hypothalamus, im limbischen System und im Rückenmark befinden, bewirken sie intrazellulär u. a. eine Senkung des cAMP-Spiegels (über Hemmung der Adenylatcyclase), was u. a. eine verringerte Transmitterausschüttung der entsprechenden Zelle zur Folge hat. Auf diese Weise lösen Endorphine eine Stimmungsaufhellung bzw. schmerzstillende Wirkung (an Rezeptoren im Rückenmark) aus.

Die **Abhängigkeit** von Drogen kann sich substanzabhängig sowohl im starken **psychischen** Drang nach erneuter Einnahme als auch in **physischen** Symptomen, Entzugserscheinungen wie Schwitzen oder Erbrechen, zeigen. Auf zellulärer Ebene könnte die Ursache solcher Entzugserscheinungen (im Fall der Abhängigkeit von Opiaten) damit erklärt werden, dass der Organismus dem morphinvermittelten erniedrigten cAMP-Spiegel entgegenwirkt, indem vermehrt Adenylatcyclase-Proteine gebildet werden. Dadurch tritt einerseits ein Gewöhnungseffekt ein, andererseits steigt bei Absetzen des Morphins die cAMP-Konzentration deutlich höher als unter Normalbedingungen, was die entsprechenden Reaktionen auslösen könnte.

Bei der Wirkung und der Entwicklung einer Abhängigkeit von Drogen spielt das körpereigene **Belohnungssystem** im mesolimbischen System eine wichtige Rolle. Es ist u. a. für Lernprozesse bedeutsam und umfasst Neuronen, die Dopamin ausschütten, mit vielen anderen Gehirnbereichen vernetzt sind und die Ausschüttung von Endorphinen anregen. Viele Drogen wirken direkt auf dieses System, z. B. erhöht Kokain die Dopaminausschüttung, indem es Dopamin-Rücktransportproteine blockiert. Aber auch Abhängigkeiten, die auf nicht stoffliche Substanzen zurückgehen, wie z. B. Spielsucht, sind mit Aktivierung des Belohnungssystems erklärbar.

WHO: World Health Organization, Weltgesundheitsorganisation

Morphin: als Schmerzmittel zugelassenes Opiat

Endorphine: Opioidpeptide, **end**ogene M**orphine**

Hypothalamus: Steuerzentrale des vegetativen Nervensystems im Zwischenhirn

limbisches System: Verbund verschiedener Gehirnstrukturen, der u. a. für die Integration emotionaler Inhalte zuständig ist

cAMP: zyklisches Adenosinmonophosphat, intrazellulärer Botenstoff

Adenylatcyclase: Enzym, das die Bildung von cAMP katalysiert

mesolimbisches System: Teil des limbischen Systems mit dopaminergen Neuronen, „Belohnungssystem"

Dopamin: hauptsächlich erregender Neurotransmitter des zentralen Nervensystems

53 Kegelschnecken sind räuberisch lebende Weichtiere der tropischen und subtropischen Meere. Bei den Nervenzellen der Kegelschnecken wurden neben den chemischen Synapsen auch elektrische Synapsen entdeckt.

Die elektrische Synapse besteht aus kleinen, durch Protein-Moleküle gebildeten Kanälen. Diese Kanäle werden von zwei Zellen gebildet und verbinden diese, indem sie die jeweilige Membran durchdringen und den Zwischenzellraum überbrücken. Dadurch wird ein direkter Kontakt zwischen den Nervenzellen möglich, der eine fast verzögerungsfreie Übertragung, die prinzipiell in beide Richtungen verlaufen kann, ermöglicht.

Stellen Sie wesentliche strukturelle und funktionelle Unterschiede chemischer Synapsen gegenüber elektrischer Synapsen dar!

ABI Bayern (Jahrgang 2014, Aufgabe B2/2.1.2) AFB I ➔ 4 BE von 40

> **TIPP** ▶
> Elektrische Synapsen müssen Ihnen nicht aus dem Unterricht bekannt sein. Alle für den Vergleich benötigten Informationen zu diesem Synapsentyp sind dem Aufgabentext zu entnehmen.

54 Acetylcholin vermittelt die Erregungsübertragung zwischen Nerv und Muskel, stellt u. a. aber auch einen wichtigen Transmitter im zentralen Nervensystem (ZNS) dar.

Im folgenden Diagramm sind die postsynaptischen Potenziale (PSP) einer Muskelzelle und einer Nervenzelle des ZNS dargestellt.

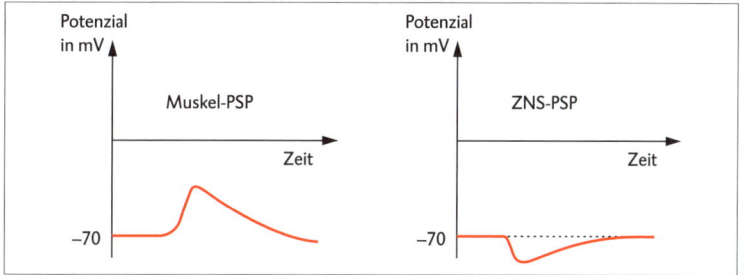

Potenzialänderungen an postsynaptischen Membranen, ausgelöst durch Acetylcholin
(B. Schnitzer, R. Emmerich; http://www.schulebw.de/unterricht/faecher/biologie/material/zelle/nerven2/synapse_pics/image 102.gif, Landesbildungsserver Baden-Württemberg, zuletzt aufgerufen am 10. 12. 2013)

Geben Sie jeweils die Auswirkung von Acetylcholin auf die Informationsweiterleitung an den postsynaptischen Membranen an und erläutern Sie den Verlauf der beiden postsynaptischen Potenziale unter Bezugnahme auf die Ionenebene!

ABI Bayern (Jahrgang 2014, Aufgabe B1/3) AFB I–II ➔ 8 BE von 40

> **TIPP** ▶
> Laut Aufgabenstellung ist nur eine Erläuterung des Potenzialverlaufes auf der Ionenebene verlangt, aber keine Zuordnung der beiden dargestellten Kurven. Es bietet sich aber an, diese trotzdem vorzunehmen.

55 Neuromuskuläre Synapsen gehören zu den erregenden Synapsen. Als Transmitter fungiert Acetylcholin, welches durch das Enzym Acetylcholinesterase wieder gespalten wird. Jede Kegelschneckenart besitzt für den Beutefang einen Giftcocktail, zu dem u. a. α-Conotoxin gehört, das an die Acetylcholinrezeptoren der postsynaptischen Membran bindet und diese reversibel blockiert.

Messungen der Acetylcholinkonzentration im synaptischen Spalt nach einer Einzelerregung am Axon führten zu den in der Abbildung dargestellten Ergebnissen.

> **TIPP** ▶
> Bevor Sie mit der Bearbeitung einer Aufgabe beginnen, ist es hilfreich, kurz zu untersuchen, welchen Bezug zum Unterrichtsstoff in der Aufgabenstellung thematisierte, auf den ersten Blick unbekannte Sachverhalte haben.
> Die beschriebene Giftwirkung beispielsweise haben Sie im Unterricht wahrscheinlich anhand des Wirkstoffs Curare kennengelernt.

Acetylcholinkonzentration im synaptischen Spalt nach einer Einzelerregung

55.1 Erläutern Sie, ob die dargestellte Giftwirkung auf α-Conotoxin zurückzuführen ist!
ABI Bayern (Jahrgang 2014, Aufgabe B2/2.2.1) AFB II ➔ 4 BE von 40

> **TIPP** ▶
> Hier geht es lediglich um eine theoretische Eignung als Gegengift, die vom Wirkprinzip abhängt. Sie müssen nicht beurteilen, ob der Einsatz beispielsweise tatsächlich praktikabel oder sicher wäre.

55.2 Neostigmin ist ein reversibler Acetylcholinesterase-Hemmer, der auch in der Medizin eingesetzt wird.
Beurteilen Sie, ob dieser Wirkstoff als Gegengift für α-Conotoxin geeignet wäre!
ABI Bayern (Jahrgang 2014, Aufgabe B2/2.2.2) AFB III ➔ 4 BE von 40

56 Im Jahr 1948 verabreichte ein Basler Wissenschaftler einigen Radnetzspinnen verschiedene psychoaktive Substanzen, darunter auch Koffein. Ziel dieser und weiterführender Experimente war es, den Einfluss der Substanzen auf den Netzbau zu untersuchen und Rückschlüsse auf ihre Wirkung beim Menschen zu ziehen.
In Synapsen können Koffein-Moleküle an die gleichen Rezeptoren wie Adenosin, ein Abbauprodukt von ATP, binden und diese blockieren.
Die natürliche Wirkung des Adenosins ist in Abbildung 1 dargestellt.

> **TIPP** ▶
> Lassen Sie sich nicht davon irritieren, „woher" das Adenosin kommt. Es geht ausschließlich darum, die Auswirkung des Stoffs auf die Erregungsleitung zu erläutern.

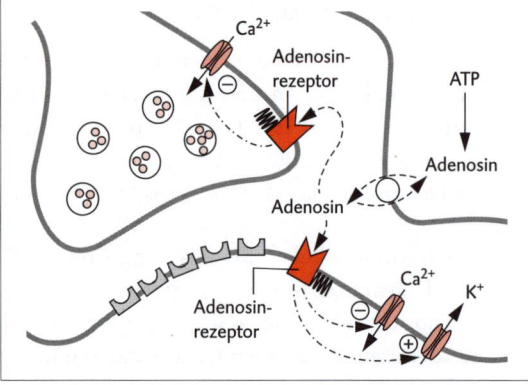

Abb. 1: Verstärkende (+) bzw. hemmende (−) Wirkung des Adenosins auf verschiedene Ionenflüsse in einer Synapse
(verändert nach: www.pharmazeutische-zeitung.de/index.php?id=2523, zuletzt aufgerufen am 18.06.2017)

56.1 Erläutern Sie auf molekularer Ebene die in Abbildung 1 gezeigten Auswirkungen von Adenosin auf die Erregungsweiterleitung.
ABI Bayern (Jahrgang 2018, Aufgabe A1/3.1) AFB II → 8 BE von 40

56.2 Wurde den Spinnen im Experiment Koffein verabreicht, so ließ sich z. B. das in Abbildung 2 dargestellte Ergebnis beobachten.

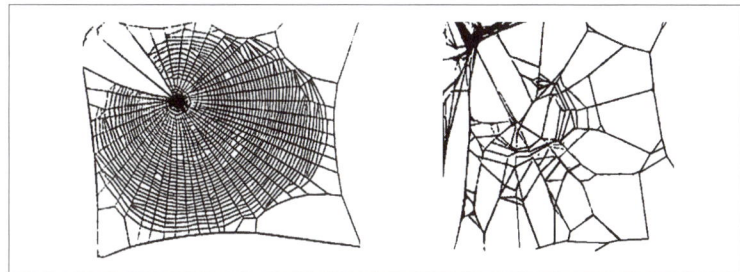

Abb. 2: Netzbau ohne (links) und mit Koffeineinfluss (rechts)
(NASA)

Erklären Sie das Ergebnis des Experiments unter Bezug auf die Wirkungsweise von Koffein an der Synapse.
ABI Bayern (Jahrgang 2018, Aufgabe A1/3.2) AFB II → 4 BE von 40

TIPP ▶
Sie müssen nicht erklären, wie die Wirkung des Koffeins den Netzbau genau beeinflusst. Es reicht aus, den Effekt des Wirkstoffs auf die Erregungsübertragung darzustellen und die Veränderungen beim Netzbau damit ohne nähere Begründung in Verbindung zu setzen.

57 Im Gegensatz zu den pflanzenfressenden Präriehunden sind die Erdmännchen Fleischfresser, die auch in der Lage sind, Skorpione zu erbeuten und zu verspeisen. Da das Gift mancher Skorpione neurotoxisch ist, kommt es ab und zu zur Tötung eines Erdmännchens durch einen Skorpionstich. Das im Skorpiongift enthaltene Protein Bestoxin bindet an die spannungsabhängigen Natriumionenkanäle der Axonmembran der Motoneurone. Das Gift bewirkt bei den Erdmännchen schwere Krämpfe, die zum Tod führen.
Entwickeln Sie eine begründete Hypothese, welche die Wirkung des Bestoxins auf Erdmännchen erklärt!
ABI Bayern (Jahrgang 2015, Aufgabe B1/2.1) AFB III → 4 BE von 40

TIPP ▶
Aufgaben, in denen die Entwicklung einer Hypothese verlangt ist, eröffnen in der Regel mehrere mögliche Lösungsansätze. In diesem Fall lässt die Beschreibung der Giftwirkung aber eigentlich nur einen logischen Schluss zu.

Verhaltensbiologie

1 Genetisch bedingte Verhaltensweisen

1.1 Grundlagen und Methoden der Verhaltensbiologie

Ziel der vergleichenden Verhaltensbiologie (**Ethologie**) ist es, durch spezifische Beobachtungen und Experimente grundlegende Erkenntnisse über die Funktionen und Ursachen von Verhaltensweisen zu gewinnen, wobei der Begriff Verhalten i. d. R. nur für Organismen mit aktiver Fortbewegung verwendet wird. Als **Ethogramme** bezeichnet man die möglichst vollständige Dokumentation der Verhaltensweisen einer Art. Freiland- und Laborexperimente sind Methoden zur Untersuchung von Verhalten. Neben reinen Verhaltensexperimenten kommen auch physiologische Untersuchungen und molekularbiologische Methoden zum Einsatz.

Grundsätzlich lassen sich in der Ethologie Fragen nach den **proximaten (Wirk-)Ursachen** eines Verhaltens (wie?) von Fragen nach den **ultimaten (Zweck-)Ursachen** (warum?) unterscheiden.

Verhalten: alle äußerlich registrierbaren Aktivitäten von Tieren und Menschen

Ethogramm: Verhaltenskatalog einer Art

proximate Ursachen: Erklärung, die nur die unmittelbaren, meist physiologischen Ursachen einer Verhaltensweise berücksichtigt

ultimate Ursachen: Erklärung einer Verhaltensweise aufgrund ihres positiven Selektionswertes, d. h. ihres evolutionsbiologischen Nutzens

1.2 Unbedingte Reflexe

Unbedingte Reflexe sind angeborene, schnell und immer gleich ablaufende, unwillkürliche Reaktionen auf einen bestimmten Reiz, wie z. B. der Lidschluss- oder der Niesreflex. Ihnen liegt ein **Reflexbogen** zugrunde, eine relativ einfache, genetisch festgelegte neuronale Verschaltung (Abb. 73). Bei **monosynaptischen** Reflexen ist ein sensorisches Neuron über nur eine Synapse mit einem motorischen Neuron verknüpft. So wird z. B. beim Kniesehnenreflex durch einen Schlag auf die Sehne des Schienbeinstreckmuskels auch die Muskelspindel gedehnt. Deren afferente Fasern werden aktiviert und leiten Aktionspotenziale ins Vorderhorn des Rückenmarks, wo die Erregungsübertragung auf ein efferentes Motoneuron erfolgt, das die Kontraktion des Streckers bewirkt. Man spricht in diesem Fall, wenn die reizaufnehmende Zelle in demselben Organ wie der Effektor liegt, von **Eigenreflex**. Bei **Fremdreflexen** ist der Reaktionsort nicht identisch mit dem reizwahrnehmenden Organ. Neuronal ist hier mindestens ein Interneuron zwischen die afferente und efferente Faser geschaltet, es handelt sich daher um **polysynaptische** Reflexe.

Reflexbogen: kurze neuronale Verbindung zwischen Rezeptor und Effektor

monosynaptisch: nur über eine Synapse verschaltet

Muskelspindel: Dehnungsrezeptor in Skelettmuskeln, bestehend aus Muskelfasern, die von Nervenfasern umhüllt sind

Eigenreflex: Reflex, bei dem Rezeptor und Effektor in demselben Organ liegen

polysynaptisch: über mehrere Synapsen verschaltet

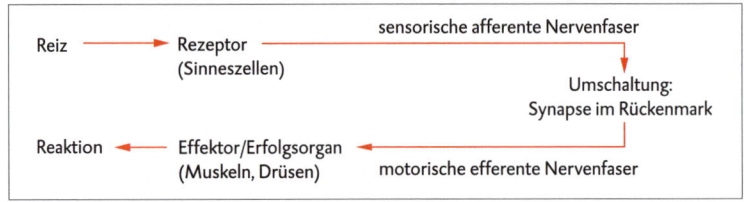

Abb. 73: Schema eines Reflexbogens

Die Funktion der unbedingten Reflexe liegt v. a. im **Schutz** des Organismus vor (potenziell) schädigenden Einflüssen und darin, lebenserhaltendes Verhalten zu gewährleisten (z. B. Saugreflex bei Säuglingen).

1.3 Komplexere Erbkoordinationen bei einfachen Verhaltensweisen

Erbkoordination: angeborene, stereotyp ablaufende Verhaltensweise als Reaktion auf einen bestimmten Reiz

Als komplexere **Erbkoordinationen** (Instinkthandlungen) werden in der klassischen Verhaltensforschung weitgehend angeborene und artspezifische Verhaltensweisen bezeichnet, die auf einen bestimmten äußeren Reiz (Schlüsselreiz) hin relativ formstarr ausgeführt werden. Sie bestehen meist aus mehreren aufeinanderfolgenden Teilbewegungen und sind von der Handlungsbereitschaft des Individuums abhängig. Erbkoordiniert sind z. B. das Putzverhalten bei Schaben, das Beutefangverhalten der Erdkröte und die Einrollbewegung bei bodenbrütenden Vögeln: Rollt ein Ei aus dem Nest, wird es durch eine typische Abfolge von Schnabel- und Halsbewegungen zurück ins Nest befördert.

Voraussetzungen für Erbkoordinationen

Handlungsbereitschaft: Antrieb, der durch die Gesamtheit innerer Faktoren bestimmt wird

Prinzip der doppelten Quantifizierung: innere Bereitschaft und äußerer Reiz werden verrechnet und bestimmen dadurch gemeinsam, ob es zu einem Verhalten kommt

- **Handlungsbereitschaft:** Ob eine Erbkoordination tatsächlich abläuft, hängt nicht nur von der Wirkung des äußeren Reizes, sondern auch vom inneren Antrieb (Motivation) ab. Gemäß dem Prinzip der **doppelten Quantifizierung** ist es notwendig, dass die Summe beider Faktoren einen gewissen Schwellenwert erreicht, damit das Verhalten gezeigt wird. Sowohl ein schwacher Reiz und eine hohe Motivation als auch eine geringe Bereitschaft und ein starker Reiz können grundsätzlich das Verhalten auslösen. So schnappen z. B. Kröten in sehr hungrigem Zustand (hohe Motivation) auch nach Beutetieren, die sie sonst verschmähen würden (schwacher Reiz).

Die Höhe der Handlungsbereitschaft wird von verschiedenen Faktoren beeinflusst. **Endogene** Faktoren sind z. B. der Versorgungszustand (z. B. Hunger, Sattheit), der Hormonspiegel, interne Rhythmen (z. B. innere Uhr), das Alter, das Geschlecht oder vorangegange-

VERHALTENSBIOLOGIE

ne Erfahrungen und Gedächtnisinhalte. **Exogene** Faktoren können externe Zeitgeber sein oder von anderen Organismen ausgehen wie z. B. die Signale eines Artgenossen.

- **Reaktionsauslösende Reize:** Diejenigen Reizmuster, die zur Auslösung einer Erbkoordination notwendig sind, werden **Schlüsselreize** (oder auch Auslöser) genannt. So bewirkt z. B. die Färbung und das Farbmuster der geöffneten Schnäbel von Jungvögeln bei Elternvögeln das Fütterverhalten oder die Erschütterung des Nests durch landende Altvögel das Sperren der Jungvögel.

Was einen Schlüsselreiz ausmacht und aus welchen Reizkomponenten er sich zusammensetzt, kann oft mithilfe von **Attrappenversuchen** aufgeklärt werden. Attrappen sind künstlich nachgebildete, auf die wirksamen Elemente reduzierte Reize. So wurde z. B. gezeigt, dass das aggressive Verhalten von Rotkehlchenmännchen gegenüber männlichen Artgenossen durch die rote Farbe des Brustgefieders ausgelöst wird, indem ein rotes Objekt als Attrappe eingesetzt wurde.

Schlüsselreiz: nach dem Schlüssel-Schloss-Prinzip erkannter Reiz, der eine Erbkoordination auslöst

Attrappe: abwandelbares Imitat der natürlichen Reize

Filtermechanismen

Die körpereigene Instanz, die einen Schlüsselreiz erkennt und daraufhin die Erbkoordination aktiviert, wird in der klassischen Verhaltensbiologie als **angeborener Auslösemechanismus (AAM)** bezeichnet. Auf physiologischer Ebene entspricht er dem Ablauf komplexer neurosensorischer Prozesse. Der AAM bewirkt die **periphere** Filterung derjenigen Reize, die als Schlüsselreize relevant sind, aus der Vielzahl der natürlichen Reize durch die entsprechenden Sinnesorgane. Diese Informationen werden als elektrische Signale zum zentralen Nervensystem (ZNS) geleitet. Dort erfolgt eine **zentrale** Filterung, die weitere Bereiche des ZNS einbindet und einen Vergleich und die Einordnung der Informationen ermöglicht.

angeborener Auslösemechanismus: Verrechnungsinstanzen im ZNS, die Schlüsselreize filtern, prüfen und eine Erbkoordination auslösen

Phasen einer Instinkthandlung

Gemäß der klassischen Ethologie lassen sich vollständige Instinkthandlungen häufig in drei verschiedene Phasen unterteilen: Appetenzverhalten, Taxis und Endhandlung.

- Solange bei ausreichend großer Handlungsbereitschaft das Ziel der Triebbefriedigung (z. B. Beutetier) nicht wahrgenommen wird, zeigt das Tier ein **ungerichtetes Appetenz-** oder **Suchverhalten**. Dafür sind keine spezifischen Außenreize erforderlich.
- Wird der auslösende Reiz (z. B. ein Beutetier) wahrgenommen (Abb. 74 A), wirkt er auf einen AAM und leitet ein **gerichtetes Appetenzverhalten**, eine **Taxis** ein (z. B. die Ausrichtung auf das Beutetier, sodass es fixiert werden kann, Abb. 74 B).

Appetenzverhalten: Suchverhalten bei bestehender Handlungsbereitschaft

Taxis: Ausrichtungsbewegung auf eine Reizquelle hin

Endhandlung: abschließende Handlung eines erbkoordinierten Verhaltens

- Es folgt die formstarr ausgeführte **Endhandlung** (z. B. das Erlegen des Beutetieres), die, einmal begonnen, nicht mehr unterbrochen werden kann (Abb. 74 C). Eine erfolgreich ausgeführte Endhandlung führt zur Antriebsbefriedigung und senkt die Handlungsbereitschaft.

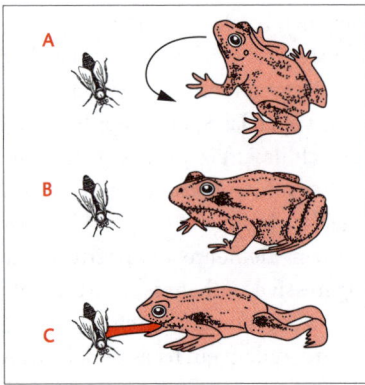

Abb. 74: Phasen einer Instinkthandlung am Beispiel des Beutefangverhaltens einer Erdkröte

1.4 Experimentelle Hinweise auf erbbedingtes Verhalten

Um zu ermitteln, ob das Verhalten eines Tieres, z. B. seine Reaktion auf einen Schlüsselreiz, angeboren ist und nicht nachgeahmt, also erlernt wurde, können Tiere isoliert, also unter spezifischem **Erfahrungsentzug**, aufgezogen und hinsichtlich des Verhaltens mit im Sozialverband aufgewachsenen Tieren verglichen werden. Wenn z. B. Singvögel, die sofort nach dem Schlüpfen in einem schalldichten Raum vereinzelt wurden, im Laufe der Zeit wie ihre nicht isolierten Artgenossen zu singen beginnen, muss es sich dabei um ein angeborenes Verhalten handeln. Solche auch als **Kaspar-Hauser-Versuche** bezeichneten Isolationsversuche können allerdings je nach Versuchstier und Ausmaß des Erfahrungsentzugs in ethischer Hinsicht und auch in ihrer Aussagekraft anfechtbar sein, da aufgrund der Isolation Nebeneffekte sowie Entwicklungs- und Verhaltensstörungen auftreten können.

Kaspar-Hauser-Versuch: Experiment, bei dem Tiere unter spezifischem Erfahrungsentzug aufgezogen werden

Bei Tieren können auch klassische **Züchtungsexperimente** über angeborenes Verhalten Aufschluss geben, z. B. wenn bei Nachkommen einer Kreuzung Verhaltensmerkmale ausgeprägt sind, die sich aufgrund der elterlichen Phänotypen auf eine Vererbung von Genen nach den mendelschen Regeln zurückführen lassen. Moderne **molekulargenetische Methoden** erlauben es, gezielt einzelne Gene auszuschalten, um zu untersuchen, ob dadurch Verhaltensweisen beeinflusst werden.

Beim **Menschen** kann die **Beobachtung neugeborener Kinder** Aufschluss über angeborene Verhaltensweisen wie z. B. den Saug- und Greifreflex bei Säuglingen geben. Ähneln Verhaltensweisen (taub)blind geborener, also sensorisch teilweise isolierter Menschen denjenigen von Menschen ohne diese Einschränkung, deutet dies auf angeborenes Verhalten hin. Dies ist z. B. bei mimischen Ausdrucksweisen von Freude oder Ärger der Fall. Auch Menschen ganz unterschiedlicher **kultureller Hintergründe** zeigen eine in hohem Maße ähnliche Mimik und ein ähnliches Ausdrucksverhalten. Um genetische Grundlagen von Verhalten zu belegen, sind allerdings wissenschaftliche Studien, z. B. mit **Zwillingen** oder adoptierten Kindern, nötig. Auch hier muss allerdings der Einfluss von Umweltfaktoren berücksichtigt werden. Grundsätzlich müssen bei Experimenten mit und an Menschen die ethischen Bedenken besonders sorgfältig abgewogen werden.

58 Zum Stamm der Weichtiere (Mollusca) werden u. a. die Muscheln (Bivalvia), die Kopffüßer (Cephalopoda) und Schnecken (Gastropoda) gezählt.
Die Gattung *Aplysia* (Seehasen) gehört zu den Meeresschnecken (Abb. 1).

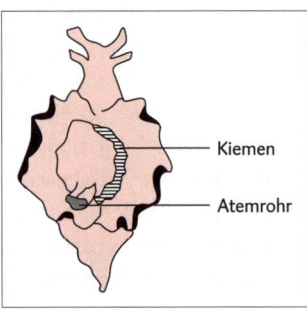

Abb. 1: Schematische Darstellung eines typischen Vertreters der Gattung *Aplysia*

Wird ein Individuum an seinem Atemrohr berührt, zeigt es eine Schreckreaktion, indem das Tier seine Kiemen sehr schnell in eine schützende Tasche zurückzieht.

TIPP
Skizzieren Sie zunächst ein Reiz-Reaktions-Schema wie es Ihnen aus dem Unterricht bekannt ist, und kümmern Sie sich erst dann um die Anwendung auf die konkrete Aufgabenstellung.
Legen Sie die Skizze von Anfang an groß genug an, sodass eine saubere Beschriftung möglich ist.

58.1 Erläutern Sie den Ablauf dieses Reflexes anhand eines Reiz-Reaktions-Schemas.
ABI Bayern (Jahrgang 2019, Aufgabe C2/1.1) AFB II → **6 BE von 40**

58.2 Forscher haben in einem Laborexperiment an *Aplysia* herausgefunden, dass sich die Schreckreaktion des Tieres verändert, wenn das Atemrohr innerhalb kurzer Zeit mehrfach hintereinander mit gleicher Intensität gereizt wird. Abbildung 2 zeigt die Ergebnisse dieses Experiments.

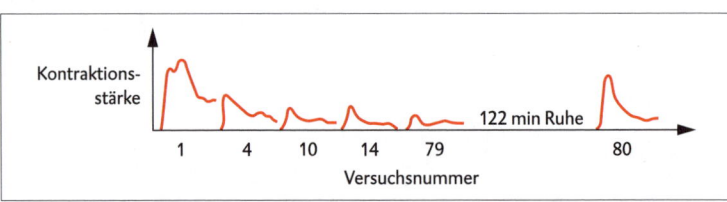

Abb. 2: Stärke der Muskelkontraktion von *Aplysia* nach wiederholter Reizung des Atemrohrs eines Tieres
(verändert nach: J. Nicholls et al.: Vom Neuron zum Gehirn. Zum Verständnis der zellulären und molekularen Funktion des Nervensystems. Gustav Fischer Verlag (1995), S. 304)

TIPP
Hier ist es hilfreich, sich die typischen Merkmale eines Reflexes stichpunktartig auf einem separaten Blatt zu notieren, um eine systematische und vollständige Lösung der Aufgabe zu ermöglichen.

Beschreiben Sie die experimentellen Befunde und geben Sie an, inwiefern diese untypisch für Reflexe sind.
ABI Bayern (Jahrgang 2019, Aufgabe C2/1.2) AFB I–II → **5 BE von 40**

59 Um Beute zu fangen, begibt sich eine Spinne aus ihrem Versteck in das Netz und verweilt dort meist längere Zeit etwas oberhalb der Netzmitte. Wird das Netz durch ein Beutetier in bestimmte Vibrationen versetzt, so läuft die Spinne rasch in deren Richtung. Erkennt sie dort ein Beutetier, so wird dieses in einer routinierten Bewegung eingesponnen und nach Überprüfung des Geschmacks gebissen. Dann wird die Beute an eine andere Position im Netz verfrachtet oder einfach abgelegt.

Ordnen Sie das Beutefangverhalten der Spinne ethologisch ein und interpretieren Sie unter Textbezug die einzelnen Abschnitte des Verhaltens.

ABI Bayern (Jahrgang 2018, Aufgabe A1/2.2) AFB II → 6 BE von 40

TIPP
Übersehen Sie nicht, dass hier ausdrücklich der Textbezug gefordert ist.

2 Erweiterung einfacher Verhaltensweisen durch Lerneinflüsse

Lernen kann als die Erweiterung und der Erwerb von Verhaltensweisen durch Erfahrung beschrieben werden. Es erhöht die Chance, auf neue Umweltbedingungen erfolgreich reagieren zu können. Voraussetzung für Lernprozesse ist ein durch das zentrale Nervensystem realisiertes Gedächtnis, das es ermöglicht, Erfahrungen zu speichern und wieder abzurufen. Auf neuronaler Ebene liegen Lernvorgängen die Neubildung und die Veränderung bestehender Verbindungen zwischen Nervenzellen zugrunde. Man unterscheidet **obligatorisches** Lernen, das unabdingbar ist für das Überleben oder die Fortpflanzung eines Individuums, von **fakultativem** Lernen, das ihm lediglich nützt oder einen Vorteil verschafft.

2.1 Prägung

Prägung ist eine Form des obligatorischen Lernens, das in einer bestimmten frühen und kurzen Phase der individuellen Entwicklung, der **sensiblen Phase**, relativ **schnell** erfolgt. Das Erlernte wird sehr stabil gespeichert und kann meist nicht mehr abgewandelt oder gelöscht werden (**Irreversibilität**).

- **Nachfolgeprägung:** Gänse- und Entenküken folgen unmittelbar nach dem Schlüpfen einem sich bewegenden und Laute äußernden Objekt, i. d. R. dem Muttertier, und erlernen dadurch während weniger Stunden dessen Merkmale. Insbesondere für Nestflüchter ist diese Prägung überlebenswichtig, da sie Schutz und Versorgung gewährleistet. Es besteht die Möglichkeit, die Tiere experimentell auf ein beliebiges anderes sich bewegendes Objekt zu fixieren (Fehlprägung).
- **Sexuelle Prägung:** Diese artspezifische Festlegung auf die Merkmale des späteren Geschlechtspartners geschieht bereits vor der Geschlechtsreife während einer sensiblen Phase von mehreren Wochen, z. B. bei männlichen Enten. Sie sorgt dafür, dass die Tiere sich nur mit Artgenossen paaren. Bei entsprechender experimenteller Aufzucht ist auch hier eine „Umprägung" möglich, z. B. auf gleichgeschlechtliche Partner oder sogar artfremde Tiere, wie bei Zebrafinken gezeigt wurde.
- **Ortsprägung:** Diese Fixierung auf den spezifischen Aufzuchtsort basiert meist auf dem Erlernen von Gerüchen oder dem Geschmack der Umgebung. Auf Ortsprägung beruht z. B. bei Lachsen oder Erdkröten die Rückkehr zu ihren Laichgewässern.

---

sensible Phase: kurzer Zeitabschnitt in der frühen Individualentwicklung, in dem eine Prägung möglich ist

Beim Menschen gibt es kein Verhalten mit den typischen Kennzeichen der Prägung. Die enge Bindung in den frühen Phasen der Individualentwicklung zu einer Bezugsperson (meist der Mutter), die Schutz, körperliche Nähe, Zuwendung und Anregungen für Verhaltensweisen liefert, kann allerdings als **prägungsähnliche Fixierung** bezeichnet werden. Ist der Aufbau einer solchen Bindung nicht möglich, kommen beim Menschen und bei anderen Primaten psychische Störungen und Entwicklungsdefizite sowie Verhaltensauffälligkeiten vor, wie es z. B. bei Kindern in manchen personell stark unterversorgten Waisenhäusern beobachtet wurde. Man spricht bei solchen, v. a. durch lange Heimaufenthalte ohne eine entsprechende Bindung verursachten Verhaltensstörungen von **Hospitalismus**.

2.2 Modifikation einer Erbkoordination durch Erfahrung

EAAM: durch Erfahrung erweiterter Auslösemechanismus

Verhaltensweisen setzen sich meist aus angeborenen und erlernten Komponenten zusammen. Wird ein AAM durch Lernvorgänge verändert, spricht man von einem durch Erfahrung ergänzten/erweiterten AAM (**EAAM**). Dies ist z. B. bei Entenküken der Fall, die bei der Nachfolgeprägung spezifische Merkmale des Muttertieres lernen. Auch Kröten, die wehrhafte Tiere erbeuten, meiden diese fortan; ihr Filtermechanismus hat sich durch Erfahrung verändert.

EAM: erworbener Auslösemechanismus

Wird ein Auslösemechanismus erlernt, indem eine neue Reizsituation mit einer bestimmten Reaktion Verhalten verknüpft wird, handelt es sich um einen erworbenen AM (**EAM**), z. B. bei bedingter Appetenz (siehe S. 164).

Auch ein erbkoordiniertes Verhalten selbst kann durch Erfahrung modifiziert werden, z. B. wenn eine angeborene Technik des Nahrungserwerbs durch vielfache Ausführung optimiert wird.

2.3 Konditionierung

Konditionierung ist ein fakultativer Lernprozess, der auf der Bildung von Assoziationen zwischen Reizsituationen und Reaktionen bzw. Verhaltensweisen beruht. Treten die auslösenden Reize auf, ist die konditionierte Handlung zumeist vorhersehbar.

Klassische Konditionierung: (Prozess der) Verknüpfung eines neutralen Reizes mit einer bestimmen unwillkürlichen Reaktion

Reizbedingte (klassische) Konditionierung

Bei der **klassischen Konditionierung** wird ein zunächst neutraler Reiz infolge der gleichzeitigen Präsentation mit einem unbedingten,

unbedingter Reiz: Reiz, der eine bestimmte Reaktion zwingend auslöst

bedingter Reiz: ehedem neutraler Reiz, der durch Kopplung mit einem unbedingten Reiz reaktionsauslösend wird

Kontiguität: enge zeitliche Präsentation des neutralen und des unbedingten Reizes

Extinktion: (Lern-)Vorgang, nach dem die bedingte Reaktion nicht mehr ausgeführt wird

reaktionsauslösenden Reiz selbst zum Auslöser dieser Reaktion (bedingte Reaktion). Die Reaktion selbst erfolgt unwillkürlich.

- **Bedingter Reflex:** Ein unbedingter, angeborener Reflex, der durch einen unbedingten Reiz ausgelöst wird, kann durch Verknüpfung des unbedingten Reizes mit einem neutralen Reiz zum bedingten Reflex werden. Der ehemals neutrale Reiz wird dann zum reflexauslösenden, **bedingten Reiz**. Dabei ist es entscheidend, dass der neutrale Reiz mehrmals in kurzem zeitlichen Abstand zum unbedingten Reiz auftritt **(Kontiguität)**. Wird z. B. ein Ton (neutraler Reiz) abgespielt, kurz bevor ein Luftzug (unbedingter Reiz) auf das Auge einer Versuchsperson gelenkt wird, erfolgt der Lidschlussreflex (unbedingter, dann bedingter Reflex) der Person nach einigen Wiederholungen der Reizkombination bereits nur bei Erklingen des Tons (bedingter Reiz).

  Wenn der bedingte Reiz mehrfach ohne den unbedingten Reiz auftritt, wird die bedingte Reaktion nicht mehr gezeigt. Man spricht dann von **Extinktion** (Auslöschung).

  Nicht alle Reflexe lassen sich auf diese Weise „bedingen", z. B. ist beim Kniesehnen- oder Niesreflex keine Konditionierung möglich.

- **Bedingte Appetenz:** Die bedingte Reaktion ist hier ein Appetenzverhalten (siehe S. 157), das infolge der Konditionierung durch einen ursprünglich neutralen Reiz hervorgerufen wird. Voraussetzung für den Lernprozess ist, dass eine Handlungsbereitschaft, z. B. Hunger, besteht. Wird, wie in den historischen Versuchen des russischen Physiologen PAWLOW, einem fixierten Hund ein voller Futternapf (unbedingter Reiz) präsentiert, löst dieser Reiz bei bestehender Handlungsbereitschaft Speichelfluss (Zeichen für Appetenzverhalten) aus. Wird jedes Mal, kurz bevor das Futter dargeboten wird, eine Glocke (neutraler Reiz) geschlagen, reagiert der Hund nach einiger Zeit allein auf den Glockenton (bedingter Reiz) mit der Absonderung von Speichel (bedingte Appetenz). Es handelt sich bei diesem Lernprozess um den Erwerb eines AM (EAM), der den neuen Reiz erkennt und die Reaktion auslöst. Bei der bedingten Appetenz spricht man auch von **Lernen aus guter Erfahrung**; ein ehedem neutraler Reiz wird bei bestehendem Antrieb mit der Aussicht auf eine Appetenzbefriedigung („Belohnung") verknüpft.

  Extinktion ist auch hier möglich, wenn auf den bedingten Reiz mehrfach keine Belohnung folgt.

- **Bedingte Aversion:** Wird ein ursprünglich neutraler (oder positiver) Reiz im engen zeitlichen Kontext mit einem negativ bewerteten, unbedingten Reiz dargeboten, so verursacht das alleinige Auftreten des nunmehr bedingten Reizes eine bedingte Aversion, eine Vermeidungsreaktion. Erhalten z. B. in einem Experiment Ratten bei Aufsuchen eines abgedunkelten Käfigteils (neutraler Reiz) mehrfach einen leichten Stromschlag (negative Erfahrung), meiden sie (bedingte Aversion) zukünftig diesen Bereich (bedingter Reiz). Oft ist für diesen Lernprozess nur eine einmalige Kombination der Reize notwendig.

Auch dieses Verhalten kann „gelöscht" werden, wenn der bedingte Reiz mehrmals ohne den negativ bewerteten Reiz auftritt.

Verhaltensbedingte (operante) Konditionierung

Die Grundlage der **operanten Konditionierung** bildet ein spontan auftretendes Verhalten. Durch Belohnung (Verstärkung) oder Bestrafung wird die Wahrscheinlichkeit seiner Ausführung erhöht oder gesenkt. Das Verhalten wird zur **bedingten Reaktion/Handlung**.

- **Bedingte Aktion:** Wird ein Verhalten (zufällig) ausgeführt und einmal oder mehrmals adäquat, d. h. eine Motivation befriedigend, belohnt, wirkt diese Belohnung als **positiver Verstärker** des Verhaltens, sodass es häufiger gezeigt wird. Dieses **Lernen am Erfolg** erlaubt z. B. den Erwerb neuer Verhaltensweisen. Der Psychologe B. SKINNER trainierte u. a. hungrige Ratten in einem speziellen Versuchskäfig (Skinner-Box), in dem sich ein Hebel befand, dessen Betätigung die Freigabe von Futter bewirkte. Drückten die Ratten zufällig den Hebel (spontanes Verhalten), wurde nach einigen Versuchen die Futtergabe als Folge der Handlung erlernt. Der Futtererhalt konnte dann auch an weitere Reize (z. B. aufleuchtende Lampe) gebunden werden. Die Tiere drückten schließlich (bei aufleuchtender Lampe) den Hebel gezielt (bedingte Aktion), um Futter zu erhalten.
- **Bedingte Hemmung:** Folgt auf eine Verhaltensweise einmal oder mehrmals eine negative Erfahrung **(Bestrafung)**, wird diese als Konsequenz der Aktion erkannt und das Verhalten unterbleibt. Erhalten z. B. Ratten bei der Untersuchung eines sie interessierenden Objekts immer einen leichten Stromschlag (Bestrafung), vermeiden es die Tiere nach kurzer Zeit, das Objekt erneut zu berühren (bedingte Hemmung). Bei der Dressur oder Erziehung von Tieren kann diese Methode angewandt werden, um ihnen bestimmte unerwünschte Verhaltensweisen abzugewöhnen.

Extinktion des Verhaltens tritt auch bei der operanten Konditionierung auf, wenn einige Male auf das Verhalten hin keine Belohnung bzw. Bestrafung erfolgt.

---

operante Konditionierung: (Prozess der) Verknüpfung eines spontan erfolgten Verhaltens mit einer bestimmten Reizsituation

positive Verstärkung: Belohnung eines Verhaltens, die dazu führt, dass es häufiger gezeigt wird

TIPP ▶

Klären Sie bei solchen Aufgabenstellungen zuerst, ob es sich um rein angeborenes oder um durch Lernvorgänge beeinflusstes Verhalten handelt.
Wird die Ausprägung einer Verhaltensweise von Ereignissen und Bedingungen beeinflusst, die nach der Geburt ablaufen bzw. wirken, kann sie unmöglich nur auf genetischer Steuerung beruhen.

60 Forscher haben die Kommunikation von Hausmäusen *(Mus musculus)* untersucht. Dabei zeigte sich, dass die Mäuse beim Paarungsverhalten durch Töne im Ultraschallbereich miteinander kommunizieren. So werben Mäusemännchen mit populationsspezifischen Lauten um Weibchen. Führt man wild lebende Populationen aus Frankreich und Deutschland in einem Gehege zusammen, paaren sich bevorzugt Mäuseweibchen mit Partnern aus der Ursprungspopulation des Vaters, sofern die Mäuseweibchen nach der Geburt Kontakt zum Vater hatten. Erklären Sie die Entstehung des beobachteten Verhaltens zur Partnerwahl der weiblichen Hausmäuse aus ethologischer Sicht.
ABI Bayern (Jahrgang 2019, Aufgabe C1/1) AFB II ➜ 3 BE von 40

61 Die Prachtvolle Fadenschnecke *(Hermissenda crassicornis)* bewegt sich bei Lichtreizen auf die Lichtquelle zu. Weiterhin reagiert *Hermissenda crassicornis* im Labor auf kurzzeitig nach hinten einwirkende Zugkräfte mit dem Zusammenziehen des Fußmuskels, um sich am Untergrund besser anheften zu können. Wird der Lichtreiz mehrfach mit der Zugkraft gekoppelt, so löst anschließend Licht allein eine Fußmuskelkontraktion aus.

Hermissenda crassicornis
(DrKjaergaard / Wikipedia, CC BY-SA 2.5)

Geben Sie unter Bezug auf den Text an, um welche Form des Lernens es sich bei der beschriebenen Verhaltensänderung handelt, und erklären Sie diesen Lernvorgang unter Einbeziehung der entsprechenden Fachbegriffe!
ABI Bayern (Jahrgang 2014, Aufgabe B2/3) AFB I–II ➜ 5 BE von 40

TIPP ▶

Fragen Sie sich bei Lernvorgängen immer zuerst, ob es sich um eine Prägung handelt oder ob der „Ausgangspunkt" eine Reizsituation (⇒ reizbedingte Konditionierung) oder eine Verhaltensweise (⇒ verhaltensbedingte Konditionierung) ist.

62 Schmerzen beeinflussen zahlreiche Lernprozesse.
Kohlmeisen *(Parus major)* ernähren sich hauptsächlich von Insekten und deren Larven sowie von pflanzlicher Kost wie Samen und Nüssen. In einem Kaspar-Hauser-Experiment mit jungen Kohlmeisen werden Wespen *(Vespula germanica)* mit einer auffälligen Schwarz-Gelb-Färbung neben unauffällig gefärbten Blauen Schmeißfliegen *(Calliphora vicina)* zum Fressen angeboten.

Die Fütterungsversuche werden mit einer gleichbleibenden Gruppe von zehn Kohlmeisen alle drei Stunden wiederholt. Der Durchschnittswert der gefressenen Insekten pro Meise ist in folgendem Diagramm gegen die Zeit aufgetragen.

Bei Graphen kann es hilfreich sein, eingetragene Werte mit Linien zu verbinden, um Trends besser ablesen zu können.
Das Ablesen genauer Werte können Sie vereinfachen, indem Sie Gitternetzlinien ziehen.

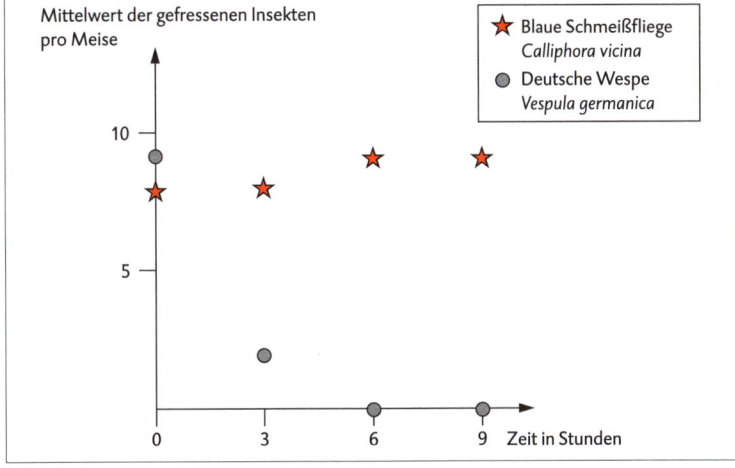

Fressverhalten von Kohlmeisen bei Fütterung mit unterschiedlichen Insekten

62.1 Erklären Sie die Ergebnisse dieses Experiments aus verhaltensbiologischer Sicht!
ABI Bayern (Jahrgang 2016, Aufgabe A1/3.1) AFB II ➜ 6 BE von 40

62.2 Anschließend wird das Experiment in abgewandelter Form mit der gleichen Meisengruppe wiederholt. Statt Wespen werden nun über einen längeren Zeitraum harmlose Schwebfliegen *(Episyrphus balteatus)* mit einer auffälligen Schwarz-Gelb-Färbung sowie wieder die Blauen Schmeißfliegen angeboten. Begründen Sie das zu erwartende Ergebnis dieses Experiments!
ABI Bayern (Jahrgang 2016, Aufgabe A1/3.2) AFB II ➜ 4 BE von 40

3 Individuum und soziale Gruppe

3.1 Kooperation

Unter Kooperation versteht man ein zuweilen arbeitsteiliges, koordiniertes Zusammenwirken mehrerer Individuen derselben Art, das für die Beteiligten i. d. R. mit einem Nutzen verbunden ist.

Beispiele für Kooperation:
- **Nahrungserwerb:** Die gemeinsame Jagd, z. B. bei Wölfen oder Löwen, erhöht die Erfolgsquote des Beuteerwerbs und erlaubt es, deutlich größere Beutetiere anzugreifen als bei der Einzeljagd.
- **Verteidigung** und **Schutz:** Angreifer können durch Kooperation erfolgversprechender abgewehrt werden und Gruppenbildung bietet Einzeltieren besseren Schutz. Moschusochsen bilden z. B. einen Verteidigungswall um Jungtiere, indem sie eng zusammenrücken, einzelne Murmeltiere warnen bei Gefahr die Gruppe durch Pfeiftöne.
- **Fortpflanzung:** Die Wahrscheinlichkeit, Geschlechtspartner zu finden, ist für die Individuen durch Schwarmbildung erhöht. Dies kommt z. B. bei Insekten wie Eintagsfliegen vor.

Kosten-Nutzen-Betrachtung und Optimalitätsmodell

Die Verhaltensökologie beschäftigt sich mit den ultimaten Ursachen (siehe S. 155) von Verhaltensweisen. Demzufolge setzt sich eine genetisch bedingte Verhaltensweise dann evolutionär durch, wenn sie einen Selektionsvorteil bedeutet und zu einer höheren **Fitness** der betreffenden Individuen führt. Mit Fitness wird die Fähigkeit eines Individuums beschrieben, zu überleben und seine Gene in den Genpool der Folgegeneration einzubringen.

Verhaltensökonomisch lässt sich die Entwicklung eines Verhaltens erklären, wenn der **Nutzen** des Verhaltens dessen **Kosten** für das Individuum übertrifft. Mithilfe einer **Kosten-Nutzen-Analyse** lassen sich quantitative Aussagen darüber treffen, wann der Nutzen die Kosten eines Verhaltens maximal übersteigt. Gemäß dem **Optimalitätsmodell** ist diese größtmögliche Differenz zwischen Nutzen und Kosten ein Kennzeichen biologisch angepassten Verhaltens. Abb. 75 zeigt dies am Beispiel des Beuteerwerbs, bei dem der Energiegewinn durch den Verzehr der Beute (Nutzen) den Aufwand beim Erlegen der Beute (Kosten) höchstmöglich übersteigt.

Fitness: genetischer Beitrag eines Individuums zum Genpool der Folgegeneration

Nutzen: Vorteile, die sich aus einem Verhalten ergeben

Kosten: Nachteile, die durch den für ein Verhalten notwendigen Aufwand entstehen

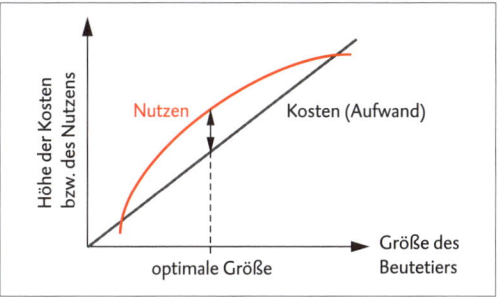

Abb. 75: Beispiel zum Optimalitätsmodell

altruistisches Verhalten: gemeinschaftsdienliches, selbstlos erscheinendes Verhalten

Altruistisches Verhalten

Bei altruistischem Verhalten wird zum Nutzen von Artgenossen auf eigene Vorteile verzichtet. Damit können individuelle Nachteile verbunden sein, z. B. der Verzicht auf eigene Fortpflanzung oder ein erhöhtes Sterberisiko.

Als plausible Erklärung für Altruismus galt lange Zeit die **Gruppenselektion**. Das altruistische Verhalten einiger Individuen bedeutet demnach einen Selektionsvorteil, da es dem Überleben der Gruppe nützt und so der Arterhaltung dient. Gemäß der Theorie von DARWIN und der heute in der Soziobiologie vertretenen Ansicht ist der Ansatzpunkt der Selektion allerdings das Individuum. Dieser **Individualselektion** zufolge wird Verhalten begünstigt, das den Anteil der eigenen Gene im Genpool der Folgegeneration erhöht. Da Sozialverbände jedoch meist aus miteinander verwandten Individuen bestehen, die einen Teil ihrer Gene gemeinsam haben, kann durch die altruistische Unterstützung naher Verwandter auch indirekt der Anteil eigener Gene im Genpool der Folgegeneration erhöht werden. Bei einer solchen **Verwandtenselektion** muss also die **Gesamtfitness** eines Individuums bestimmt werden. Sie setzt sich aus der **direkten Fitness** (Fitnessbeitrag durch erfolgreiche eigene Fortpflanzung) und der **indirekten Fitness** (Fitnessbeitrag durch erfolgreiche Fortpflanzung naher Verwandter) zusammen.

Nach W. HAMILTON, der den Begriff der Verwandtenselektion prägte, hängt es dabei vom Verwandtschaftsgrad der betreffenden Individuen ab, ob sich altruistisches Verhalten durchsetzen kann. Je größer r ist, desto wahrscheinlicher werden gemäß der **Hamilton-Regel** (1964) die Verluste in der (direkten) Fitness (Kosten) durch den Zugewinn der (indirekten) Fitness (Nutzen) aufgewogen:

Hamilton-Regel: $K < r \cdot N$

(K: Kosten; r: Verwandtschaftskoeffizient; N: Nutzen)

Soziobiologie: Teilgebiet der Verhaltensökologie, das Sozialverhalten hinsichtlich seines Selektionswertes bewertet

direkte Fitness: Beitrag zum Genpool der Folgegeneration durch eigene Fortpflanzung

indirekte Fitness: Beitrag zum Genpool der Folgegeneration durch den Fortpflanzungserfolg naher Verwandter

Gesamtfitness: Summe aus direkter und indirekter Fitness

Der Verwandtschaftsgrad beträgt für diploide Organismen mit sexueller Fortpflanzung zwischen Eltern und Kindern sowie zwischen Geschwistern 50 % (r = 0,5), zwischen Großeltern und Enkeln 25 % (r = 0,25). Verzichtet ein diploides Tier z. B. auf zwei eigene Nachkommen (r · N = 0,5 · 2 = 1) und verhilft stattdessen einem Geschwister, zu dem es als diploider Organismus einen Verwandtschaftsgrad von 0,5 hat, zur zusätzlichen Erzeugung von fünf Nachkommen (r · N = 0,25 · 5 = 1,25), kann es seine Gesamtfitness steigern.

Führt ein Verhalten wie der Altruismus dazu, dass sich der Fortpflanzungserfolg eines Individuums, also seine Gesamtfitness, erhöht, wird die genetische Grundlage dieses Verhaltens über Generationen weitergegeben und von dem Großteil der Individuen gezeigt. Man spricht bei solchen genetisch bedingten Verhaltensweisen, die zum Überleben der Art beitragen, von **evolutionsstabilen Strategien (ESS)**.

evolutionsstabile Strategie: genetisch bedingte Verhaltensweise, die den Fortbestand der Art gewährleistet

Helfergesellschaften und Eusozialität

- **Helfergesellschaften:** Bei einigen Tierarten unterstützen Mitglieder einer Gruppe andere Individuen bei der Aufzucht ihrer Jungtiere. Oftmals handelt es sich dabei um ältere Geschwister der Jungtiere, z. B. in den Brutkolonien von Bienenfressern oder Graufischern. Dieses Verhalten kann durch Steigerung der indirekten Fitness erklärt werden, da sich durch die Bruthilfe die direkte Fitness der Elterntiere erhöht. Insbesondere wenn sie selbst (noch) nicht zur eigenen Fortpflanzung kommen können, z. B. infolge Partnermangels, „rechnet" sich für Helfende das Verhalten.

- **Eusozialität:** Staatenbildende Tierarten, deren Sozialverhalten einen hohen Grad von Arbeitsteilung und Kooperation aufweist, nennt man **eusozial**. Dazu zählen z. B. Termiten, Ameisen und auch Nacktmulle. Typische Kennzeichen sind Kooperationen bei Nahrungserwerb und Brutpflege, das Zusammenleben mehrerer Generationen sowie das Auftreten fortpflanzungsfähiger und nicht fortpflanzungsfähiger Tiere in einem Staat.

Bei **Honigbienen** widmen sich die weiblichen sterilen Arbeiterinnen vollständig der Aufzucht der Brut, der Instandhaltung des Baus und der Nahrungsbeschaffung, ohne sich selbst fortzupflanzen. Dieses ausgeprägte altruistische Verhalten ist durch die besonderen Verwandtschaftsverhältnisse erklärbar: Arbeiterinnen sind im Durchschnitt zu 75 % (r = 0,75) mit ihren Schwestern verwandt, da sie jeweils von einem haploiden Vater und der diploiden Königin abstammen (Abb. 76). Der Hamilton-Regel zufolge ist daher für Arbeiterinnen die Aufzucht einer weiteren Schwester (Fitnessgewinn: r · N = 0,75 · 1) mit einer höheren Fitness verbunden als die Aufzucht eines eigenen Nachkommen (Fitnessgewinn: r · N = 0,5 · 1).

haploid: mit einfachem Chromosomensatz (n)

diploid: mit doppeltem Chromosomensatz (2n)

Drohn: männliche Honigbiene mit haploidem Chromosomensatz, geht aus einem unbefruchteten Ei hervor

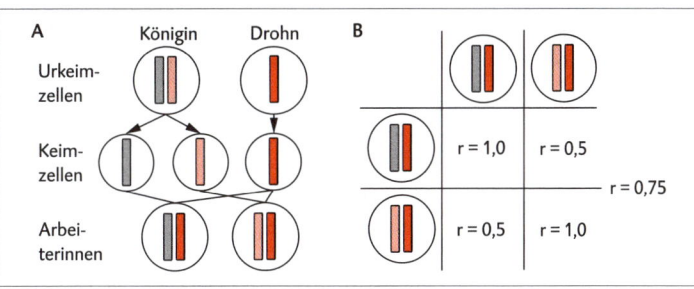

Haplodiploidie: Geschlechtsfestlegung, bei der ein Geschlecht einen haploiden und das andere einen diploiden Chromosomensatz aufweist

Abb. 76: Erbgang bei Haplodiploidie (A) und Bestimmung des Verwandtschaftskoeffizienten r von Arbeiterinnen (B) (Balken: ein haploider Chromosomensatz)

3.2 Kommunikation

Die innerartliche Übermittlung von Nachrichten in Form von Signalen ist Voraussetzung und essenzieller Bestandteil von erfolgreichem Sozialverhalten. In manchen Fällen können Signale auch interspezifisch wirken, z. B. bei Warnrufen, die artübergreifend wahrgenommen werden.

Sender-Empfänger-Modell: Modellvorstellung zur Kommunikation, die die Aussendung und den Empfang codierter Signale beschreibt

Sender-Empfänger-Modell

Jeder Kommunikationsprozess kann als die Übertragung von Signalen zwischen einem (handlungsbereiten) **Sender** und einem **Empfänger** charakterisiert werden. Voraussetzung ist, dass die Beteiligten denselben Signalcode nutzen und verstehen. Vom Sender wird eine Botschaft als Signal codiert und über einen bestimmten Sinneskanal, z. B. als Schall- oder Lichtwellen, versendet. Der Empfänger nimmt das Signal über ein Sinnesorgan auf und entschlüsselt es mithilfe neuronaler Strukturen (Decodierung). Entscheidend für gelingende Kommunikation sind dabei ein **störungsfreier** Signaltransfer sowie die **Eindeutigkeit** der Signale.

Man unterscheidet je nach Sinneskanal folgende Formen von Signalen:
- **Akustische** Signale sind stimmliche Lautäußerungen und andere zu Kommunikationszwecken erzeugte Geräusche. Dazu zählen z. B. der Paarungsgesang bei Vögeln, Warnrufe von Amseln, Klopfsignale von Spechten und das Zirpen von Grillen.
- **Optische** Signale sind Farben, Muster und die Gestalt von Körpern, aber auch die Körpersprache (Mimik und Gestik) und Bewegungen. Beispiele sind auffällige Gefiederfärbungen bei Vögeln, Flügelmuster von Schmetterlingen und die Mimik bei Schimpansen.

Pheromon: chemischer Botenstoff, der zur interspezifischen Kommunikation dient

- **Chemische** Signale werden in Form von Duft- und Geschmacksstoffen übermittelt. Pheromone von Schmetterlingen dienen z. B. zur Anlockung von Geschlechtspartnern und Pheromone von Ameisen zur Wegemarkierung. Territoriale Arten nutzen auch Duftmarken.
- **Taktile** Signale werden über Berührungen vermittelt. Bei der Brutpflege geben sie dem Nachwuchs z. B. Sicherheit, dem Informationsaustausch dient das Betasten über die Fühler bei Ameisen.

Signale werden innerhalb von Arten oder auch zwischen Arten **situations-** und **biotopabhängig** genutzt. Akustische Signale sind beispielsweise über große Distanzen empfangbar, während optische und besonders taktile Signale vor allem auf nahe Empfänger wirken. Chemische Signalstoffe haben relativ lange Bestand, sind dafür aber nicht kurzfristig veränderbar.

Von **Ritualisierung** spricht man bei Verhaltensweisen, die im Laufe der Evolution ihre ursprüngliche Funktion verloren und eine neue, unmissverständliche Bedeutung als Kommunikationsmittel angenommen haben. Häufig bestehen ritualisierte Verhaltensweisen aus stets in der gleichen Reihenfolge ablaufenden Einzelhandlungen. Oft sind sie im Aggressions- und Balzverhalten beobachtbar. Beispielsweise dient beim Balz- und Paarungsverhalten von Albatrossen eine bestimmte ritualisierte Handlungsabfolge u. a. der schrittweisen Verringerung der Individualdistanz.

Individualdistanz: räumliche Entfernung zu Artgenossen, die ohne Flucht oder Aggressionsverhalten toleriert wird

Kosten und Nutzen der Kommunikation

Aus soziobiologischer Sicht ist für die evolutionäre Entwicklung eines bestimmten Kommunikationsverhaltens wesentlich, dass es durch das Verhalten zu einem Selektionsvorteil bzw. zur Erhöhung der Gesamtfitness des Individuums kommt. Dazu muss der Nutzen den Aufwand des Verhaltens übersteigen. Warnrufe vieler Tierarten erhöhen ggf. das Risiko für das signalgebende Tier, schützen jedoch die Gruppe, z. B. bei Murmeltieren. Bei der Ausbildung auffälliger Färbungen (**Warntrachten**) vieler wehrhafter Tiere, z. B. Seeschlangen, Wespen, Pfeilgiftfrösche, liegt der Nutzen im Schutz durch Abschreckung. Kosten entstehen durch die Produktion der Giftstoffe und ggf. durch die erhöhte Auffälligkeit gegenüber Fressfeinden.

Warntracht: auffällige Körperfärbung, die Wehrhaftigkeit oder Giftigkeit anzeigt

Meist wirkt Kommunikation intraspezifisch. Manche Arten besitzen jedoch Körper- oder Verhaltensmerkmale, die Angehörigen anderer Arten einen anderen Ursprung vortäuschen, man spricht von **Signalfälschung**. Werden durch das Signal Merkmale wehrhafter oder unge-

Mimikry: Scheinwarntracht; Nachahmung spezifischer Signale oder Verhaltensweisen, die Wehrhaftigkeit vortäuschen (batessche Mimikry)

nießbarer Arten imitiert, handelt es sich um **Mimikry** (siehe auch S. 120), z. B. beim wehrlosen Hornissenschwärmer, dessen Körperfärbung derjenigen einer Hornisse stark ähnelt. Voraussetzung für die Wirksamkeit des Signals ist, dass potenzielle Fressfeinde bereits mit den nachgeahmten wehrhaften Organismen negative Erfahrungen gemacht haben. Signalfälschung kann aber auch den Jagderfolg erhöhen, z. B. ahmen Weibchen einer räuberisch lebenden Leuchtkäfergattung Lichtsignale anderer Arten nach, sodass deren Männchen als Beute angelockt werden.

3.3 Konflikte und Aggressionsverhalten

Aggression: Angriffs- oder Verteidigungsverhalten gegenüber (Nicht-)Artgenossen

Als Aggressionsverhalten bezeichnet man inner- oder auch zwischenartliches Angriffs- oder Verteidigungsverhalten, das darauf abzielt, eine Verhaltensänderung des Gegenübers zu erreichen, meist die Flucht oder die Unterwerfung. Die Motivation zur Ausführung von Aggressionshandlungen wird als Aggressivität bezeichnet.

Intensitätsstufen von Aggression

Nach seiner Intensität und der Höhe des Verletzungsrisikos lässt sich aggressives Verhalten in verschiedene Stufen einteilen:

- **Imponier- und Drohverhalten:** Mit ritualisierten Verhaltensweisen, z. B. der Präsentation bestimmter Körpermerkmale oder Lautäußerungen, wird Stärke demonstriert und der Gegner eingeschüchtert. Beispiele sind das Knurren und Aufrichten bei Hunden oder das Zähnefletschen bei Makakenmännchen.

Kommentkampf: innerartliche, ritualisierte Auseinandersetzung zum Kräftemessen

- **Kommentkämpfe:** In manchen Fällen, z. B. wenn aus dem Imponierverhalten keine eindeutige Überlegenheit resultiert, kommt es zu ritualisierten Kämpfen, die ohne den gefährdenden Einsatz von Körperwaffen nach festen Regeln ablaufen und dem Kräftemessen, häufig zur Festlegung der Rangordnung, dienen. Sie sind z. B. bei Hirschbullen oder männlichen Klapperschlangen typisch. Kommentkämpfe enden meist mit der Flucht des unterlegenen Tieres, das nicht verfolgt wird.

Beschädigungskampf: innerartliche Auseinandersetzung, bei der die Gegner Verletzungen erleiden oder getötet werden

- **Beschädigungskämpfe:** Die höchste Intensitätsstufe sind ernsthafte Kampfhandlungen mit möglicher Todesfolge. Sie können auftreten, wenn etwa bei Kommentkämpfen keine Möglichkeit zur Flucht besteht oder Reviereindringlinge heftig attackiert werden, wie es z. B. bei Ratten oder Löwen vorkommt.

Formen der Aggressionskontrolle

Innerartliche Aggression führt in den seltensten Fällen zu schweren Verletzungen oder zum Tod des Artgenossen. Dies gewährleisten verschiedene Verhaltensweisen der Aggressionskontrolle. So werden z. B. Gruppen nicht durch Verletzungen ihrer Mitglieder geschwächt und die Kosten durch aggressive Aktionen werden gemindert. Aggressionskontrolle dient auch dazu, die Ordnung in der Gruppe aufrechtzuerhalten.

- **Beschwichtigungshandlungen:** Artspezifische Kommunikationssignale bewirken als **Demutsgebärden** bei Arten mit geringer Fluchtbereitschaft das Ende des aggressiven Verhaltens. Sie können beim überlegenen Tier eine **Beiß-** oder **Tötungshemmung** hervorrufen. Beispiele solcher Handlungen sind das Abwenden körpereigener Waffen, z. B. des Geweihs oder der Hörner, oder die Verkleinerung des Körpers, z. B. durch Anlegen der Extremitäten. Auch ritualisierte Verhaltensweisen aus anderen Bereichen, z. B. das „Auf-den-Rücken-Legen" bei Wölfen oder das Darbieten besonders empfindlicher Körperstellen, z. B. der Kehle, wirken beschwichtigend.

- Durch **Rangordnungskämpfe** erlernt in individualisierten Verbänden jedes Tier seine Position in der Hierarchie. Auf diese Weise werden überflüssige Kämpfe vermieden, da die Mitglieder der Gruppe sich ihren jeweiligen Rang merken. Die Führung durch die erfahrensten, durchsetzungsstärksten Tiere trägt zur Stabilisierung und Sicherheit der Gruppe bei. Als Nutzen für ihren Aufwand kommen die ranghöchsten Tiere vermehrt zur Fortpflanzung. Beispiele sind die Hackordnung bei Hühnern mit dem Alphatier als ranghöchstem Tier und die Rangordnung in Wolfsrudeln.

- Mit **Territorialverhalten** wird Verhalten bezeichnet, das der Verteidigung eines Reviers gegenüber Artgenossen dient. Durch Markierung des Territoriums, z. B. durch Duftstoffe, Lautäußerungen und Kontrollgänge, können Kampfhandlungen oftmals vermieden werden, da die Grenzen weitgehend respektiert werden. Die Kosten, die durch das Territorialverhalten entstehen, werden durch den Nutzen (z. B. Nahrungssicherheit, erhöhter Fortpflanzungserfolg) aufgewogen. Territorialverhalten gewährleistet auch eine Regulation der Populationsdichte, u. a. da nur Individuen mit eigenem Revier zur Reproduktion kommen.

- **Migration** beschreibt größere Wanderungsbewegungen von Individuen oder Populationen, z. B. saisonale Ortswechsel aufgrund knapper Ressourcen oder das Abwandern von Teilgruppen bei zu hoher Populationsdichte. Auch Migration kann dazu beitragen, innerartliche Aggression zu reduzieren.

Beschwichtigungshandlungen: Verhaltensweisen zur Herabsetzung der Aggressionsbereitschaft des Gegenübers

Rangordnung: hierarchische Struktur in individualisierten Verbänden

individualisierter Verband: Gruppe, in der sich die Individuen gegenseitig unterscheiden können

Territorium: Gebiet, das u. a. für Nahrungssuche und Fortpflanzung genutzt und gegenüber Artgenossen verteidigt wird

proximate Ursachen: Erklärung, die nur die unmittelbaren, meist physiologischen Ursachen einer Verhaltensweise berücksichtigt

Proximate Ursachen aggressiven Verhaltens

Bei proximaten Ursachen handelt es sich um die unmittelbar auslösenden, oftmals physiologischen Ursachen aggressiven Verhaltens.

- Der **hormonelle Zustand** kann die Aggressivität beeinflussen. So bewirkt z. B. ein erhöhter Testosterongehalt bei verschiedenen Wirbeltierarten eine gesteigerte Handlungsbereitschaft zu aggressivem Verhalten.
- Auch der **Versorgungszustand** und die **Verfügbarkeit von Ressourcen** kann sich auf die Aggressionsbereitschaft auswirken, wenn z. B. bei schlechter Nahrungsversorgung die innerartliche Konkurrenz steigt.
- **Umwelteinflüsse**, z. B. zu wenig Raum und eine dadurch erhöhte Populationsdichte, können ebenfalls die Aggressionsbereitschaft steigern.

ultimate Ursachen: Erklärung einer Verhaltensweise aufgrund ihres positiven Selektionswertes, d. h. ihres evolutionsbiologischen Nutzens

Ultimate Ursachen aggressiven Verhaltens

Für ultimate Erklärungen eines Verhaltens dienen in der Soziobiologie Kosten-Nutzen-Analysen, die den Selektionsvorteil einer aggressiven Verhaltensweise untersuchen bzw. die durch das Verhalten bedingte Steigerung der (Gesamt-)Fitness. Besonderes Interesse gilt dabei auch der Entstehung und Wirksamkeit unterschiedlicher **evolutionsstabiler Strategien (ESS)**. So kann sich innerhalb einer Art sowohl besonders aggressives Verhalten (Kosten: hoher Aufwand, hohes Verletzungsrisiko; Nutzen: Ressourcengewinn, höhere Fortpflanzungswahrscheinlichkeit) als auch zurückweichendes Verhalten (Kosten: Verzicht auf Ressourcen; Nutzen: geringes Verletzungsrisiko), etwa bei Rangordnungs- und Revierkämpfen, für das jeweilige Tier auszahlen und innerhalb einer Population etablieren.

3.4 Sexualverhalten

Unter Sexualverhalten werden alle Verhaltensweisen zusammengefasst, die mit der geschlechtlichen Fortpflanzung (siehe S. 52) zweier Individuen in engem Kontext stehen. Es schließt daher auch die Partnerfindung und -bindung ein.

Partnerfindung und -bindung

Monogamie: eine oder mehrere Fortpflanzungsperioden während Paarungsgemeinschaft zweier Individuen einer Art

Bei Tierarten, die nicht dauerhaft in Verbänden oder in Monogamie zusammenleben, müssen sich paarungsbereite Individuen erst finden. Dies geschieht z. B. durch das Aufsuchen geeigneter Brutplätze. Die proximaten Ursachen der Paarungsbereitschaft sind bei vielen Tierarten (nicht bei Primaten) hormonelle Veränderungen, die durch Umweltfaktoren ausgelöst werden.

sexuelle Selektion: gegenüber Artgenossen gleichen Geschlechts erhöhter Fortpflanzungserfolg aufgrund bestimmter Merkmale, siehe S. 120

Spezifische **Signale**, z. B. auffällige Körpermerkmale, dienen dazu, Sexualpartner anzulocken bzw. zu erkennen. Bei vielen Tierarten werden diese Signale von Männchen ausgesendet und geben Auskunft über deren Vitalität. Ihre Ausprägung ist das Ergebnis sexueller Selektion (siehe Sexualdimorphismus, S. 121), sie bestimmt wesentlich die weibliche Partnerwahl. Oftmals sind mehrere Signalqualitäten kombiniert.

- optisch: Körpergröße und -struktur (z. B. Löwenmähne), die Färbung (z. B. Federkleid der Paradiesvogelmännchen, roter Kehlsack der Fregattvögel) oder Bewegungsmuster (z. B. das Bewegen der großen Schere bei Winkerkrabben). Die Gesamtheit der optischen Signale wird auch als **Sexualtracht** bezeichnet.
- akustisch: z. B. Gesänge oder Lockrufe bei Vögeln, Zirpen der Feldheuschrecken, Quaken der Frösche
- olfaktorisch: Duftstoffe, z. B. Sexualpheromone bei Schmetterlingen
- taktil: z. B. Zupfsignale an den Netzen von Radnetzspinnen

Partnerbindung: individualisierte Bindung von Geschlechtspartnern für einen bestimmten Zeitraum

Balzverhalten: Verhaltensweisen, die zur Partnerbindung führen

Die **Partnerbindung** wird bei vielen Tierarten durch Verhaltensweisen erreicht, die man als **Balzverhalten** bezeichnet. Es erlaubt die eindeutige Identifizierung eines artgleichen potenziellen Partners, eine Annäherung sowie eine Verhaltensabstimmung der Individuen aufeinander. Es ist oftmals durch **ritualisierte** Verhaltensweisen gekennzeichnet. So zeigen z. B. Stichlinge ein ausgeprägtes Balzverhalten mit spezifischer Handlungsabfolge, aber auch viele Vogelarten, etwa Auer- und Birkhähne mit ihren Balztänzen.

Paarungssysteme

Paarungssystem: typische Anzahl der Paarungspartner während einer Fortpflanzungsperiode

Brutfürsorge: Handlungen vor der Geburt oder Eiablage, die zur Erhöhung der Überlebenswahrscheinlichkeit der Jungtiere führen

Brutpflege: fürsorgliches Verhalten bei der Aufzucht der Nachkommen

Die Einteilung in Paarungssysteme erlaubt eine Charakterisierung der Beziehungen zwischen Sexualpartnern. Bei der **Monogamie** verpaaren sich ein Männchen und ein Weibchen während einer oder mehrerer Fortpflanzungsperioden und betreiben oft gemeinsame Brutfürsorge und -pflege, z. B. Störche und Graugänse. Bei der **Polygamie** paaren sich die Geschlechter mit verschiedenen Partnern:

- **Polygynie:** Ein Männchen paart sich mit mehreren Weibchen, die Weibchen paaren sich nur jeweils mit diesem Männchen, z. B. bei Birkhühnern, Gorillas und Walrossen.

- **Polyandrie:** Ein Weibchen paart sich mit mehreren Männchen, die Männchen paaren sich nur jeweils mit diesem Weibchen, z. B. bei Blatthühnchen und Tamarinen.
- **Polygynandrie** (Promiskuität): Sowohl Weibchen als auch Männchen haben mehrere Sexualpartner, z. B. bei Schimpansen.

Kosten-Nutzen-Analyse und Fortpflanzungserfolg

Bei den Weibchen und Männchen einer Art bestehen oftmals unterschiedliche Strategien zur Sicherung ihres Fortpflanzungserfolgs. Da beide Partner zur Reproduktion aufeinander angewiesen sind, können die bestehenden Paarungssysteme als „Kompromisse" beschrieben werden. Für die Individuen treten geschlechtsspezifisch je nach Paarungssystem unterschiedliche Kosten und Nutzen auf:

- Die **Monogamie** ermöglicht eine gemeinsame Brutfürsorge der Elterntiere und damit eine Aufzucht der Jungtiere auch unter ungünstigen Umweltbedingungen. Die Kosten für Partnerfindung und Balz sind gering, allerdings wird der Fortpflanzungserfolg auf beide Elterntiere aufgeteilt.
- Die **Polygynie** bedeutet für das beteiligte Männchen einen sehr hohen Fortpflanzungserfolg, insbesondere, wenn die Aufzucht der Jungtiere den Weibchen zukommt. Die Männchen polygyner Arten investieren allerdings viel in die Verteidigung und den Schutz der Weibchen sowie in die mehrfache Balz. Für die Weibchen steigt der Fortpflanzungserfolg mit der Güte des Reviers und dem Schutz durch das Männchen, die Ressourcen teilen sie allerdings mit anderen Weibchen.
- Bei **Polyandrie** können Weibchen ihren Fortpflanzungserfolg steigern, da die Männchen normalerweise die Aufzucht der Nachkommen übernehmen. Ihre Nachkommen weisen eine hohe genetische Variabilität auf, was unter wechselnden Umweltbedingungen einen Selektionsvorteil mit sich bringen kann. Für jedes Männchen bedeutet die Strategie einen geringeren Fortpflanzungserfolg, da es die Nachkommen mit anderen Männchen teilt. Unter bestimmten Bedingungen kann Polyandrie allerdings für sie von Vorteil sein (z. B. bei zu vielen Männchen).

Spermienkonkurrenz:
„Wettstreit" vieler Spermien (eines oder mehrerer Individuen) um die Befruchtung einer Eizelle

- Bei **Polygynandrie** besteht für Weibchen, die sich mehrfach paaren, ebenfalls ein Vorteil hinsichtlich einer höheren Wahrscheinlichkeit auf Nachkommen und der Brutpflege durch Männchen. Einer erhöhten genetischen Variabilität der Nachkommen infolge der **Spermienkonkurrenz** verschiedener Männchen wirken zum Teil Strategien der Männchen entgegen, indem z. B. sehr viele Spermien produziert oder sogar fremde Spermien aus den weiblichen Genitalorganen beseitigt werden.

Bei manchen Tierarten können in Abhängigkeit von den Umweltbedingungen mehrere Strategien vorkommen, z. B. Polyandrie und Polygynie bei Heckenbraunellen.

Infantizid: Kindstötung

Infantizid

Bei verschiedenen im Sozialverband lebenden Tierarten, z. B. bei Löwen und Brüllaffen, werden zuweilen eigene Jungtiere getötet. Löwenrudel bestehen aus wenigen Männchen, mehreren miteinander verwandten Weibchen und deren Jungtieren. Übernimmt ein neues Männchen das Rudel, kann es vorkommen, dass es die sehr kleinen Nachkommen der Gruppe tötet. In soziobiologischer Hinsicht bedeutet das Verhalten für das Männchen einen Fitnessvorteil, da die Weibchen schneller wieder paarungsbereit sind und begattet werden können, sodass eine möglichst schnelle Aufzucht von Jungtieren mit den eigenen Genen gewährleistet ist. Konkurrenten der eigenen Nachkommen werden durch den Infantizid ebenfalls beseitigt.

Für die Weibchen bringt dieses Verhalten allerdings Einbußen im Fortpflanzungserfolg mit sich, sodass sich Gegenstrategien wie die Verteidigung der Jungtiere oder ein frühzeitiges Absterben der Feten im Mutterleib bei einem Anführerwechsel evolutiv durchgesetzt haben.

63 Der Stieglitz *(Carduelis carduelis)*, auch Distelfink genannt, gehört zu den buntesten Singvögeln Europas. Er ernährt sich vornehmlich von den Samen verschiedener Blütenpflanzen.

(Francis C. Franklin / Wikipedia, CC BY-SA 3.0)

63.1 Das auffällig bunt gefärbte Gefieder des Stieglitzes war schon im Mittelalter ein Motiv für Maler.
Beschreiben Sie anhand von drei verschiedenen Aspekten den Nutzen auffälliger Farbmuster für die Kommunikation im Tierreich. Geben Sie für jeden Aspekt ein passendes Beispiel an.
ABI Bayern (Jahrgang 2017, Aufgabe A1/2.1) AFB I–II ➔ 6 BE von 40

> **TIPP** ▶
> Beachten Sie, dass Sie sich bei Ihrer Lösung nicht auf Vögel beschränken müssen. In der Aufgabenstellung ist allgemein von der Kommunikation im Tierreich die Rede.

63.2 Männliche Stieglitze beginnen im Frühjahr mit dem Balzgesang. Planen Sie ein Experiment, mit dem sich feststellen lässt, ob die Tageslänge der Auslöser für das Balzverhalten der Stieglitzmännchen ist.
ABI Bayern (Jahrgang 2017, Aufgabe A1/2.2) AFB III ➔ 5 BE von 40

63.3 Die Nahrung der körnerfressenden Stieglitze findet sich in der Regel lokal konzentriert und zeitlich befristet. Mehrmals am Tag fliegen die Vögel in Gruppen ein Nahrungsgebiet an. Bereits dort fressende Individuen locken weitere Tiere mit einem Lockruf an. Fressende Stieglitze sind ständig durch Fressfeinde gefährdet. Bei Annäherung eines Feindes warnen die Vögel einander, sobald sie diesen beim Kopfheben erkennen. Die Ergebnisse einer Untersuchung zum Fressverhalten des Stieglitzes bei ausreichendem Nahrungsangebot sind in folgendem Diagramm vereinfacht dargestellt.

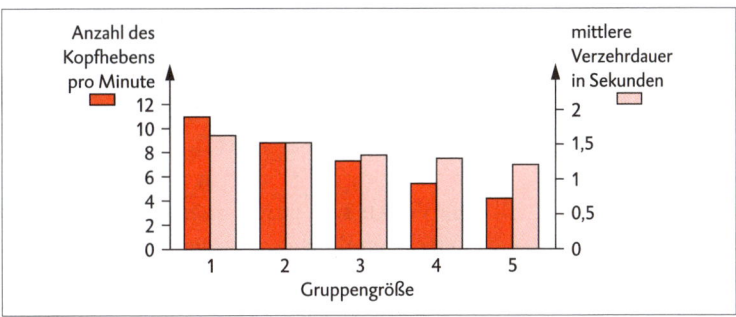

Ergebnisse einer Untersuchung zur Anzahl des Kopfhebens und der mittleren Verzehrdauer eines Futterkorns bei unterschiedlicher Gruppengröße (N = 1, ..., 5 Individuen) von Stieglitzen
(verändert nach: E. Glück (1987): Benefits and costs of social foraging and optimal flock size in goldfinches (Carduelis carduelis). In: Ethology 74, S. 65–79. doi:10.1111/j.1439-0310.1987.tb00922.x)

> **TIPP**
> Ultimate Ursachen werden auch als Zweckursachen bezeichnet. Hier geht es um die Frage, warum sich die Stieglitze zusammenschließen (welchen Nutzen hat der Zusammenschluss?), nicht um die Frage, wie es zu dem Zusammenschluss kommt.

Beschreiben Sie die Ergebnisse der Untersuchung und leiten Sie daraus eine ultimate Ursache für den Zusammenschluss der Stieglitze in Gruppen ab.

ABI Bayern (Jahrgang 2017, Aufgabe A1/2.3) AFB II ➔ 8 BE von 40

64 Der Nacktmull *(Heterocephalus glaber)* gehört zur Ordnung der Nagetiere und lebt in Kolonien in engen unterirdischen Gangsystemen. Die Tiere kommen selten ans Tageslicht.
Einer Nacktmull-Kolonie gehören bis zu 300 Tiere an, die mit Ausnahme der Königin im Laufe ihres Lebens zunächst bei der Jungenaufzucht, dann bei der Futtersuche und Wartung der Gänge und schließlich bei der Verteidigung des Baues mitwirken. Bis auf die Königin sowie maximal zwei bis drei männliche Tiere sind alle weiteren Individuen einer Kolonie steril. Gewöhnlich paart sich die Königin nur mit den wenigen fortpflanzungsfähigen Männchen der eigenen Kolonie. Dies führt zu weitgehender Inzucht, sodass ein Großteil der Tiere einer Kolonie dieselben Eltern hat. Untersuchungen haben ergeben, dass der sich daraus ergebende Verwandtschaftsgrad der Tiere einer Nacktmull-Kolonie bei durchschnittlich 0,8 liegt.
Erläutern Sie, warum die Nacktmulle den eusozial lebenden Tieren zugeordnet werden können.

> **TIPP**
> Im Unterricht haben Sie die Eusozialität wahrscheinlich am Beispiel von Insekten wie Bienen oder Ameisen kennengelernt.
> Notieren Sie davon ausgehend zunächst auf einem separaten Blatt stichpunktartig die Merkmale des eusozialen Zusammenlebens und ordnen Sie die im Text enthaltenen Informationen entsprechend zu.

ABI Bayern (Jahrgang 2018, Aufgabe A2/1.1) AFB II ➔ 5 BE von 40

65 Zu den in Europa vorkommenden Giftschlangen gehören Vertreter der Familie der Vipern. Diese besitzen Giftdrüsen und Giftzähne. Auch die heimische Kreuzotter *(Vipera berus)* zählt zu den Vipern.

Kreuzotter *(Vipera berus)*
(© ClipArt ETC)

Die Vipern sind durch einen recht gedrungenen Körperbau und einen dreieckigen Kopf gekennzeichnet. Bei den in Deutschland vorkommenden Nattern, einer weiteren Schlangenfamilie, handelt es sich hingegen um ungiftige Schlangen, deren Kopf meist lang und schmal ist. Wenn Fressfeinde auftauchen, zeigt die ungiftige Natternart *Natrix maura* folgendes Verhalten: Sie bringt ihren Kopf in eine flache, dreieckige Form und gibt ein bedrohliches Zischen von sich.
Interpretieren Sie dieses Verhalten und seine mögliche biologische Bedeutung auf der Grundlage des Sender-Empfänger-Modells.

> **TIPP**
> Werden Interpretationen, Erläuterungen oder Erklärungen auf der Grundlage eines Modells verlangt, kann es hilfreich sein, das entsprechende Modell auf einem separaten Papier zunächst kurz in Stichpunkten darzustellen.

ABI Bayern (Jahrgang 2019, Aufgabe B2/1) AFB II ➔ 6 BE von 40

TIPP

In der Ethologie werden unter dem Begriff Aggression alle Verhaltensweisen – zwischenartliche und innerartliche – des Angriffs und der Verteidigung zusammengefasst, die der Vertreibung oder Unterwerfung des Gegners dienen.

66 Ein Schimpansenforscher äußert folgenden Satz: „Das Aufstellen einer Rangordnung durch Kämpfe der Männchen innerhalb einer Affengruppe ist letztendlich eine Form der Aggressionskontrolle."
Erläutern Sie diese Aussage.
ABI Bayern (Jahrgang 2017, Aufgabe A2/3) AFB II ➜ 6 BE von 40

67 Affen leben häufig in Gruppen zusammen und zeigen ein komplexes Sozialverhalten. In der Form des Zusammenlebens unterscheiden sich einige Arten. Die folgende Abbildung zeigt die Familienstrukturen bei Gorillas und Gibbons. Das für die Gibbons dargestellte Paarungssystem ist für Säugetiere eher ungewöhnlich.

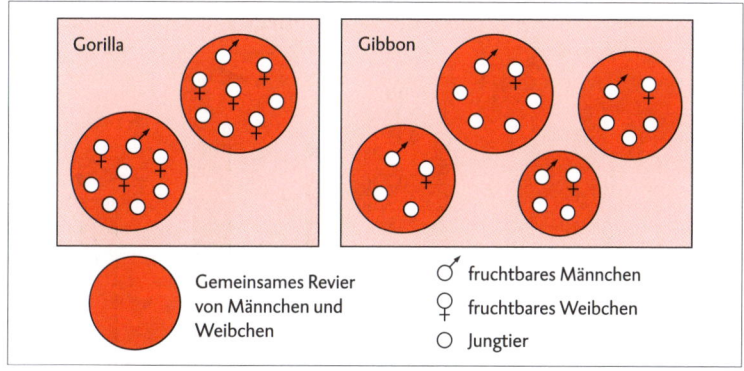

Familienstruktur bei Gorillas und Gibbons
(verändert nach: D. Macdonald (2004): Enzyklopädie der Säugetiere. Tandem Verlag, S. 296)

TIPP

Beachten Sie, dass Sie zwar beide Paarungssysteme beschreiben, aber nur das der Gibbons hinsichtlich der ultimaten Ursachen der Ausbildung betrachten sollen.

Benennen und beschreiben Sie die in der Abbildung dargestellten Paarungssysteme bei Gorillas und Gibbons. Geben Sie zwei mögliche ultimate Ursachen für die Ausbildung des Paarungssystems der Gibbons an.
ABI Bayern (Jahrgang 2017, Aufgabe A2/1) AFB I–II ➜ 6 BE von 40

68 Bei der Kalifornischen Hirschmaus (*Peromyscus californicus*) überleben im Durchschnitt mehr Jungtiere, wenn sich beide Elterntiere an der Brutpflege beteiligen. Dabei übernehmen sowohl männliche als auch weibliche Elterntiere den Nestbau sowie die Fellpflege, das Wärmen und die Verteidigung der Jungen. Außerdem beteiligen sich die Väter an der Nahrungsbeschaffung für die Nachkommen.
Stellen Sie eine Kosten-Nutzen-Betrachtung für das Brutpflegeverhalten des männlichen Elternteils auf.
ABI Bayern (Jahrgang 2019, Aufgabe C1/2) AFB II ➜ 4 BE von 40

69 Schwertträger *(Xiphophorus)* sind beliebte Aquarienfische. Die Abbildung 1 zeigt die Umrisse eines Männchens (♂) und eines Weibchens (♀). Besonders auffällig ist beim Männchen die verlängerte Schwanzflosse, die als Schwert bezeichnet wird und namensgebend ist. Sie wird erst beim Erreichen der Geschlechtsreife ausgebildet und bei der Balz dem Weibchen mehrmals bei verschiedenen Schwimmmanövern präsentiert. In mehreren Experimenten werden Wirkungen des Schwertes auf männliche bzw. weibliche Fische untersucht.

Experiment A:
Bei Männchen mit natürlich ausgebildetem Schwert und künstlich gekürztem Schwert wird in Abwesenheit bzw. Gegenwart eines Weibchens der Sauerstoffverbrauch der Männchen gemessen.

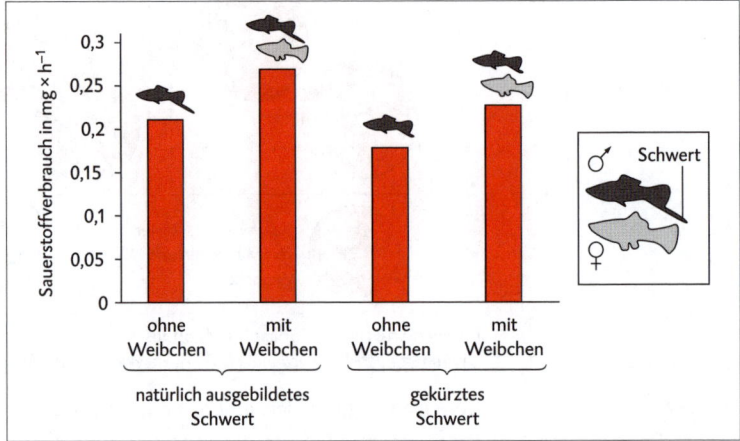

Abb. 1: Sauerstoffverbrauch pro Stunde von *Xiphophorus-montezumae*-Männchen beim Schwimmen
(verändert nach: A. L. Basolo, G. Alcaraz (2003): The turn of the sword: length increases male swimming costs in swordtails. In: Proc. R. Soc. Lond. B, 270, p. 1 631–1 636)

Experiment B:
In jedem Versuchsdurchgang sind immer gleichzeitig zwei Männchen mit unterschiedlich langen Schwertern und ein Weibchen anwesend. Es wird jeweils die Schwertlänge der Männchen gemessen und die Zeitdauer, die ein Weibchen mit dem jeweiligen Männchen verbringt.

VERHALTENSBIOLOGIE

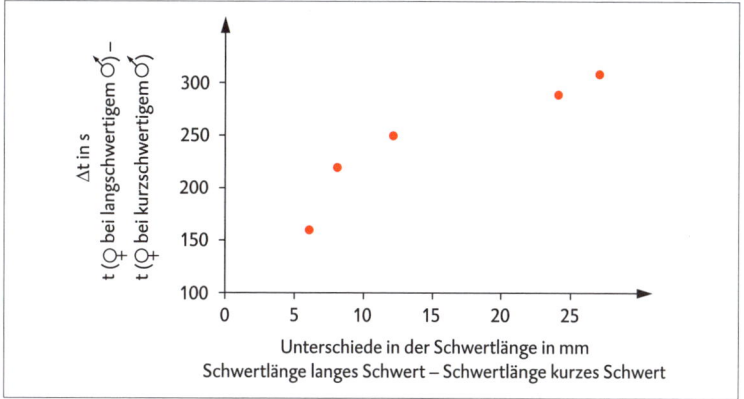

Abb. 2: Unterschiede der gemeinsam verbrachten Zeiten von Weibchen und Männchen in Abhängigkeit von den Unterschieden der Schwertlänge
(verändert nach: A. L. Basolo (1990): Female preference for male sword length in the green sword tail, Xiphophorus helleri. In: Animal Behaviour, 40, p. 332–338)

Die Wissenschaftler gehen davon aus, dass die Länge des Schwertes die direkte Fitness eines Männchens beeinflusst.
Erklären Sie unter Bezug auf die Ergebnisse der beiden Experimente je eine positive und eine negative Wirkung des Schwertes auf die direkte Fitness eines Schwertträgermännchens.
ABI Bayern (Jahrgang 2017, Aufgabe B1/2.1) AFB II → 9 BE von 40

70 Schimpansen leben in Gruppen, denen mehrere fruchtbare Männchen und Weibchen sowie Jungtiere angehören. Unter den Männchen herrscht eine strikte Rangordnung. Vom ranghöchsten Alpha-Männchen stammt der Großteil der Jungtiere ab (ca. 50 bis 65 %), die nach einer etwa achtmonatigen Tragzeit geboren werden. Meist wird ein Junges geboren, Zwillinge sind wie beim Menschen selten. Die Entwöhnung von der Muttermilch findet mit etwa vier Jahren statt. In der Regel pflanzen sich Schimpansenweibchen und -männchen erst mit über 12 Jahren fort. In Freiheit werden Schimpansen etwa 40 Jahre alt.

Abb. 1: Schimpanse
(© Eric Isselée / Fotolia.com)

70.1 Infantizid ist unter Affen durchaus verbreitet.
Definieren Sie den Begriff Infantizid und stellen Sie eine ultimate Ursache für Infantizid durch männliche Säugetiere dar.
ABI Bayern (Jahrgang 2017, Aufgabe A2/2.2) AFB I → 4 BE von 40

TIPP ▶
Fragen Sie sich, welchen Nutzen der Infantizid für die männlichen Säugetiere hat, und nicht, durch welche Faktoren (z. B. hormonelle und soziale) es zum Infantizid kommt.

70.2 Über mehrere Jahre beobachteten Wissenschaftler eine Schimpansengruppe. Es wurden die Rangpositionen der Schimpansenmännchen (Abb. 2) und das Verhalten von Weibchen, die gerade Junge haben (Abb. 3), aufgezeichnet.

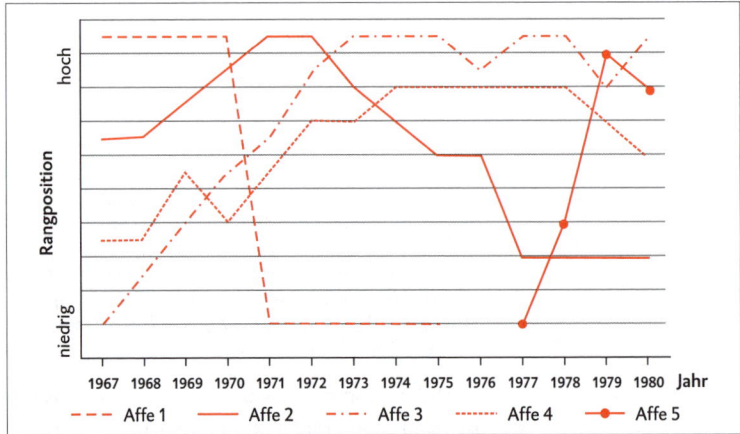

Abb. 2: Rangwechsel in der Alpha-Position einer Schimpansengruppe
(verändert nach: G. Hornung et al. (2008): Verhaltensbiologie. Materialien für den Sekundarbereich II, Schroedel Verlag, S. 93)

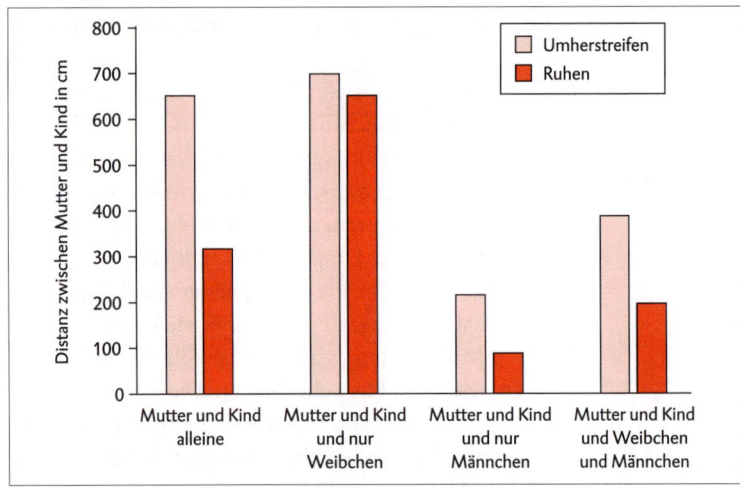

Abb. 3: Durchschnittliche Mutter/Kind-Distanz während des Umherstreifens und während der Ruhephasen bei Schimpansen, je nach Zusammensetzung der Gruppe
(verändert nach: E. Voland (2009): Soziobiologie. Spektrum Verlag, 3. Auflage, S. 31)

Begründen Sie anhand des Textes und der Abbildungen 2 und 3, ob diese Daten die Hypothese „Infantizid tritt bei Schimpansen auf." stützen.
ABI Bayern (Jahrgang 2017, Aufgabe A2/2.3) AFB II ➔ 10 BE von 40

> **TIPP**
> Werten Sie zunächst die Diagramme der beiden Experimente aus. Beachten Sie besonders bei Experiment B die komplexe Achsenbeschriftung. Anschließend beschreiben Sie die Beobachtungen, die Sie den Diagrammen A und B entnehmen können. Diese Beobachtungen nutzen Sie, um dann eine positive und eine negative Wirkung zu erklären.

4 Angewandte Verhaltensbiologie

Auch beim Menschen wird die Existenz angeborener Auslösemechanismen (AAM, siehe S. 157) angenommen. Dabei wirken bestimmte Schlüsselreizkombinationen, die mithilfe von Attrappenversuchen identifiziert werden können, reaktionsauslösend.

Mann-Frau-Schema: Schlüsselreize, die eine Geschlechtszuordnung ermöglichen

- **Mann-Frau-Schema:** Anhand bestimmter Merkmale wird die Geschlechtszugehörigkeit anderer Menschen erkannt und deren Attraktivität bewertet. Als weibliche Schlüsselreize wirken v. a. gerundete Körper- und Gesichtsformen, eine im Verhältnis zur Hüfte schmale Taille sowie die weibliche Brust. Für Männer sind kantigere Körper- und Gesichtsformen, breite Schultern, Bartwuchs und eine kräftigere Körperbehaarung kennzeichnend. Diese Reize können (v. a. beim jeweils anderen Geschlecht) eine erotische Anziehung auslösen und Verhaltensweisen wie Flirten, Paar(bind)ungsverhalten oder das Bedürfnis zu schützen auslösen. Situationsbedingt können unter Männern die männlichen Reize auch rivalisierendes Verhalten bedingen.

Kindchenschema: als Schlüsselreize wirkende Körpermerkmale junger Lebewesen, die ein Brutpflegeverhalten auslösen

- **Kindchenschema:** Die Gesichter und Proportionen von Babys und Kleinkindern rufen bei fast allen Menschen eine positive Zuwendung hervor. Dabei werden eine vorgewölbte Stirn, ein relativ großer Kopf mit vergleichsweise großem Hinterkopf, große Augen, eine kleine Gesichtspartie mit „Pausbacken", relativ kurze Gliedmaßen sowie unbeholfene Bewegungen als niedlich empfunden. Das Kindchenschema gewährleistet, dass hilflosen Kleinkindern die überlebensnotwendige Fürsorge, Schutz und Zuneigung entgegengebracht werden. Auch Jungtiere vieler Arten wirken aufgrund dieser Kennzeichen ähnlich auf den Menschen.

Abb. 77: Kopfproportionen junger (oben) und erwachsener Lebewesen

Bedeutung in Medien und Gesellschaft

Insbesondere die Werbung sowie Verkaufs- und Marketingstrategien von Unternehmen und Organisationen zielen darauf ab, die bestehenden AAMs zu aktivieren, um das Verhalten oder die Einstellung ihrer potenziellen Kund- oder Anhängerschaft zu beeinflussen.

Das **Kindchenschema** wird u. a. eingesetzt, um ...

- das Interesse von Kindern zu wecken, z. B. bei der Gestaltung von Comicfiguren, Stofftieren, animierten Figuren und Spielwaren. Eine immer stärkere Orientierung am Kindchenschema wird seit Mitte des 20. Jahrhunderts z. B. bei der Darstellung der Micky Maus deutlich.
- das Gegenüber generell für ein Produkt oder Vorhaben einzunehmen.
- Empathie auszulösen, z. B. bei Spendenkampagnen von Hilfsorganisationen.

Das **Mann-Frau-Schema** wird genutzt, um die Aufmerksamkeit Erwachsener auf Produkte, Angebote und Kampagnen zu lenken. Dabei werden die Schlüsselreize oftmals stark betont, z. B. bei Models mit „Idealmaßen" oder in bildlichen Darstellungen. Gesellschaftlich problematisch können die Vermittlung eines vermeintlichen Idealbilds sowie eine Herabwürdigung von Menschen zu Stimulationsobjekten sein.

70 Häufig weicht bei der Darstellung von Elefanten in Comics das Aussehen der Comicfigur deutlich vom naturgetreuen Abbild eines Elefanten ab, wie auch in der Abbildung:

Elefant als Comicfigur

Stellen Sie eine Hypothese auf, welche Wirkung der Zeichner mit dieser Darstellung beim Betrachter erzielen möchte, und erläutern Sie, welche Erkenntnisse aus der Verhaltensforschung er zur Erreichung dieser Ziele einsetzt!

ABI Bayern (Jahrgang 2015, Aufgabe B2/4) AFB II–III ➔ 5 BE von 40

Lösungen

1

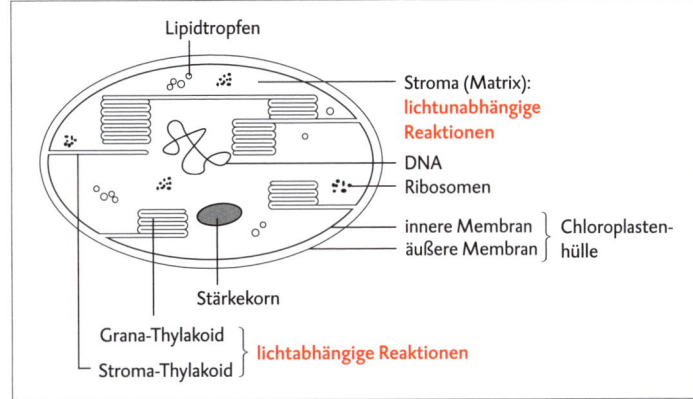

2 Grünalgen sind zwar relativ einfach gebaute Einzeller, sie gehören jedoch systematisch zu den **Eukaryoten**. Die Abbildung zeigt hingegen, dass die Cyanobakterienzelle Merkmale einer **prokaryotischen** Zelle aufweist:
- Die DNA liegt frei im Cytoplasma vor und nicht in einem von einer Doppelmembran umgebenen Zellkern.
- Es gibt keine membranumhüllten Zellorganellen.
- Die Ribosomen sind die einzigen Zellorganellen.

Der Begriff Blaualge ist also irreführend und sollte deshalb vermieden werden.

TIPP

Rufen Sie hier Ihre Kenntnisse der Unterschiede zwischen Pro- und Euzyte ab. Neben den genannten Punkten könnten Sie auch noch anführen, dass die Zellwand bakterientypisch Murein enthält und dass 70S-Ribosomen vorliegen.

3

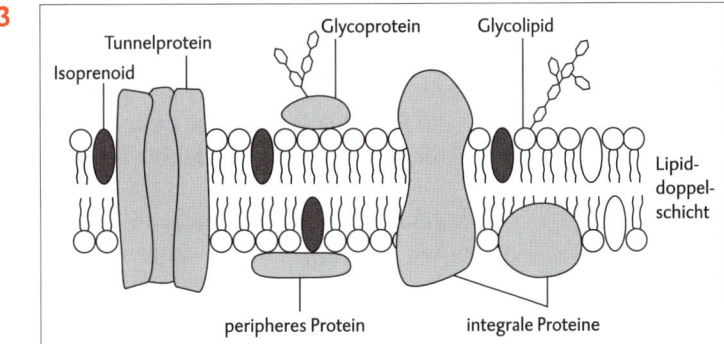

TIPP

In der Aufgabenstellung werden Isoprenoide als „lipidähnliche Moleküle" eingeführt, sodass Sie diese anstelle der Lipide oder zwischen diese einzeichnen können. Als Symbol empfiehlt sich eine einfache, aber charakteristische Form.

TIPP

Überlegen Sie sich für die Darstellung von Abläufen in Ihren Lösungen noch vor Beginn der Bearbeitung eine schlüssige Reihenfolge. In diesem Fall ist es sinnvoll, mit der Schilderung des Aufbaus des Protonengradienten zu beginnen. Alternativ könnten Sie aber auch mit dem Antiport des Acetylcholins und der Protonen beginnen und davon ausgehend die notwendige Voraussetzung (Erzeugung eines Protonengradienten) darlegen.

TIPP

Die Abbildung ist laut Aufgabenstellung zwar nicht verlangt, zur Unterstützung der Erklärung kann sie jedoch hilfreich sein.

4 Über ein Protein, das in der Membran des Bläschens lokalisiert ist (ATPase), wird ATP in ADP und anorganisches Phosphat gespalten. Die dabei freigesetzte Energie wird dazu verwendet, Protonen aktiv in das Membran-Bläschen zu transportieren und damit Protonen im Bläschen anzureichern. Der resultierende **Protonengradient** dient dazu, Acetylcholin im Austausch gegen H$^+$-Ionen in das Membran-Bläschen zu transportieren. Dieser Austausch geschieht durch ein weiteres Membranprotein.

5.1

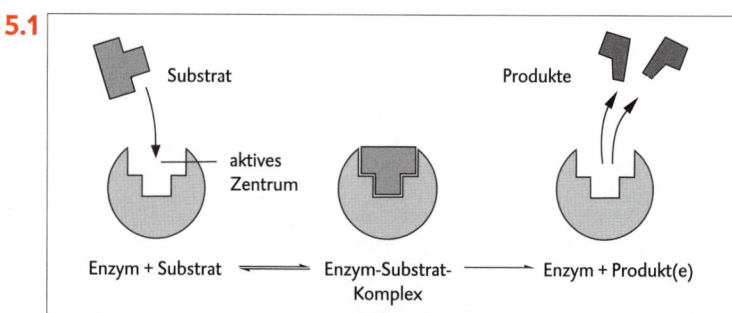

Allgemeine Modellvorstellung zur molekularen Wirkungsweise:
Zwischen einem Enzym und dem Substrat bildet sich mit dem **Enzym-Substrat-Komplex** eine sehr kurzlebige Verbindung aus: Das Substratmolekül passt aufgrund seiner Molekülform nach dem **Schlüssel-Schloss-Prinzip** genau in eine dreidimensionale Einbuchtung des Enzyms. Dieses **aktive Zentrum** nimmt das Substrat auf und wirkt katalytisch. Danach löst sich der Enzym-Substrat-Komplex rasch wieder auf und das/die Produkt(e) verlässt/verlassen das Enzym. Daraufhin liegt das Enzym wieder unverändert vor und ist weiterhin funktionsfähig.

Diskussion zur Spezifität des multifunktionalen Enzyms:
Die Aussage der Modellvorstellung, dass nur ein Substrat umgesetzt wird, ist im vorliegenden Fall nur eingeschränkt gültig. Da das Enzym **zwei verschiedene aktive Zentren** besitzt, können auch **zwei unterschiedliche Substratmoleküle** umgesetzt werden.

5.2 Bestimmte pflanzliche Zellwände sind aus Glucomannan und Cellulose aufgebaut. Wenn beide Substrate **gleichzeitig** umgewandelt werden können, ist eine **schnellere** Zersetzung der Zellwand möglich. Dieser **effizientere** Stoffwechsel ist für die Stabschrecken vorteilhaft.

6 In der Tabelle sind die Versuchsergebnisse der Wirkung von Dihydrogensulfid (H_2S) auf das Enzym COX dargestellt. In **fünf Versuchsansätzen** wird die **Enzymaktivität** untersucht, während die **H_2S-Konzentration** bzw. die **Sauerstoffkonzentration** verändert werden.

- In den **Versuchsansätzen 1–4** wird die H_2S-Konzentration zunehmend erhöht, während die Sauerstoffkonzentration immer konstant bleibt. Es kann beobachtet werden, dass die Enzymaktivität mit zunehmender H_2S-Konzentration abnimmt.
- Im **Versuchsansatz 5** beträgt die H_2S-Konzentration ebenso wie bei Versuchsansatz 4 240 µmol/L, während die Sauerstoffkonzentration im Vergleich zu den anderen Experimenten deutlich erhöht ist. Im Ansatz 5 erkennt man, dass bei gleichbleibend hoher H_2S-Konzentration die Enzymaktivität bei 100 % ist.

Dihydrogensulfid besitzt eine ähnliche Teilchenmasse wie ein Sauerstoffmolekül und kann an das **aktive Zentrum** des Enzyms COX binden und es so für das eigentliche **Substrat** Sauerstoff **blockieren**. Dihydrogensulfid **konkurriert** mit Sauerstoff um das aktive Zentrum des Enzyms COX. Dadurch wird die **Enzymaktivität verringert**. Wird die Sauerstoffkonzentration deutlich erhöht, so steigt die Wahrscheinlichkeit, dass Sauerstoff- statt Dihydrogensulfidmoleküle auf die COX-Enzyme treffen. Es handelt sich um eine **kompetitive Hemmung**.

7 Beide Stoffwechselwege zeigen einige **Übereinstimmungen:**
ATP ist das Energieäquivalent und wird aus ADP und einem anorganischen Phosphatrest aufgebaut. Außerdem dient anorganisches Kohlenstoffdioxid als **Kohlenstoffquelle**. Durch die lichtunabhängigen Reaktionen des **Calvin-Zyklus** wird der energiereiche, organische Stoff **Glucose** gebildet.
Beide Stoffwechselwege weisen jedoch auch deutliche **Unterschiede** auf:

- Als **Elektronenquelle** dient bei der Fotosynthese Wasser, bei der Chemosynthese hingegen H_2S.
- Als **Energiequelle** dient bei der Fotosynthese Licht, bei der Chemosynthese jedoch die exotherme Reaktion von H_2S.
- Als **Reduktionsäquivalent** dient bei der Fotosynthese $NADPH/H^+$, bei der Chemosynthese jedoch $NADH/H^+$.
- Während Wasser bei der Fotosynthese als Edukt fungiert und Sauerstoff produziert wird, verhält es sich bei der Chemosynthese genau umgekehrt (Sauerstoff als Edukt, Wasser als Produkt).

8.1 Die Efeublattstückchen, die mit blauem Licht beleuchtet werden, können Fotosynthese betreiben. Ein Produkt der Fotosynthese ist Sauerstoff. Der gebildete Sauerstoff haftet in Form von kleinen Gasbläschen an den Blattstückchen, wodurch deren Dichte verringert wird. Sie steigen auf.

- **Hypothese bei roter Folie:** Vermutlich steigen die Blattstückchen ebenso wie bei Blaulicht auf. Auch bei rotem Licht besteht eine hohe Fotosyntheseaktivität, weshalb sich voraussichtlich ebenfalls Sauerstoffbläschen an den Blattstückchen anheften dürften.
- **Hypothese bei grüner Folie:** Die Blattstücken steigen wahrscheinlich nicht auf. Die Fotosyntheseaktivität im grünen Licht ist sehr gering. Der gebildete Sauerstoff dürfte nicht ausreichen, um die Blattstückchen nach oben steigen zu lassen.

> **TIPP**
> Bei der Auswahl der drei Faktoren sind Sie prinzipiell frei. Idealerweise führen Sie jedoch die im Unterricht behandelten, wesentlichen externen Einflüsse auf die Fotosyntheserate an. Meist sind dies Lichtqualität, Lichtintensität, Temperatur und Kohlenstoffdioxidgehalt.

8.2 Faktoren:

- **Temperatur** des Wassers: Die Temperatur des Wassers sollte bei den einzelnen Versuchsansätzen identisch sein, da Teilreaktionen der Fotosynthese temperaturabhängig sind. Wird die Temperatur geändert, so verändert sich nach der **RGT-Regel** auch die Reaktionsgeschwindigkeit. Dadurch wird die Fotosyntheserate und damit auch die Bildung der Sauerstoffbläschen beeinflusst.
- **Kohlenstoffdioxidgehalt** des Wassers: Im Versuchsansatz wird so viel Backpulver ins Wasser gegeben, dass überschüssiges Kohlenstoffdioxid abgelassen werden kann. Wird die Menge an Backpulver so stark verringert, dass das Wasser nicht mehr mit Kohlenstoffdioxid gesättigt ist, hat dies einen Einfluss auf die Fotosyntheserate der Blattstückchen. Verringert man den Kohlenstoffdioxidgehalt, so sinkt die Fotosyntheseleistung, da in der Dunkelreaktion weniger Kohlenstoffdioxid fixiert werden kann. Somit verlangsamt sich auch die Lichtreaktion, in der Sauerstoff gebildet wird.
- **Lichtintensität:** Wird die Lichtintensität verändert, hat dies direkten Einfluss auf die Fotosyntheserate. Je größer die Lichtintensität ist, desto höher ist die Fotosyntheseleistung. Erst ab einer sehr hohen Lichtintensität nehmen die Pigmente der Fotosynthese Schaden, sodass die Fotosyntheserate sinkt.

9 $12\ H_2O + 12\ NADP^+ + 18\ ADP + 18\ P_i \longrightarrow 6\ O_2 + 12\ NADPH/H^+ + 18\ ATP$

10.1

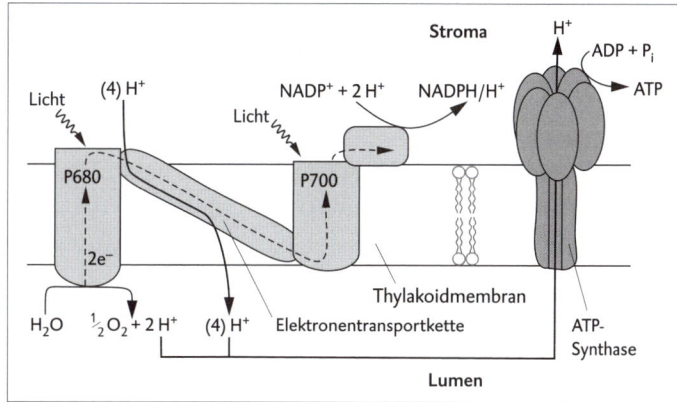

10.2 Gemeinsamkeiten:

- Licht dient der Anregung der Fotosysteme und damit als Energiequelle.
- Als Reduktionsäquivalente werden NADPH-Moleküle gebildet.
- Elektronen werden über eine zyklische Elektronentransportkette vom angeregten Zustand zum Grundzustand des Fotosystems zurücktransportiert.
- Die Fotosysteme bestehen aus einer Lichtsammelfalle und einem zentralen Reaktionszentrum.

Unterschiede:

- Purpurbakterien besitzen im Unterschied zu den grünen Pflanzen nur ein und nicht zwei Fotosysteme.
- Anstelle der zentralen Chlorophyll-a-Moleküle P680 und P700 enthalten Purpurbakterien als zentrales Reaktionszentrum P870.
- Das Absorptionsmaximum der Reaktionszentrums-Chlorophylle liegt bei den Purpurbakterien bei 870 nm und damit im Vergleich zu den grünen Pflanzen im längerwelligen und damit energieärmeren Lichtspektrum.
- Als elektronenliefernder Stoff dient den Purpurbakterien Succinat/Malat und nicht Wasser.

11 Auswirkungen der Herbizide:

- **Triazine** hemmen den Elektronentransport in der Thylakoidmembran. Durch die fehlenden Elektronen wird die Reduktion von $NADP^+$ zu $NADPH/H^+$ unterbunden. Es werden keine Reduktionsäquivalente für die Dunkelreaktionen gebildet.
- **Diphenylether** ähnelt strukturell dem ADP. Es wirkt somit als kompetitiver Hemmstoff für die ATP-Synthase und verringert damit die Synthese von ATP, das für die Dunkelreaktionen benötigt wird.

TIPP ▶
Nur jeweils zwei Gemeinsamkeiten und Unterschiede sind verlangt.

TIPP ▶
Außerdem wird der Protonentransport durch die Thylakoidmembran unterbunden. Dies hat zur Folge, dass der Protonengradient zwischen Lumen und Stroma nicht aufrechterhalten werden kann. Somit wird nur noch wenig oder kein ATP mehr gebildet, das für die Dunkelreaktionen benötigt wird.

- **Pyridazinone** zerstören Farbstoffe und somit auch die Pigmente, die für die Fotosynthese wichtig sind. Eine Anregung von Elektronen in Chlorophyllmolekülen ist nicht mehr möglich und die Lichtreaktion kommt zum Erliegen.

12

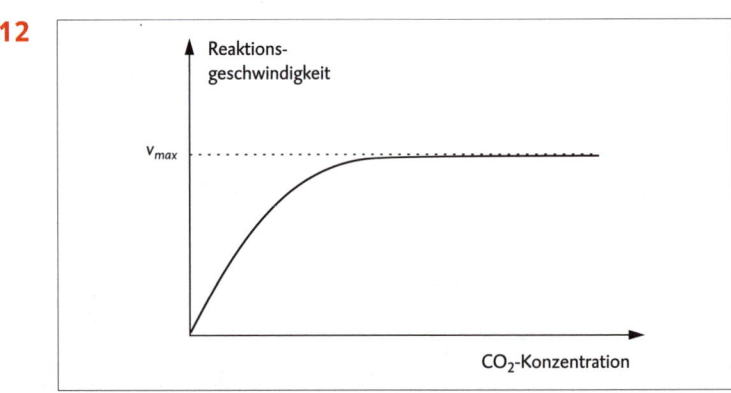

Mit zunehmender Kohlenstoffdioxidkonzentration nimmt die Reaktionsgeschwindigkeit erst rasch und dann langsamer zu und nähert sich bei höheren Konzentrationen einem Sättigungswert an, der Maximalgeschwindigkeit v_{max}. Sind alle Enzymmoleküle (RubisCO) mit der Fixierung des vorhandenen Kohlenstoffdioxids voll ausgelastet, so führt eine Steigerung der Kohlenstoffdioxidkonzentration nicht zu einer weiteren Steigerung der Reaktionsgeschwindigkeit.

13.1 Das Diagramm zeigt die Ergebnisse eines Versuchs zur **Fotosyntheseleistung** von *Chlamydomonas nivalis* in Abhängigkeit von der Beleuchtungsstärke bei **zwei unterschiedlichen Temperaturen**. Bei 20 °C steigt bei Erhöhung der Beleuchtungsstärke bis zu ca. 900 µmol Photonen $m^{-2}s^{-1}$ die Sauerstofffreisetzung bis etwa 0,5 µmol an und geht dann in einen Sättigungswert über.

Bei der anfangs noch sehr niedrigen Beleuchtungsstärke überwiegt die **Atmung**. Das Diagramm zeigt, dass hier mehr Sauerstoff aufgenommen als durch die Fotosynthese abgegeben wird. Bei einer bestimmten Beleuchtungsstärke (hier etwa 150 µmol Photonen $m^{-2}s^{-1}$), dem **Lichtkompensationspunkt**, halten sich Sauerstoffaufnahme und -abgabe die Waage. Dieser zeigt sich durch den Schnittpunkt mit der x-Achse. Erst bei weiterer Erhöhung überwiegt die **Fotosynthese** und damit die Sauerstofffreisetzung. Wird die Beleuchtungsstärke weiter erhöht, steigt die Fotosyntheseleistung bis zum **Sättigungswert** an.

13.2 Vergleich: Bei einer Temperatur von 0 °C wird der Lichtkompensationspunkt wesentlich früher erreicht als bei 20 °C. Die maximale Fotosyntheseleistung bzw. die maximale Sauerstofffreisetzung liegt bei 0 °C mit nur 0,1 µmol deutlich niedriger als bei 20 °C. Zudem wird die Sättigung bei 0 °C bereits bei geringerer Beleuchtungsstärke erreicht.

Hypothese: Eine mögliche Ursache für die geringere maximale Sauerstofffreisetzung bei 0 °C könnte z. B. aufgrund der RGT-Regel in einer verringerten Enzymaktivität bei 0 °C liegen. Die dadurch geringere Regeneration von NADP$^+$ in den lichtunabhängigen Reaktionen würde die geringere Sauerstofffreisetzung erklären.

> **TIPP**
> Auch andere Hypothesen sind denkbar, allerdings muss der Bezug auf die gegebenen Informationen muss klar sein.

14 Bei der alkoholischen Gärung wird während der **Glykolyse** 1 mol Glucose in mehreren Schritten zu 2 mol Brenztraubensäure abgebaut. Dabei entstehen 2 mol ATP und 2 mol NADH/H$^+$.

Unter **anaeroben Bedingungen** reagiert die Brenztraubensäure unter Abspaltung von Kohlenstoffdioxid zu Ethanal, das anschließend unter Verbrauch von NADH/H$^+$ und Regeneration von NAD$^+$ zu Ethanol reduziert wird.

$$C_6H_{12}O_6 + 2\,ADP + 2\,\text{\textcircled{P}} \longrightarrow 2\,C_2H_5OH + 2\,CO_2 + 2\,ATP$$
$$\text{Glucose} \hspace{4cm} \text{Ethanol}$$

> **TIPP**
> Die Angabe der Reaktionsgleichung ist nicht zwingend erforderlich, aber sinnvoll.

15 Gemeinsamkeiten: Bei der Membran der Mistel und der Membran der Kartoffel befinden sich in der inneren Mitochondrienmembran Proteinkomplexe, die Protonen aus der Matrix gegen das Konzentrationsgefälle in den Intermembranraum pumpen. Die Proteinkomplexe II, III und IV haben Kartoffel und Mistel gemeinsam. Außerdem befinden sich bei beiden ATP-Synthasen in der Membran.

Unterschiede: Es fällt auf, dass sich bei der Mistel deutlich weniger Proteinkomplexe in der inneren Mitochondrienmembran befinden, der Proteinkomplex I fehlt beispielsweise völlig. Ebenso sind bei Misteln weniger ATP-Synthasen in dieser Membran vorhanden. Da weniger Proteinkomplexe in der Membran eingelagert sind, werden weniger Protonen in den Intermembranraum gepumpt. Dies hat zur Folge, dass der Protonengradient geringer ist. Aufgrund des geringeren Gradienten diffundieren weniger Protonen durch die ATP-Synthasen zurück in die Matrix. Dies und die geringere Anzahl der Synthasen haben zur Folge, dass die ATP-Ausbeute in der Atmungskette der Misteln geringer ist. Die Atmungskette der Misteln weist demnach eine geringere Leistungsfähigkeit auf.

16 Die RNA-Polymerase eukaryotischer Wirtszellen, hier der Zellen der Waschbären, kann nur DNA transkribieren. Die Erbsubstanz des Tollwutvirus besteht jedoch aus einer einzelsträngigen RNA. Zur Herstellung der mRNA aus RNA wird also eine spezielle RNA-Polymerase benötigt, die durch das Virus in die Wirtszelle eingeschleust werden muss.

17 Die **Proteinbiosynthese** besteht im Wesentlichen aus den Prozessen der **Transkription** und **Translation**. Zwischen diesen Phasen läuft die Prozessierung ab.

Die im Text beschriebenen Toxine stören die ribosomalen Untereinheiten in menschlichen Zellen. Werden diese durch die Toxine beeinflusst, so kann die Translation nicht mehr ablaufen und die Synthese von Proteinen ist nicht mehr möglich. Sind die ribosomalen Untereinheiten inaktiviert, so können sie nicht an die mRNA binden und mit der Translation starten.

Da die Transkription räumlich getrennt und zeitlich vor der Translation stattfindet, kann diese ungehindert ablaufen.

> **TIPP** ▶
> Auch die Prozessierung kann ungehindert ablaufen, da sie räumlich getrennt und zeitlich vor der Translation stattfindet.

> **TIPP** ▶
> Eine übersichtliche Gliederung und das Arbeiten mit Überschriften ist extrem hilfreich, um zu vermeiden, dass Sie in Ihrer Lösung wichtige Punkte vergessen.

18 Beschreibung der Kurvenverläufe:
- **Kurve A:** Das Gasvolumen steigt ab der Zugabe von Glucose innerhalb von 300 Minuten auf ca. 950 µl konstant an.
- **Kurve B:** Bis etwa 100–120 Minuten nach der Zugabe von Cellobiose erhöht sich das Gasvolumen nur langsam auf ca. 80 µl. Erst danach zeigt sich ein stärkerer linearer Anstieg der Gasproduktion bis auf knapp 500 µl nach 300 Minuten.

Erläuterung der Kurvenverläufe:
Der rasche und kontinuierliche Abbau von Glucose weist darauf hin, dass die nötigen Enzyme bereits in der Zelle vorhanden sind (Kurve A). Der verzögerte Anstieg der Gasproduktion in Kurve B könnte darauf beruhen, dass die für den Cellobioseabbau notwendigen Enzyme erst in größeren Mengen in der Zelle gebildet werden müssen.

Modellvorstellung der Genregulation nach Jakob-Monod:
Eine mögliche Genregulation, die den Kurvenverlauf erläutert, lässt sich nach der Operon-Hypothese mit der Substratinduktion erklären.

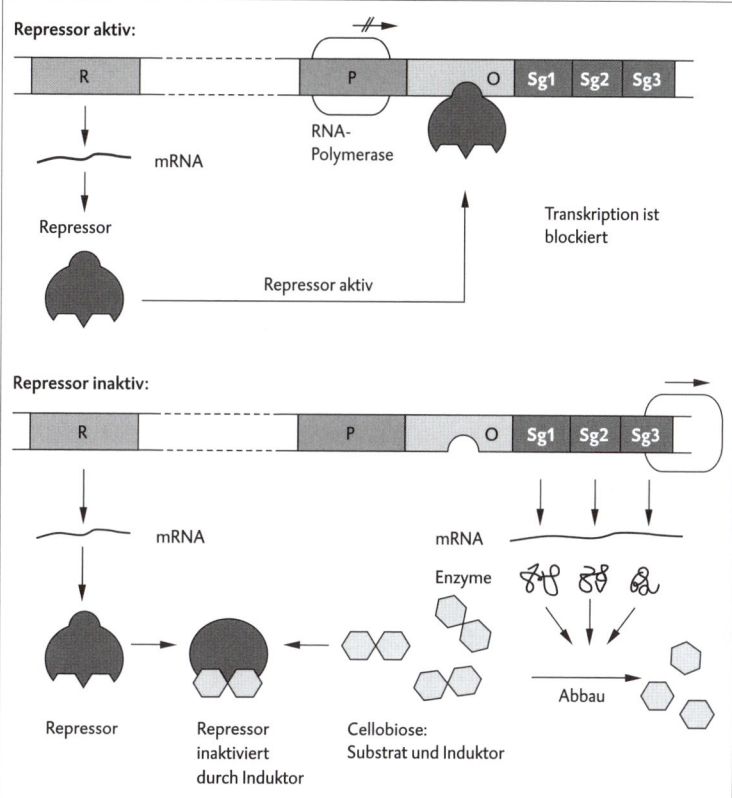

TIPP

Das Anfertigen der Skizzen ist nicht zwingend notwendig, kann aber sehr hilfreich sein.

Das Operon ist ein DNA-Abschnitt im Erbgut der Bodenbakterien. Dieser enthält neben einem Promotorgen und dem Operatorgen auch mehrere Strukturgene:
- Das **Promotor**gen dient als Startstelle für die RNA-Polymerase.
- Das **Operator**gen fungiert als Bindestelle für den Repressor.
- Die **Struktur**gene codieren in diesem Fall Enzymproteine für den Abbau von Cellobiose.

Das Operon wird von einem benachbarten DNA-Abschnitt gesteuert, dem **Regulator**gen. Das Genprodukt des Regulatorgens ist der **Repressor**. Dieses allosterische Protein, das vor der Zugabe von Cellobiose in seiner **aktiven Form** vorliegt, bindet an den Operator und verhindert damit die Transkription der Strukturgene durch die RNA-Polymerase.

Nach der Zugabe von Cellobiose verbinden sich Cellobiosemoleküle mit dem aktiven Repressor über dessen zweite Bindestelle. Dies führt zu einer Konformationsänderung des Repressors, und seine Bindung an das Operatorgen wird gelöst. Der Repressor ist nun inaktiv, die RNA-Polymerase heftet sich an den Promotor und beginnt mit der Transkription. Erst jetzt erfolgt die Proteinbiosynthese der Enzyme, die nach etwa 100 bis 120 Minuten vermehrt den Abbau von Cellobiose in organische Endprodukte und die Gase Kohlenstoffdioxid bzw. Wasserstoff katalysieren.

Man bezeichnet die Cellobiose in diesem Fall der Genregulation als **Induktor**, da sie als abzubauender Stoff die Enzymsynthese auslöst.

19 codogener Strang   3' CCC CAT TTG TTC 5'
mRNA   5' GGG GUA AAC AAG 3'
Aminosäuresequenz   Gly Val Asn Lys

> **TIPP**
> Der Begriff Punktmutation wird in der Literatur häufig synonym zu dem Begriff Basensubstitution verwendet. Bei einer Punktmutation kann es sich aber zusätzlich auch um eine Deletion oder Insertion handeln.

Bei Mutation 1 handelt es sich um eine **Basensubstitution** an der dritten Stelle des 13. Tripletts. Statt eines Thymin- ist ein Adenin-Nukleotid eingebaut. Da beide Tripletts für die Aminosäure Valin codieren, handelt es sich um eine **stumme Mutation**. Das Genprodukt ist nicht verändert.

Bei Mutation 2 handelt es sich um eine **Deletion** der ersten Base des 13. Tripletts. Dadurch kommt es zu einer **Leserastermutation**, die zu einem deutlich veränderten Genprodukt führt. Das 13. Triplett codiert nun für ein Stoppcodon, was zu einem stark verkürzten Genprodukt führt.

Als mögliche Ursache für die erblich bedingte Schwerhörigkeit kommt nur **Mutation 2** im *GJB2*-Gen infrage.

20

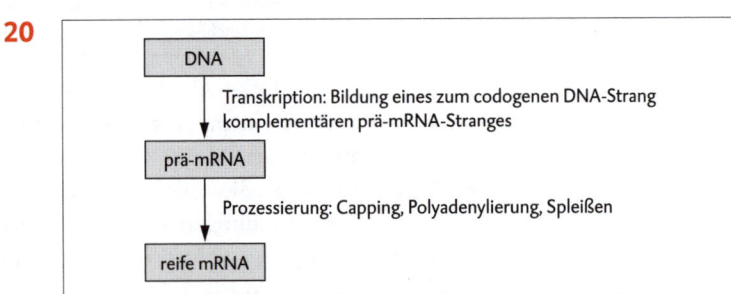

21.1 codogener Strang   3' AAC ATG CTG TTT 5'
mRNA   5' UUG UAC GAC AAA 3'
Aminosäuresequenz   Leu Tyr Asp Lys

21.2 Die **Basensubstitution** an Stelle 1 findet in **Exon 3** statt, also einem codierenden Bereich der DNA. Wird Guanin durch Thymin ersetzt, so lautet das Triplett in der DNA nicht mehr ATG, sondern ATT. In der mRNA entsteht nun das Codon UAA, somit wird ein **Stoppcodon** erzeugt. Die Folge hiervon wäre eine **nonsense-Mutation**, also ein Abbruch der Translation im Exon 3. Das so entstandene verkürzte

Polypeptid wäre mit hoher Wahrscheinlichkeit kein funktionsfähiges Protein, da die Mutation verhältnismäßig früh im Gen lokalisiert ist.

Die **Substitution** an Stelle 2 findet im **Intron C** statt. Introns sind nicht-codierende Bereiche der DNA. Sie werden aus der Prä-mRNA während der Prozessierung beim Spleißen entfernt. Eine veränderte Basensequenz hat demnach keine direkten Auswirkungen auf das Genprodukt.

22.1

Kriterien	Ergebnis Mitose	Ergebnis Meiose
Zellzahl	2	4
Zelltyp	diploide Körperzellen	haploide Spermienzellen
Chromosomenzahl	2n = 58	n = 29
genetische Information	identisch	unterschiedlich

> **TIPP**
> Bei **allen** Säugetieren weisen die Weibchen im Normalfall zwei X-Chromosomen und die Männchen ein X- und ein Y-Chromosom auf.

22.2 Tier A: Das Karyogramm zeigt 28 homologe Chromosomenpaare und die Geschlechtschromosomen X und Y. Bei damit insgesamt 58 Chromosomen handelt es sich um eine männliche Oryxantilope.

Tier B: Das Karyogramm zeigt 27 homologe Chromosomenpaare und die Geschlechtschromosomen X und X. Es handelt sich um eine weibliche Oryxantilope, bei der das Chromosom 19 nur einmal frei vorkommt. Das zweite Chromosom 19 ist an einem Chromosom 17 angelagert. Dies ist daran zu erkennen, dass dieses deutlich länger ist als das zweite Chromosom 17.

22.3 Bei **Tier B** kann es zu Störungen beim Ablauf der Meiose kommen.

Da das Chromosom 19 am Chromosom 17 angelagert ist, ist eine gleichmäßige Verteilung der Chromosomen während der Anaphase der Reduktionsteilung erschwert. Dies kann bei der Eizellbildung dazu führen, dass in einer Eizelle die Erbinformation von Chromosom 19 fehlt oder in einer anderen Eizelle sogar doppelt vorhanden ist.

> **TIPP**
> Daraus, dass hier nur 4 BEs zu vergeben sind, können Sie schließen, dass die Darstellung einer Erklärung ausreichend ist.

23.1 Mögliche Erklärungen:
- Mitotische Teilungsvorgänge bei der **ungeschlechtlichen Fortpflanzung** führen zu diploiden, genetisch **identischen Zellen**, die alle die gleiche Erbinformation wie die mütterlichen Zellen tragen. Aus diesen entwickeln sich die genetisch identischen Nachkommen.
- Bei der **Parthenogenese** (= Jungfernzeugung) entstehen die genetisch identischen Nachkommen aus unbefruchteten Eizellen der Weibchen. Dazu werden spezielle Keimzellen gebildet, bei denen die

erste meiotische Teilung (= Reduktionsteilung) unterbleibt. Diese diploiden Zellen besitzen die identische Erbinformation wie die Mutter. Die anschließende 2. Reifeteilung (= Äquationsteilung) verläuft normal, es werden diploide Keimzellen gebildet, die Einchromatid-Chromosomen enthalten.

23.2 Vorteile:

- Unter gleichbleibenden Umweltbedingungen ist eine rasche Vermehrung von optimal angepassten Organismen einer Population günstig. Vorteilhafte Genkombinationen können so erhalten werden und an die Nachkommen weitergegeben werden.
- Diese Art der Fortpflanzung ist zeit- und energiesparend, da die aufwendige Partnersuche bzw. Paarung entfällt.
- Es müssen eventuell keine speziellen Geschlechtszellen hergestellt werden.
- Auch in Ermangelung eines Männchens ist die Fortpflanzung und somit eine Vermehrung möglich.

TIPP ▶
Es ist jeweils nur ein Vor- und ein Nachteil verlangt!

Nachteil:
Bei sich ändernden Umweltbedingungen kann es sich negativ auswirken, wenn alle Nachkommen genetisch identisch sind. Nur bei genetischer Variabilität innerhalb einer Population können unterschiedlich angepasste Individuen und Selektion auftreten.

TIPP ▶
Durch Rekombinationsvorgänge bei der Meiose (Crossing-over, zufällige Chromosomenverteilung) und der Befruchtung (zufälliges Zusammentreffen der Keimzellen) ist die genetische Variabilität bei der geschlechtlichen Fortpflanzung erhöht. Bei der ungeschlechtlichen Vermehrung ist dies ausschließlich durch relativ seltene Neumutationen möglich.

24
Bei der Kreuzung zweier phänotypisch wildfarbener Elterntiere entsteht ein phänotypisch weißes Jungtier. Die Farbe Weiß muss demnach **rezessiv** vererbt werden. Die beiden Elterntiere müssen also das Allel für weiß **heterozygot** im Genotyp tragen, das Jungtier dagegen **homozygot**.
Nyanga: Da die Allele 1 und 2 identisch sind, handelt es sich hierbei um das weiße Jungtier.
Shumba: Da die Allele 1 und 2 verschieden sind, handelt es sich hierbei um ein Elterntier.

25   Alleldefinitionen:
V = dominantes Allel für violette Körnerfärbung
v = rezessives Allel für gelbe Körnerfärbung
N = dominantes Allel für nicht schrumpfende Körner
n = rezessives Allel für schrumpfende Körner

LÖSUNGEN

Tipp

Da die Pflanzen in der F1-Generation phänotypisch nicht uniform sind, muss die Maispflanze mit den dominant ausgeprägten Merkmalen heterozygot vorliegen. Da das Phänotypenverhältnis 1 : 1 ist, liegt ein gekoppelter Erbgang vor. Gekoppelte Gene werden im Genotyp speziell gekennzeichnet. Eine Möglichkeit besteht darin, die gekoppelten Allele durch einen Bindestrich zu verbinden. Statt „Aa Bb" schreibt man „A – B a – b" bzw. „A – b a – B", je nachdem, welche Allele gekoppelt vorliegen.

Es handelt sich um einen **dihybriden** Erbgang, bei dem beide Merkmale **dominant-rezessiv** vererbt werden. Die Gene der beiden Merkmale liegen **gekoppelt** vor.

Genotypen der Parentalgeneration:
Maispflanze mit violetten, nicht schrumpfenden Körnern: V–N v–n
Maispflanze mit gelben, schrumpfenden Körnern: v–n v–n

Genotypen der F1-Generation:
Maispflanze mit violetten, nicht schrumpfenden Körnern: V–N v–n
Maispflanze mit gelben, schrumpfenden Körnern: v–n v–n

26 Da bei der Kreuzung zweier reinerbiger Süßlupinen, die keine Alkaloide enthielten, in der F1-Generation nur alkaloidhaltige Nachkommen vorkommen, muss eine Genwirkkette vorliegen. Wie aus der Abb. hervorgeht, sind zwei Enzyme an der Bildung der Alkaloide Lupanin und Spartein beteiligt. Bei der einen Süßlupinenart liegt aufgrund einer Mutation ein funktionsloses Enzym A, bei der anderen Art ein funktionsloses Enzym B vor.

A = intaktes Enzym A   B = intaktes Enzym B
a = funktionsloses Enzym A   b = funktionsloses Enzym B

Tipp

Da in der F1-Generation alle Lupinen alkaloidhaltig sind, müssen die mutierten Allele rezessiv gegenüber den Allelen sein, die ein intaktes Enzym codieren.

Kreuzung der Parental-Generation:

Phänotyp	Süßlupine – funktionsloses Enzym A	×	Süßlupine – funktionsloses Enzym B
Genotyp	aaBB		AAbb
Keimzellen	aB		Ab

Kombinationsquadrat für die Parentalgeneration:

Keimzellen	aB
Ab	AaBb

Alle Lupinen der F1-Generation sind alkaloidhaltig.

Kreuzung der F1-Generation:

Phänotyp	Lupine – alkaloidhaltig	×	Lupine – alkaloidhaltig
Genotyp	AaBb		AaBb
Keimzellen	AB Ab aB ab		AB Ab aB ab

Kombinationsquadrat der F1-Generation:

Keimzellen	AB	Ab	aB	ab
AB	AABB	AABb	AaBB	AaBb
Ab	AABb	AAbb	AaBb	Aabb
aB	AaBB	AaBb	aaBB	aaBb
ab	AaBb	Aabb	aaBb	aabb

Phänotypenverhältnis: 9 alkoloidhaltige Lupinen : 7 Süßlupinen

27 Folgende Erbgänge können **ausgeschlossen** werden:
- autosomal und gonosomal (X-chromosomal)-dominante Erbgänge, da sonst die Eltern 1 und/oder 2 betroffen sein müssten.
- gonosomal (X-chromosomal)-rezessiver Erbgang, da sonst der Vater 1 der Merkmalsträgerin 5 an Retinitis pigmentosa leiden müsste.
- gonosomaler (Y-chromosomaler) Erbgang, da mit den Personen 4 und 5 auch Frauen betroffen sind.

Es handelt sich also um einen **autosomal-rezessiven** Erbgang.

TIPP
Der Lehrplan schließt gonosomal Y-chromosomale Erbgänge nicht eindeutig aus, allerdings liegen nur sehr wenige Erbinformationen auf diesem Gonosom und es wird auch nicht zwischen dominant und rezessiv unterschieden.

Mögliche Genotypen:

Person 2	Aa
Person 5	aa
Person 6	AA/Aa
Person 7	AA/Aa
Person 8	Aa

Paar 6 und 7: beide homozygot gesund (AA)
Die Kinder dieses Paares sind mit einer Wahrscheinlichkeit von 100 % gesund, da jeweils nur das Allel A an alle Nachkommen weitergegeben werden kann. Eine Erkrankung tritt also in keinem Fall auf.

Paar 6 und 7: beide heterozygot (Aa)
Die Kinder dieses Paares erkranken mit einer Wahrscheinlichkeit von 25 % phänotypisch an Retinitis pigmentosa.

Keimzellen	A	a
A	AA	Aa
a	Aa	aa

TIPP
Da die Genotypen der Personen 6 und 7 anhand dieses Stammbaumes nicht eindeutig festgestellt werden können, muss hier eine Fallunterscheidung vorgenommen werden. Entscheidend ist, dass laut Aufgabenstellung die Wahrscheinlichkeit nur für das phänotypische Auftreten der Krankheit ermittelt werden soll. Genotyp und Spontanmutationen können dabei vernachlässigt werden.

Paar 6 und 7: eine Person homozygot gesund (AA), eine heterozygot (Aa)
Die Kinder dieses Paares sind mit einer Wahrscheinlichkeit von 100 % phänotypisch gesund, da von der homozygot gesunden Person nur das Allel A an alle Nachkommen weitergegeben werden kann. Eine Erkrankung tritt also in keinem Fall auf.

> **TIPP**
> Dass das Syndrom rezessiv vererbt wird, ist der Aufgabenstellung zu entnehmen.

> **TIPP**
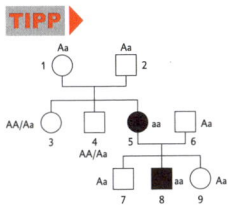

> **TIPP**
> Die Aufgabenstellung verlangt die Beschreibung einer Diagnosemöglichkeit. U. a. wäre hier der Nachweis des Gendefektes durch Gendiagnose möglich. Auch durch den Heterozygotentest kann untersucht werden, ob eine phänotypisch merkmalsfreie Person Trägerin eines rezessiven Allels ist. Bei Heterozygoten kann beispielsweise die Funktionalität eines Enzyms eingeschränkt sein, wodurch Stoffwechselreaktionen nur noch in geringerem Maße als bei Gesunden katalysiert werden.

28 Es handelt sich um einen **autosomal**-rezessiven Erbgang (a = krank machendes Allel, A = normales Allel). Dieser Erbgang liegt vor, da die Person 5 (aa) erkrankt ist, aber gesunde Eltern 1 und 2 (Aa) hat.

Folgende gonosomale Erbgänge können ausgeschlossen werden:
- Gonosomal (X-chromosomal)-rezessiver Erbgang, da in diesem Fall der Sohn 7 (X_aY) des Paares 5 (X_aX_a) und 6 (XY) krank sein müsste und auch der Vater 2 (X_aY) der Tochter 5 (X_aX_a).
- Gonosomale (Y-chromosomale) Erbgänge können ausgeschlossen werden, da auch die Frau 5 (XX) von dem Erbleiden betroffen ist.

Sicher heterozygot sind die Personen 1, 2, 6, 7 und 9.

Die sichere Diagnostik heterozygoter Träger bei rezessiven Erbkrankheiten erfolgt z. B. über den **Heterozygotentest**. Dabei wird den zu untersuchenden Personen eine identische Menge Phytansäure verabreicht. Nach einem genau festgelegten Zeitpunkt wird dann der Phytansäuregehalt im Blut bzw. Urin ermittelt. Aufgrund einer eingeschränkten Enzymfunktion oder verringerten Enzymmenge kann die Phytansäure bei Heterozygoten nur verlangsamt abgebaut werden. Der Phytansäuregehalt ist deshalb zum festgelegten Zeitpunkt höher als der Vergleichswert bei homozygot gesunden Personen.

29.1 Genotypen:
Person 3: I^Ai Person 4: I^Bi
Person 8: I^Bi Person 9: ii

Bei den Geschwistern 7 und 8 wird mit jeweils etwa 50 % die gleiche Stechmücken-Landungshäufigkeit festgestellt. Da die Blutgruppen B, AB und A etwa gleich hohe Landungshäufigkeiten aufweisen, können die Geschwister 7 und 8 ihre Blutgruppe nicht erschließen. Geschwister 9 wird mit einer Landungshäufigkeit von 80 % jedoch deutlich häufiger von Stechmücken angeflogen. Dies ist ein Indiz auf Blutgruppe 0.

29.2 Person 6: Genotyp I^BI^B und damit Blutgruppe B

> **TIPP**
> Die Erbmerkmale der Blutgruppen sind eindeutig, weshalb sie vor Gericht z. B. für Vaterschaftsgutachten als Beweismittel gelten. Wenn laut Angabe Person 6 nicht das leibliche Kind von Vater 1 sein kann, dann erfolgt die Herleitung des Genotyps über das Ausschlussprinzip.

Person 1, also der Vater, muss den Genotyp I^Ai besitzen, da sonst die Blutgruppe B bei Kind 4 nicht möglich wäre. Person 2, also die Mutter, kann jedoch die Genotypen I^Bi oder I^BI^B aufweisen.
Ist Kind 6 also kein leibliches Kind von Person 1, kann nur beim Genotyp I^BI^B die Vaterschaft eindeutig ausgeschlossen werden. Als Vater gibt Person 1 entweder das Allel I^A oder das Allel i an sein leibliches Kind weiter.

30.1 Beschreibung des Ablaufs der PCR:
Zuerst werden einige Vorbereitungen getroffen: Die zu amplifizierende DNA (doppelsträngig) befindet sich in einer Lösung, zu der die einzelnen Nukleotide, hitzebeständige Polymerase (Taq-Polymerase) und passende Primer hinzugefügt werden. Die PCR erfolgt in drei Schritten, die in mehreren Zyklen wiederholt werden. In jedem Zyklus wird die zu vermehrende DNA verdoppelt.
- **Denaturierung:** Durch Erhitzen lösen sich die Doppelstränge der DNA. Die Wasserstoffbrückenbindungen werden aufgelöst.
- **Hybridisierung:** Die Temperatur wird wieder gesenkt. In dieser Phase binden die Primer über Wasserstoffbrückenbindungen an die zu vervielfältigende DNA. Für jeden Strang ist ein Primer nötig.
- **Amplifikation:** Die DNA-Polymerase verlängert die Primer durch Anhängen von einzelnen Nukleotiden. Die Originalstränge dienen hierbei als Matrizen.

Skizze zur PCR:

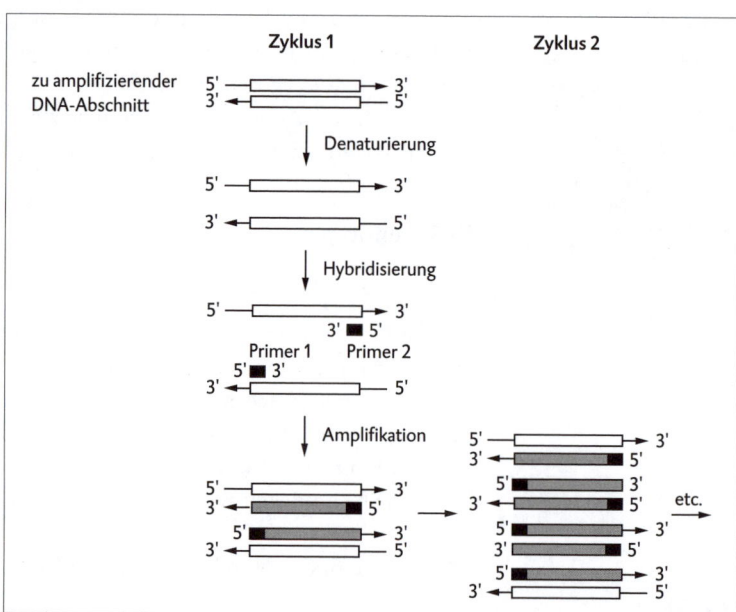

30.2 Bei dem Pilz handelt es sich um den **Organismus C**, da beide Primer passen.
Bei Organismus A ist nur der Primer ITS4-B passend, nicht aber der ITS1-F. Bei Organismus B ist keiner der beiden Primer passend.

TIPP
Um die Primer-Bindung zu veranschaulichen, ist eine Skizze sinnvoll.

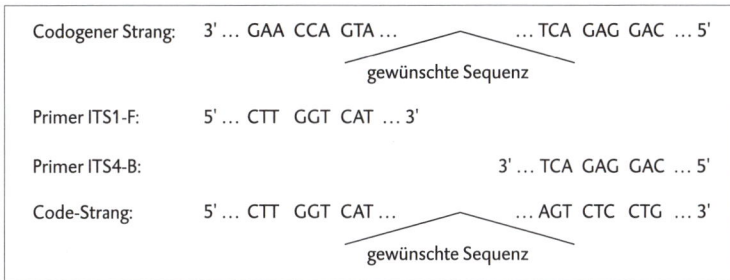

TIPP
Bei der Gentherapie unterscheidet man zwei Arten des Einfügens der Spender-DNA: Entweder erfolgt die Behandlung der Zielzellen direkt im Körper *(in vivo)* oder im Labor *(ex vivo)*.

31 Aus den Zellen einer gesunden Person muss das intakte Gen gewonnen werden. Dieses funktionierende Gen muss nun mithilfe eines geeigneten Vektors, z. B. Retroviren, in die Zellen des Auges der erkrankten Person eingeschleust werden. Nach dem Einbau der Virus-Erbsubstanz mit dem intakten Gen in die DNA der defekten Zellen sind diese gentechnisch verändert und die so behandelte Person ist geheilt.

TIPP
Hier sind sehr viele Varianten und Beispiele möglich. Auch die persönliche Stellungnahme kann individuell sehr unterschiedlich ausfallen. Wichtig ist eine sinnvolle Begründung und der Bezug auf die von Ihnen gewählten Argumente und Werte.

32 Pro-Argument:
- Ein Gentest ermöglicht anhand der DNA von fetalen Zellen die Diagnose, ob ein Kind von der erblichen Schwerhörigkeit betroffen sein wird. Wenn der Test negativ ausfällt, ergibt sich eine sorgenfreie Schwangerschaft bezüglich des Erbleidens. Fällt der Test positiv aus, können sich die werdenden Eltern auf die Situation für ihr zukünftiges Kind einstellen. Als damit verbundene Werte können die Werte Gesundheit oder Leidverringerung angeführt werden.

Contra-Argumente:
- Zur Durchführung von Gentest an fetaler DNA müssen fetale Zellen gewonnen werden. Dies ist im Moment fast ausschließlich durch invasive Eingriffe möglich, die ein Risiko für den Fetus darstellen. Ein Gentest erhöht damit das Risiko einer Fehlgeburt. Als damit verbundene Werte können die Werte Gesundheit oder Würde des Menschen angeführt werden.
- Erfahren die werdenden Eltern durch das Ergebnis eines Gentests, dass ihr Kind später an erblicher Schwerhörigkeit erkranken wird, könnten sie in Gewissenskonflikte geraten und evtl. einen Schwangerschaftsabbruch in Erwägung ziehen. Als damit verbundenen Wert kann der Wert Würde des Menschen angeführt werden.
- Bereits die Entscheidung für oder gegen einen Gentest im Rahmen der Pränataldiagnostik kann werdende Eltern in eine Konfliktsituation bringen und sie belasten. Als möglicher Wert kann Sicherheit angeführt werden.

Mögliche persönliche Stellungnahmen:
- Ich persönlich kann die Forderung des Mediziners so **nicht unterstützen**. Im Hinblick auf den Wert Gesundheit muss abgewogen werden, da dieser sowohl beim Pro-Argument als auch beim Contra-Argument genannt wird. Durch das Ergebnis des Gentests kann eine mögliche erblich bedingte Schwerhörigkeit nicht geheilt werden. Gleichzeitig bestehen aber gesundheitliche Risiken durch den Eingriff. Daher würde ich in diesem Fall nicht zu einem Gentest raten.
- Ich persönlich **unterstütze** die Forderung des Mediziners. Die Risiken eines Gentests scheinen mir vertretbar. Bei einem negativen Ergebnis des Gentests müssen sich die werdenden Eltern keine Sorgen mehr über eine mögliche erbliche Schwerhörigkeit bei dem Kind machen. Bei einem positiven Ergebnis können sich die Eltern frühzeitig darauf einstellen und sich Gedanken machen, wie sie die Bedingungen für ihr Kind verbessern können. Der Wert Leidverringerung spielt für mich hier eine große Rolle, daher würde ich zu einem Gentest raten.

33

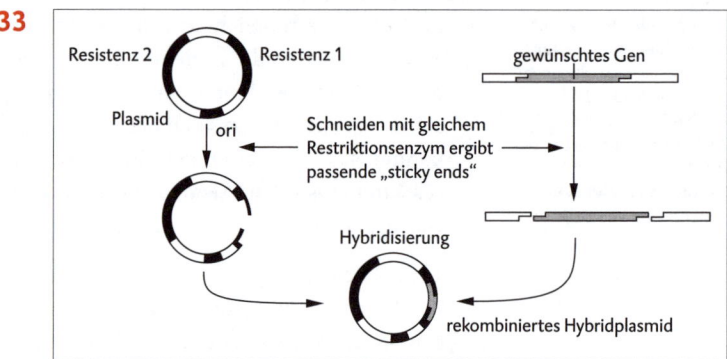

Herstellung eines **Hybridplasmids**:
- **Isolierung** des Gens aus der DNA des Spenderorganismus (hier *B. thuringiensis*): Die DNA aus dem Spenderorganismus wird mit **Restriktionsenzymen** in definierte Stücke geschnitten. Die Schnittstellen sind in der Regel nicht „glatt", sondern erzeugen sogenannte **„sticky ends"**, überhängende Einzelstränge. Das gewünschte Gen wird dann **identifiziert** und **isoliert**.
- Gewinnung eines geeigneten Plasmids als **Vektor**: Aus Bakterien wird ein Plasmid isoliert und mit dem **gleichen Restriktionsenzym** geschnitten, das zum Zerschneiden der Spendergens verwendet wurde. Die Schnittstelle des Plasmids hat dann die **gleichen „sticky ends"** wie das Spendergen.

- **Hybridisierung**, Einbau der Spender-DNA: Die gewünschte Spender-DNA und die geöffneten Plasmide werden zusammengebracht und durchmischt. Die „sticky ends" fügen sich komplementär zusammen. Ein Enzym, die **DNA-Ligase**, wird hinzugefügt und verknüpft die Enden miteinander. Gelingt dieser Vorgang, so ist ein **rekombiniertes Hybridplasmid** entstanden.

Selektive Identifizierung von Bakterien mit aufgenommenem Hybridplasmid:
Eigenschaften eines geeigneten Plasmids als Vektor:
- Das Plasmid muss mindestens zwei Gene als **Marker** besitzen (z. B. zwei Antibiotikaresistenzen gegen Ampicillin und Tetracyclin).
- In einem der beiden Resistenzgene muss die **Schnittstelle** für das verwendete Restriktionsenzym liegen, sodass die entsprechende Antibiotikumresistenz durch den Einbau der Spender-DNA in den Vektor verloren geht.

Das Bakteriengemisch (Bakterien ohne Plasmid, mit unverändertem Plasmid oder mit Hybridplasmid) wird z. B. auf einem ampicillinhaltigen Nährboden kultiviert. Bakterien ohne Antibiotikumresistenz sterben darauf ab. Mithilfe der Stempeltechnik überträgt man nun einzelne angewachsene Zellen aus den Kolonien auf einen zweiten Nährboden, z. B. mit Tetracyclin. Hier werden nur Bakterien wachsen, die ein unverändertes Plasmid aufgenommen haben. Aus einem Vergleich der Koloniemuster beider Nährböden kann man diejenigen Bakterien identifizieren, die zwar eine Ampicillin-, aber keine Tetracyclinresistenz besitzen.

Der erfolgreiche Einbau von Fremd-DNA könnte auch mittels Gensonden nachgewiesen werden.

34.1 Anlaufphase (= lag-Phase):
Die *E.-coli*-Bakterien stellen sich auf die neuen Lebens- und Umweltbedingungen ein und zeigen bis ca. 4 Stunden deshalb nur eine geringe Teilungsrate.

Exponentielle Phase (= log-Phase):
Bei optimalen Lebensbedingungen, d. h. genügend Nahrung und Raum für alle Individuen der *E.-coli*-Population, weisen die Bakterien die maximale Teilungsrate auf. Die Population befindet sich im **exponentiellen Wachstum** (bis ca. 9 Stunden).

Stationäre Phase:
Verschiedene Einflüsse wie Platz- und Nahrungsmangel führen zu einer geringeren Teilungsrate. Die **Kapazitätsgrenze** des Lebensraums ist erreicht. Die Teilungsrate entspricht in etwa der Sterberate.

Die Absterbephase ist im Diagramm nicht dargestellt.

Bei der Population der *Staphylococcus-aureus*-Bakterien beginnen die exponentielle und die stationäre Phase früher als bei der *E.-coli*-Population (bei ca. 2 Stunden und 7 Stunden). Die Kapazitätsgrenze, die mithilfe der maximalen optischen Dichte bestimmt werden kann, ist bei der *S.-aureus*-Population etwas geringer (bei ca. 1,35 statt 1,5).

TIPP

Wenn die Ableitung einer Schlussfolgerung, wie hier begründet, kritisch zu sehen ist, führen Sie an, welche Bedingungen erforderlich wären, um eindeutige Ergebnisse zu erhalten.

34.2 Eine eindeutige Schlussfolgerung kann aus diesen Daten nicht gezogen werden. Betrachtet man das Diagramm, ist zu erkennen, dass z. B. nach 5 Stunden die Entwicklung von *E. coli* stärker gehemmt wird als die von *S. aureus*. Um eine aussagekräftige Schlussfolgerung machen zu können, müssten zudem die Populationsentwicklungen der beiden Bakterienarten ohne den Zusatz von Chitosan bei sonst gleichen Bedingungen betrachtet werden. Erst wenn die Populationsentwicklung der beiden Bakterienarten mit und ohne Chitosan im Vergleich ausgewertet würde, ließen sich eindeutige Schlussfolgerungen ziehen.

35.1

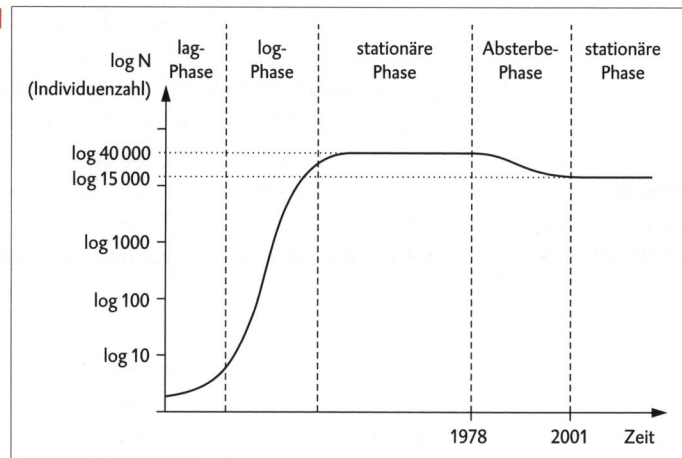

LÖSUNGEN

TIPP ▶

Es ist durchaus denkbar, dass Sie noch weitere Merkmale finden, die auf eine K-Strategie hindeuten. So könnte man beispielsweise die Körpergröße als „groß" einstufen, da die ausgewachsenen Tiere lediglich Hochseehaie als Feinde besitzen.

Auch wenn es sich bei den Seelöwen eindeutig um K-Strategen handelt, bietet es sich an, Aufgaben von diesem Typ immer nach dem angegebenen tabellarischen Schema zu lösen. Viele Arten lassen sich nicht als eindeutige K- oder r-Strategen identifizieren.

35.2

Merkmal	K-Stratege	r-Stratege
Lebensdauer	lang „durchschnittliche Lebenszeit von 15 Jahren"	[kurz]
Entwicklung	lang „Tragezeit von 11 Monaten"	[schnell]
Zeit bis zur Geschlechtsreife	lang „mit vier bis fünf Jahren geschlechtsreif"	[kurz]
Brutpflege / elterliche Fürsorge	vorhanden „das im Schutz der Eltern heranwächst"	[nicht vorhanden]
Anzahl der Nachkommen	wenige „jeweils ein Junges"	[viele]

Hypothese: Bei den Galapagos-Seelöwen handelt es sich um **K-Strategen**.

Diese Fortpflanzungsstrategie ist bei **stabilen Umweltbedingungen** vorteilhaft.

35.3 Die Abbildung zeigt den Chlorophyll-a-Gehalt in Abhängigkeit von der Wassertiefe jeweils im März der Jahre 1983 bis 1985. 1984 und 1985 nahm der Chlorophyllgehalt von ca. 3 bis 4 mg/m^3 in der obersten Wasserschicht auf etwa 1 mg/m^3 bis ca. 15 m Wassertiefe rasch ab, ab 15 bis 20 m verringerte sich die Chlorophyllkonzentration bis auf 100 m Tiefe weiter. Im Jahr 1983 war im Oberflächenwasser bis ca. 15 m erheblich weniger Chlorophyll zu finden als in den darauffolgenden Jahren.

Der geringe Chlorophyllgehalt im Oberflächenwasser im März 1983 lässt sich mit einer geringeren Phytoplanktonkonzentration erklären. Je weniger Phytoplankton vorhanden ist, desto weniger Nahrung steht den Konsumenten 1. Ordnung zur Verfügung. Ein Rückgang der Dichte dieser Pflanzenfresserpopulationen führt zu einer Verringerung der Bestände der Konsumenten 2. Ordnung und höherer Ordnung (Fische). Je geringer die Dichten der Fischpopulationen sind, die die Nahrungsgrundlage für die Seelöwen bilden, desto geringer wird die Dichte der Seelöwenpopulation werden.

TIPP

Auch die Maisanbaufläche soll in das Pfeilschema einbezogen werden. Eine Rückkopplung auf die Fläche ist allerdings nicht möglich. Falls hingegen statt der Anbaufläche die Maispflanzen selbst im Pfeilschema ergänzt würden, so ergäbe sich eine typische Fressfeind-Beute-Wechselbeziehung, wie sie schon zwischen dem Maiszünsler und dessen Fressfeinden dargestellt ist.

36

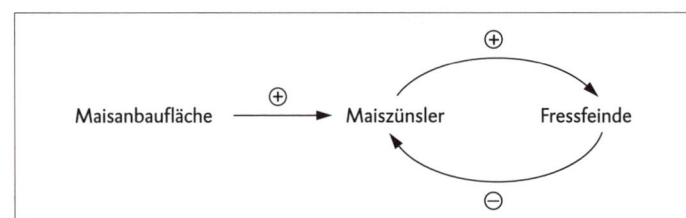

Je größer die Maisanbaufläche ist, desto mehr Nahrung steht für die Raupen der Maiszünsler zur Verfügung, wodurch die Populationsdichte der Maiszünsler steigt.
Je mehr Maiszünsler vorhanden sind, desto mehr Nahrung finden deren Fressfeinde. Die Populationsdichten der Fressfeinde steigen.
Je mehr Fressfeinde es gibt, desto mehr Maiszünsler werden erbeutet. Ihre Populationsdichte sinkt somit.

37 Definition:
Als **Biodiversität** wird der Formenreichtum und damit die Artenzahl eines Ökosystems bezeichnet. Es wird aber auch die genetische Vielfalt innerhalb einer Art darunter verstanden.

Erläuterung:
Abbildung 1 zeigt, dass von 1906 bis 2006 die Anzahl der wildlebenden Orang-Utans kontinuierlich von etwa 240 000 Individuen auf ca. 60 000 zurückgegangen ist und in den folgenden zehn Jahren bis 2016 noch einmal um ca. 10 000 Individuen gesunken ist. **Damit nahm die genetische Vielfalt innerhalb der Art deutlich ab.**
Die Abbildung 3 zeigt, dass die Palmölproduktion von 1975 bis 2015 in beiden Ländern sprunghaft gestiegen ist, in Indonesien von ca. 1 Million Tonnen auf 36 Millionen Tonnen und in Malaysia von etwa 2 Millionen Tonnen auf ca. 20 Millionen Tonnen. Zeitgleich haben die Waldgebiete in Borneo deutlich abgenommen (siehe Abb. 2). Während 1950 noch ganz Borneo mit tropischen Wäldern bedeckt war, wird für 2020 prognostiziert, dass nur noch etwa die Hälfte der Insel mit tropischen Wäldern bedeckt sein wird. Auch für Indonesien ist zu vermuten, dass durch die Palmölproduktion **ursprüngliche Ökosysteme und damit Lebensräume für Arten zerstört wurden.**
Die Datenlage zeigt deutlich, dass die Warnung der Wissenschaftler berechtigt und begründet ist. Der Einfluss des Menschen führt in diesem Fall zum Verlust an Biodiversität.

TIPP
Detaillierter muss die Beschreibung nicht ausfallen. Der Großteil der BE wird für die Erklärung vergeben.

38.1 Beschreibung:
Die Gebisse von Beutelwolf und Hund weisen als Gemeinsamkeit stark verlängerte, kräftige Eckzähne auf. Außerdem besitzen die Backenzähne spitze Höcker.

Erklärung:
Die Ähnlichkeiten im Bau des Gebisses können mithilfe der **konvergenten Entwicklung** erklärt werden. Beutelwolf und Hund bewohnten auf unterschiedlichen Kontinenten ähnliche Lebensräume und waren an eine fleischfressende Lebensweise angepasst. Sie besetzten eine sehr ähnliche **ökologische Nische**. Diese **Strukturen** sind jedoch unabhängig voneinander entstanden und deuten nicht auf nähere Verwandtschaft hin.

38.2 LAMARCK erkannte die Veränderlichkeit der Arten und ging von einer **schrittweisen, aktiven Anpassung** der Arten an neue Umweltbedingungen aus. Er formulierte drei Ursachen: den **Gebrauch** und **Nichtgebrauch** von Organen, die Vererbung von erworbenen Merkmalen und den Vervollkommnungstrieb. Seiner Theorie nach verändern sich Organe wie der Gesichtsschädel des Hundes durch den **Gebrauch des Geruchssinnes**. Durch den ständigen Gebrauch des Geruchssinnes **vergrößert sich die Riechschleimhaut**. Da diese mehr Platz braucht, **verlängert sich der Gesichtsschädel**. Weil diese erworbenen Eigenschaften laut LAMARCK **vererbt** werden, konnte sich die langgezogene Schädelform des Hundes über viele Generationen hinweg entwickeln. Außerdem nahm LAMARCK einen **Vervollkommnungstrieb** an: Die Hunde hatten den Drang sich optimal an die Umwelt anzupassen. Durch den ausgeprägten Geruchssinn konnten sie beispielsweise leichter Nahrung erschnüffeln.
Aus heutiger Sicht kann an LAMARCKs Evolutionstheorie kritisiert werden, dass es keinen **Vervollkommnungstrieb** gibt. Außerdem können **individuell erworbene Eigenschaften nicht** an die nächste Generation **vererbt werden**.

39 Nach der **morphologischen Artdefinition** werden alle Lebewesen, die untereinander und mit ihren Nachkommen in wesentlichen Merkmalen übereinstimmen, zu einer Art zusammengefasst.
Nach der **biologischen Artdefinition** fasst man alle Lebewesen zu einer Art zusammen, die sich miteinander kreuzen und fruchtbare Nachkommen zeugen können.
Aufgrund der großen Ähnlichkeiten des äußeren Erscheinungsbilds der Aspisviper und der Kreuzotter würde man sie nach der morphologi-

schen Artdefinition zu einer Art zählen. Da die Hybridvarianten der beiden Arten unfruchtbar sind, handelt es sich nach dem biologischen Artbegriff jedoch um zwei Arten.

40 Ein mögliches Verfahren zur Bestimmung von Verwandtschaftsverhältnissen ist eine **DNA-Hybridisierung**.
Dabei werden zunächst die isolierten DNA-Doppelstränge von Präriehund und Erdmännchen zum Schmelzen gebracht. Unter diesem Vorgang versteht man die Aufspaltung der DNA-Doppelhelix in ihre Einzelstränge, indem die Wasserstoffbrückenbindungen durch Erhitzen getrennt werden. Durch das Schmelzen der DNA verändert sich ihre Viskosität.
Einzelstränge der DNA von Präriehund und Erdmännchen werden vermischt. Beim Abkühlen entsteht zwischen diesen Einzelsträngen durch komplementäre Basenpaarung eine Hybrid-DNA. Wird diese erneut erhitzt, so schmilzt sie früher als die DNA von Präriehund oder Erdmännchen, da nicht an allen Stellen eine komplementäre Basenpaarung vorliegt. Es sind weniger Wasserstoffbrückenbindungen vorhanden, sodass sich der Hybrid-DNA-Doppelstrang leichter auftrennt. Je niedriger die Schmelztemperatur der Hybrid-DNA gegenüber der Schmelztemperatur der DNA von Präriehund oder Erdmännchen liegt, desto geringer ist der Verwandtschaftsgrad beider Arten. Da die beiden Arten nicht sehr nah miteinander verwandt sind, dürfte die Schmelztemperatur der Hybrid-DNA deutlich unter derjenigen der Ursprungs-DNA liegen.
Die Ähnlichkeiten im Aussehen und Verhalten können mithilfe der **konvergenten Entwicklung** erklärt werden. Beide Tierarten bewohnen auf unterschiedlichen Kontinenten ähnliche Lebensräume. Sie besetzten eine sehr ähnliche ökologische Nische.

> **TIPP** ▶
> Um exakte Aussagen über die Verwandtschaftsverhältnisse zu treffen, müsste zusätzlich eine dritte Tierart untersucht werden, von der bekannt ist, dass sie entweder mit den Erdmännchen oder den Präriehunden nahe verwandt ist. Da jedoch hierzu keine Angaben im Aufgabentext zu finden sind, können Sie Ihre Antwort bezüglich des Verwandtschaftsgrades relativ vage halten.

> **TIPP** ▶
> Zum Kriterium der Lage sind in der Tabelle keine eindeutigen Informationen enthalten. Kopffüßer besitzen allerdings kein Skelett, während die Augen der Wirbeltiere in knöchernen Augenhöhlen liegen. Aufgrund des komplett unterschiedlichen Bauplans und Gefügesystems, in dem sich die Augen befinden, liefert das Kriterium der Lage keinen Hinweis auf Homologie.

41 Um auf eine Homologie und damit auf eine nähere Verwandtschaft zwischen Lebewesen schließen zu können, muss mindestens eines von drei Homologiekriterien erfüllt sein:
- **Das Kriterium der spezifischen Qualität:** Trotz ihrer funktionellen Ähnlichkeiten sind die beiden Linsenaugen unterschiedlich aufgebaut. Beispielsweise ist die Netzhaut im Tintenfischauge einschichtig und die darin enthaltenen Lichtsinneszellen sind dem einfallenden Licht zugewandt. Die Netzhaut bei Wirbeltieraugen ist hingegen mehrschichtig und die Lichtsinneszellen sind dem einfallenden Licht abgewandt. Somit liefert das Kriterium der spezifischen Qualität keinen Hinweis auf Homologie.

- **Das Kriterium der Kontinuität:** Während der embryonalen Entwicklung entsteht das Tintenfischauge aus den obersten Schichten des Kopfbereichs. Das Wirbeltierauge hingegen wird zum größten Teil aus einer Ausstülpung des Zwischenhirns gebildet. Demnach liegt keine Homologie vor.

Bei den beiden Augentypen handelt es sich **nicht um homologe Organe**. Eine stammesgeschichtliche Verwandtschaft kann dementsprechend nicht abgeleitet werden.

> **TIPP**
> Bei der Lösung von Aufgaben, die komplizierte Abläufe darstellen, sollten Sie nach Möglichkeit auf reinen Fließtext verzichten und Ihren Text zumindest mithilfe von Spiegelstrichen o. Ä. gliedern.

42 Entstehung reduzierter Laubblätter ohne Chlorophyll bei fotosynthetisch inaktiven Pflanzen nach der **erweiterten Evolutionstheorie**:
- Die Individuen einer Orchideenart produzieren mehr Nachkommen, als für den Erhalt der Art erforderlich sind (**Überproduktion**). Da die Individuenzahl insgesamt gesehen in etwa **konstant** bleibt und die **Ressourcen begrenzt** sind, kommt es zur intraspezifischen **Konkurrenz**.
- Aufgrund der **genetischen Variabilität** unterscheiden sich die Individuen einer Art voneinander. Ursache für die genetische Variabilität sind zum einen zufällige, ungerichtete **Mutationen** in der DNA und zum anderen **Rekombinationsereignisse**, die ebenfalls zufällig und ungerichtet neue Allelkombinationen und damit unterschiedliche Phänotypen hervorbringen. So besitzen einige Orchideenindividuen einen geringeren Chlorophyllgehalt. Einerseits ist Chlorophyll nötig, um Fotosynthese zu betreiben und energiereiche Verbindungen herzustellen, andererseits wird für die Bereitstellung von Chlorophyll Energie benötigt. Zudem haben diese Orchideen weitere Möglichkeiten, um an Kohlenstoff zu gelangen. Sie nutzen dafür Pilze im Wurzelbereich. Die Individuen, deren Blätter einen geringeren Chlorophyllgehalt besitzen, beziehen mehr kohlenstoffhaltige Verbindungen von den Pilzen, um sich zu ernähren.
- Auf alle Pflanzen wirkt der **abiotische Selektionsfaktor** Licht. Diese Orchideenarten wachsen häufig an schattigen Standorten im Wald. Dort ist das Lichtangebot limitiert und die Fotosynthese ist daher nur eingeschränkt möglich. Die Pflanze mit niedrigem Chlorophyllgehalt in den Blättern spart sich die Energie, die zur Herstellung des Chlorophylls nötig wäre, und hat gegenüber anderen Individuen einen **Selektionsvorteil**. Da sie die Pilze verstärkt als Kohlenstoffquelle nutzen kann, hat sie keinen weiteren Nachteil.

- An schattigeren Standorten überleben die Individuen mit geringerem Chlorophyllgehalt eher und können sich wahrscheinlicher **fortpflanzen**. Somit werden diese **Erbanlagen** häufiger an die nächste Generation **weitergegeben**.
- In der Population kommt es zu einer **gerichteten Verschiebung** der Gen- bzw. Allelhäufigkeit im Genpool der Art in Richtung verringertem Chlorophyllgehalt.

43 In dem Diagramm ist die **relative Schwertlänge** bei Männchen für eine Population von Schwertträgern **ohne** und eine **mit Fressfeinden** aufgetragen.
Die relative Schwertlänge der Männchen ist in der Population ohne Fressfeinde deutlich länger als in der mit Fressfeinden. Fische mit stark verlängertem Schwert können leichter von Fressfeinden erbeutet werden, weshalb sie geringere Überlebens- und damit Fortpflanzungschancen besitzen. Hier wirkt die **natürliche Selektion**. Gleichzeitig werden jedoch die Männchen von Weibchen bevorzugt, die ein längeres Schwert besitzen, da sie attraktiver auf Weibchen wirken. Dabei wirkt die **sexuelle Selektion**.
Die Aussage des Biologen stimmt somit. Die Schwertlänge der Männchen ist ein Ergebnis der Wirkung von sowohl der sexuellen als auch der natürlichen Selektion. Ohne Fressfeinde hat die sexuelle Selektion mehr Einfluss, mit Fressfeinden die natürliche Selektion.

44 Die in Südostasien vorkommenden verschiedenen *Nepenthes*-Arten sind das Ergebnis **adaptiver Radiation**. Auf dem stickstoffarmen Untergrund im gleichen Verbreitungsgebiet herrschte eine große **intraspezifische Konkurrenz** um die begrenzte Ressource Stickstoff, was zur Selektion führte. Durch Ausbildung spezieller anatomischer Angepasstheiten konnten die verschiedenen *Nepenthes*-Arten unterschiedliche Stickstoffquellen erschließen. *N. albomarginata* lockt Termiten über einen Kranz von Haaren an, während *N. bicalcarata* Ameisen einen Wohnraum anbietet. Somit können beide *Nepenthes*-Arten Insekten als zusätzliche Stickstoffquelle nutzen. *N. ampullaria* dagegen bildet Kannen ohne Deckel aus, damit möglichst viele Laubblätter hineinfallen. Nach dem Verrotten stehen dann zusätzliche Stickstoffressourcen zur Verfügung.
Die an die jeweilige Stickstoffquelle besser angepassten Pflanzen konnten aufgrund ihrer Spezialisierung unterschiedliche **ökologische Nischen** besetzen.

LÖSUNGEN

45 Bei der Beziehung zwischen Mistel und Misteldrossel handelt es sich um eine **Symbiose**. Dabei ziehen **beide Partner Vorteile** aus der Beziehung. Für die Misteldrossel stellen die Beeren der Mistel eine sichere **Nahrungsquelle** im Winter dar. Die Mistel profitiert von den Misteldrosseln, da diese die Samen zu optimalen Standorten, den hohen und oft lichtdurchfluteten Baumkronen, an denen ausreichend Licht für die Fotosynthese vorhanden ist, **verbreiten**. Die Keimungsbedingungen sowie die Standortbedingungen für die spätere Pflanze sind somit optimal.

Die Entstehung dieser Beziehung aus evolutionsbiologischer Sicht könnte mithilfe der **Koevolution** erklärt werden. Auf beide Lebewesen wirken unterschiedliche **Selektionsdrücke**. Einige Individuen der Misteldrosseln konnten die für andere Vögel aufgrund besonderer Inhaltsstoffe ungenießbaren Beeren der Mistel fressen. Sie hatten möglicherweise spezielle Entgiftungsmechanismen. Diejenigen Misteldrosseln, die die Beeren als Nahrungsquelle nutzen konnten, hatten gegenüber den anderen Individuen ihrer Art einen Selektionsvorteil. Sie hatten weniger Konkurrenten um Nahrung und konnten eventuell länger in kalten Gebieten bleiben. Einige Misteln besaßen Beeren mit besonderen Inhaltsstoffen, sodass nur noch wenige Vögel, wie die Misteldrosseln, die Beeren als Nahrung nutzten. Deren Samen wurden nun an optimale Standorte gebracht. So konnte sich die Mistel durch die Symbiose Selektionsvorteile bezüglich des Standortes sichern.

> **TIPP** ▶
> Ob die Entstehung dieser Beziehung tatsächlich mithilfe der Koevolution begründet werden kann, wird in der Wissenschaft diskutiert. Eindeutige Ergebnisse liegen hierzu allerdings noch nicht vor.

46 Das erstmögliche Auftreten lag bei der Organismengruppe ...
- **B vor ca. 3,5 bis 4 Milliarden Jahren**, da die Ursuppe den heterotrophen Organismen als Nahrungsquelle zur Verfügung stand und die nahezu sauerstofffreie Uratmosphäre nur Anaerobiern das Überleben ermöglichte.
- **D vor ca. 3 Milliarden Jahren**, da der Sauerstoffanstieg in der Atmosphäre auf die Fotosynthesetätigkeit der autotrophen Cyanobakterien hinweist.
- **A ab ca. 3 Milliarden Jahren**, da nun den Aerobiern durch den steigenden Sauerstoffgehalt der Atmosphäre genügend Sauerstoff zur Verfügung stand.
- **C vor ca. 1 Milliarden Jahren**, da sich die Atmosphäre durch deren Fotosynthesetätigkeit seitdem weiter mit Sauerstoff – bis zum heutigen Sauerstoffgehalt – anreicherte.

47 Es kann angenommen werden, dass die Apicoplasten auf einen **Prokaryoten** zurückgehen, der von einem ursprünglichen **eukaryotischen Einzeller** durch Endozytose **aufgenommen**, aber nicht verdaut wurde. Diese Zelle wurde offenbar von einem größeren eukaryotischen Einzeller **noch einmal aufgenommen**. Die Apicoplasten wurden vermutlich als **Endosymbionten** in die Zelle integriert und entwickelten sich zu einem Zellkompartiment.

> **TIPP**
> Eine Skizze ist zur vollständigen Beantwortung der Frage nicht erforderlich, kann Ihnen aber helfen, Ihre Lösung zu strukturieren und ihre Argumentation zu verdeutlichen.

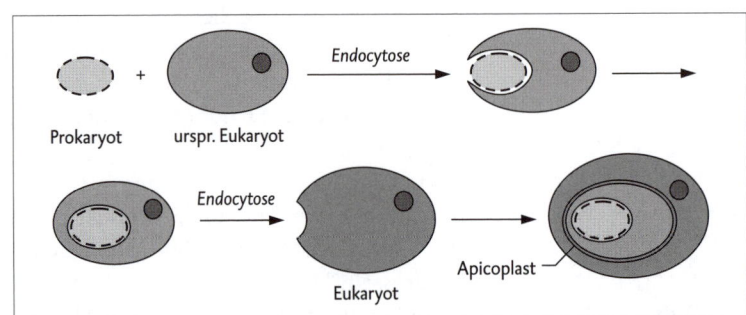

> **TIPP**
> Dem Aufgabentext folgend kann die Skizze des von EAE betroffenen Neurons entweder mit geschädigter oder gar fehlender Myelinscheide angefertigt werden. In der Skizze rechts fehlt die Myelinscheide.

48

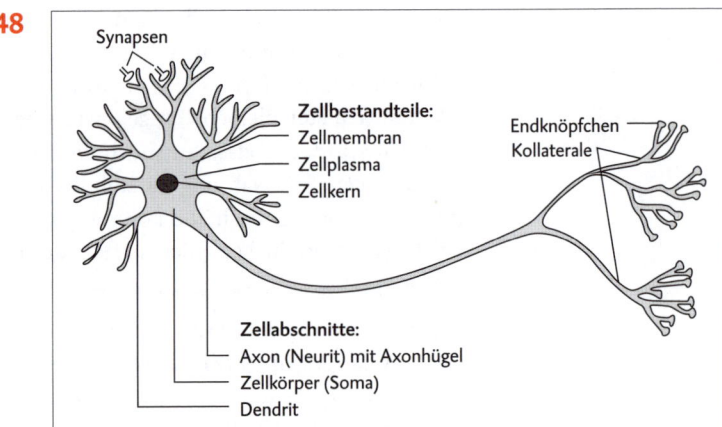

Auswirkungen der Demyelinisation:
Durch eine geschädigte oder zerstörte Myelinscheide ist die elektrische Isolation des Neurons vermindert, sodass die saltatorische Erregungsleitung nur noch eingeschränkt oder gar nicht mehr möglich ist. Durch eine kontinuierliche Erregungsleitung ist aber die Informationsübertragung stark verlangsamt und die Innervierung der Muskulatur gestört. Eine mögliche Folge davon können unkoordinierte Bewegungen bei den betroffenen Mäusen sein.

49 Das Ruhepotenzial beruht wesentlich auf einer unterschiedlichen Ionenverteilung im Zellinneren der Nervenzelle und in der wässrigen Lösung des extrazellulären Raumes. Das Ruhemembranpotenzial liegt bei ca. −70 mV. Dabei ist die Membraninnenseite negativ und die Au-

ßenseite positiv geladen. Folgende Faktoren sind für die Ausbildung des Ruhepotenzials entscheidend:
- Die Ionenkonzentrationen sind auf beiden Seiten der Axonmembran unterschiedlich. Im Inneren des Neurons ist die Konzentration an Kaliumionen und organischen Anionen hoch, auf der Außenseite der Axonmembran liegen Natrium- und Chloridionen in hoher Konzentration vor.
- Die Membran ist selektiv permeabel. Im Ruhezustand diffundieren Kaliumionen durch spezifische Ionenkanäle entlang ihres Konzentrationsgefälles von innen nach außen. Da die Membran für große, organische Anionen undurchlässig ist, bleiben diese im Inneren zurück, wodurch sich ein elektrischer Gradient aufbaut, der dem K^+-Ionenausstrom entgegenwirkt. Das Ruhepotenzial ist dann erreicht, wenn das Bestreben nach einem Konzentrationsausgleich und das Bestreben nach einem Ladungsausgleich gleich groß sind. Man spricht vom elektrochemischen Gleichgewicht.

Dieses Ruhepotenzial würde sich mit der Zeit allerdings abbauen, da die Membran auch für andere Ionen geringfügig permeabel ist. So gelangen z. B. Natriumionen durch Leckströme in den intrazellulären Raum. Um ein Angleichen der Ionenkonzentrationen zu verhindern, betreiben die Nervenzellen Natrium-Kalium-Pumpen, die Na^+-Ionen und K^+-Ionen unter ATP-Verbrauch entgegen ihrem Konzentrationsgradienten transportieren. Pro Zyklus gelangen jeweils drei Na^+-Ionen in den extrazellulären und zwei K^+-Ionen in den intrazellulären Raum.

50.1 Durch einen überschwelligen Reiz wird an einer nicht erregten Nervenzelle ein **Aktionspotenzial** ausgelöst (Skizze siehe S. 218).

Die Membranpotenzialänderung lässt sich durch die Änderungen der Permeabilität der Biomembran für Natrium- und Kaliumionen erklären:
- Im Ruhezustand sind die Natrium- und Kaliumionenkanäle geschlossen, die Differenz des Inneren einer Nervenzelle zur Membranaußenseite beträgt ca. –70 mV (Ruhepotenzial).
- Durch einen überschwelligen Reiz öffnen sich während der **Depolarisationsphase** die spannungsabhängigen Natriumionenkanäle, während die Kaliumionenkanäle geschlossen bleiben. Dadurch strömen aufgrund des Ladungs- und Konzentrationsgefälles positiv geladene Natriumionen ein und verstärken dadurch die Depolarisation bis etwa +30 mV.
- In der **Repolarisationsphase** beginnen sich die Natriumionenkanäle bereits wieder zu schließen und die spannungsabhängigen Kaliumionenkanäle öffnen sich zeitverzögert. Dadurch gelangen immer

weniger Natriumionen in das Innere, während immer mehr positiv geladene Kaliumionen nach außen gelangen. Das Membranpotenzial erreicht somit wieder negative Werte.
- Häufig kommt es zu einer **Hyperpolarisation** durch einen übermäßigen Kaliumionenausstrom. Während dieser Phase sind die Natriumionenkanäle geschlossen und die Kaliumionenkanäle noch leicht geöffnet, das Membranpotenzial sinkt kurzfristig sogar unter −70 mV.
- Mit der Rückkehr zum **Ruhepotenzial** sind die Ausgangskonzentrationen von Natrium- und Kaliumionen wiederhergestellt und die Nervenzelle ist wieder erregbar.

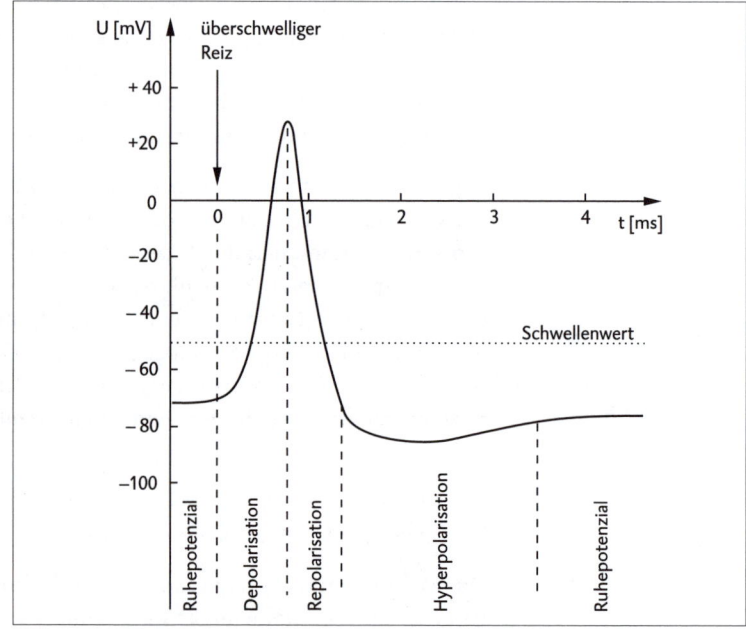

50.2 Werden die Natriumionen im extrazellulären Raum komplett durch Calciumionen ersetzt, so können diese bei einer Überschreitung des Schwellenwertes an einer Stelle des Axons nicht mehr durch die sich öffnenden spannungsabhängigen Natriumionenkanäle ins Innere der Zelle strömen. Da keine Natriumionen ins Innere einströmen, kommt es auch nicht zu einer weiteren Depolarisation. Ein Aktionspotenzial kann somit nicht ausgelöst werden.

50.3 In der Abbildung ist die Spannung in Millivolt gegen die Zeit in Minuten aufgetragen. Die Grafik zeigt die Veränderung des Ruhepotenzials an einem Tintenfischaxon nach der Gabe des Giftes GbTX. Nach

TIPP

GbTX (ein Brevetoxin) bindet an spannungsabhängige Natriumionenkanäle. Dadurch erleichtert es ihre Öffnung und hemmt ihre Inaktivierung.

LÖSUNGEN

ca. einer Minute wird ein Tintenfischaxon in Kontakt mit dem Gift GbTX gebracht. Ca. drei bis vier Minuten nach dem Kontakt mit dem Gift erhöht sich das Ruhepotenzial kontinuierlich. Eine Überschreitung des Schwellenwertes von ca. −50 mV wird dadurch zunehmend erleichtert. Ist der Schwellenwert erreicht, kommt es auch zur spontanen Auslösung von Aktionspotenzialen.

51 Potenzial 1 zeigt das **Ruhepotenzial** von −60 mV, das an der Membran einer Sinneszelle im Innenohr anliegt. Potenzial 2 ist positiver, Potenzial 3 negativer als das Ruhepotenzial.
Zustand B kann dem **Potenzial 2** zugeordnet werden. Die Ablenkung der Härchen führt zu einem vermehrten Öffnen der mechanisch gesteuerten Kaliumionenkanäle. Entlang des elektrochemischen Gradienten strömen die positiv geladenen Kaliumionen in die Zelle ein. Dadurch öffnen sich die spannungsabhängigen Calciumionenkanäle und Calciumionen strömen ebenfalls in die Zelle ein. Durch den Einstrom der positiv geladenen Kalium- und Calciumionen wird das Membranpotenzial positiver, es handelt sich um eine **Depolarisation**.
Zustand C kann dem **Potenzial 3** zugeordnet werden. Die Ablenkung der Härchen in die Gegenrichtung führt zu einem Schließen der mechanisch gesteuerten Kaliumionenkanäle. Aufgrund des Ausbleibens eines geringen Kaliumioneneinstroms schließen sich die beim Ruhepotenzial teilweise geöffneten spannungsabhängigen Calciumionenkanäle. Der fehlende Kalium- und Calciumioneneinstrom führt zu einem negativeren Membranpotenzial. Es handelt sich um eine **Hyperpolarisation**.

52 Bei den **Calciumionenkanälen** in der Membran der Nozizeptoren handelt es sich um **ligandenabhängige** Ionenkanäle, d. h., diese verändern nach der Bindung von Capsaicin ihre Raumstruktur und werden dadurch geöffnet.
Die an der Weiterleitung eines Aktionspotenzials beteiligten **Natrium- und Kaliumionenkanäle** einer Nervenzelle funktionieren hingegen **spannungsabhängig**. Diese Kanäle in der Membran des Axons sind im Ruhezustand geschlossen. Die Verringerung des Membranpotenzials bewirkt eine Konformationsänderung der Proteine und dadurch die kurzzeitige Öffnung zunächst der Natriumionen- und zeitlich verzögert der Kaliumionenkanäle.

> **TIPP**
> Hier wäre auch eine Lösung in Tabellenform sinnvoll.

53 Unterschiede zwischen elektrischen und chemischen Synapsen:
- Bei der elektrischen Synapse sind die beiden Zellen direkt über einen Proteinkanal miteinander verbunden. Bei der chemischen Synapse

befindet sich zwischen den kommunizierenden Zellen der synaptische Spalt.
- Impulse können bei elektrischen Synapsen direkt über Ionenströme von einer zur nächsten Zelle ohne Zeitverlust übertragen werden. Bei chemischen Synapsen muss das elektrische Signal erst in ein chemisches Signal umgewandelt werden. Es kann in der Zielzelle zeitverzögert einen neuen Impuls auslösen.
- Bei einer elektrischen Synapse ist eine Reizweiterleitung in beide Richtungen möglich, während die Signalübertragung bei einer chemischen Synapse unidirektional ist.

54 **Muskel:** Bei erregenden Synapsen handelt es sich bei den ligandengesteuerten Ionenkanälen um **Natriumionenkanäle**. Bindet Acetylcholin an die Rezeptoren, öffnen sich diese Kanäle, und es strömen Natriumionen in die postsynaptische Zelle ein. Die Folge ist eine **Depolarisation**. Es liegt ein **EPSP** (erregendes postsynaptisches Potenzial) vor.
ZNS: Bei hemmenden Synapsen steuern die Rezeptoren **Kalium- oder Chloridionenkanäle**. Binden die Acetylcholin-Transmittermoleküle, so strömen entweder Kaliumionen aus der postsynaptischen Zelle aus oder Chloridionen in sie ein. Die Folge ist eine **Hyperpolarisation** der postsynaptischen Zelle. Man spricht von einem **IPSP** (inhibitorischen postsynaptischen Potenzial).

55.1 Die Abbildung zeigt, dass bei einem am Endknöpfchen ankommenden Reiz sowohl unter Gifteinwirkung als auch ohne Gift Acetylcholin ausgeschüttet wird.
Ohne Gift wird Acetylcholin nach kurzer Zeit von der Acetylcholinesterase gespalten und ins Endknöpfchen aufgenommen. Im Diagramm ist die abfallende Acetylcholinkonzentration ca. 1 ms nach deren Anstieg zu erkennen.
Aus der Kurve unter Gifteinwirkung geht hervor, dass die Acetylcholinkonzentration nach einer Ausschüttung konstant hoch bleibt. Das Gift wirkt demnach als *(irreversibler)* Acetylcholinesterase-Hemmer.
Da Conotoxin-α als Acetylcholin-Antagonist an die Rezeptoren der postsynaptischen Membran bindet, kann die Giftwirkung nicht auf Conotoxin-α zurückgeführt werden.

55.2 Da Neostigmin ein reversibler Acetylcholinesterase-Hemmer ist, wird Acetylcholin im synaptischen Spalt nur langsam abgebaut. Conotoxin-α wirkt als reversibler Acetylcholin-Antagonist, blockiert also die

> **TIPP**
> Der in der Grafik dargestellte Kurvenverlauf wäre beispielsweise durch die Wirkung von Alkylphosphaten zu erklären (in Insektiziden, Tabun, Sarin).

Acetylcholinrezeptoren an der postsynaptischen Membran. Acetylcholin und Conotoxin-α konkurrieren um die Bindungsstellen der Rezeptoren. Wird die Acetylcholin-Konzentration durch Hemmung der Acetylcholinesterase erhöht, verdrängt der Transmitter kompetitiv das Toxin an den Rezeptoren. Eine Signalweiterleitung ist dann wieder möglich. Neostigmin ist also gegen Conotoxin-α als Gegengift wirksam.

56.1 Sowohl an der Membran des Endknöpfchens als auch an der Membran der postsynaptischen Zelle befinden sich Rezeptoren für Adenosinmoleküle.

- Bindet Adenosin an dem **Rezeptor am Endknöpfchen**, so hemmt es den Calciumioneneinstrom. Gelangt ein Aktionspotenzial ans Endknöpfchen, so werden durch den gehemmten Calciumioneneinstrom weniger Transmitter in den synaptischen Spalt ausgeschüttet, wodurch die Erregungsleitung an der Synapse gehemmt wird.
- Bindet Adenosin an dem **Rezeptor der postsynaptischen Membran**, fördert es den Ausstrom von Kaliumionen und hemmt den Einstrom von Calciumionen. Die Folge ist ein Absinken des Membranpotenzials unter den Wert des Ruhepotenzials. Eine mögliche Depolarisation der postsynaptischen Membran wird dadurch gehemmt. Die Folge besteht in einer Hemmung der Erregungsleitung an der Synapse.

Die Auswirkung von Adenosin auf die Erregungsweiterleitung ist also hemmend.

56.2 Koffein kann an die Adenosinrezeptoren binden und diese blockieren. Hierdurch wird die Regulation der Weiterleitung von Signalen an durch Adenosin gehemmten Synapsen gestört. Koffein bewirkt durch seine Blockade eine erhöhte Erregungsweiterleitung. Durch die gestörte Erregungsübertragung wird, wie der Abbildung 2 zu entnehmen ist, der systematische Netzbau stark beeinträchtigt.

57 Bestoxin bindet an die spannungsabhängigen Natriumionenkanäle der Axonmembran von Motoneuronen. Da die gestochenen Erdmännchen an Krämpfen sterben, bleiben durch das Gift vermutlich die spannungsabhängigen Natriumionenkanäle **länger geöffnet**. Dies hat zur Folge, dass dauerhaft Natriumionen ins Innere des Axons strömen, wodurch eine dauerhafte Depolarisation und vermehrt Aktionspotenziale ausgelöst werden. Es kommt zur **Dauererregung.** Da es sich bei den postsynaptischen Zellen um Muskelzellen handelt, werden diese lange anhaltend depolarisiert, was zu **Krämpfen** führt. Sind Herz- bzw. Atemmuskulatur betroffen, sind diese Krämpfe tödlich.

58.1

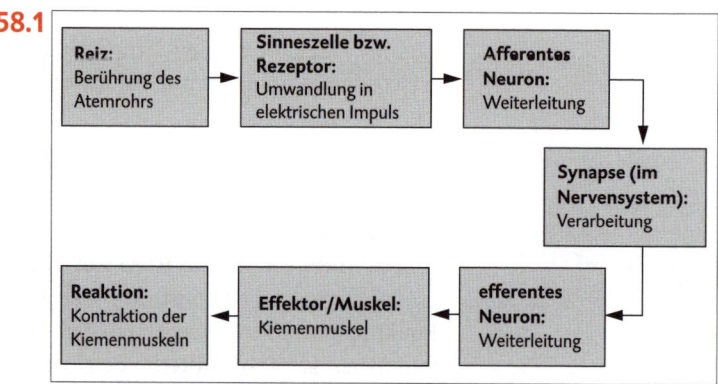

58.2 Im Diagramm in Abbildung 2 ist die Kontraktionsstärke der Kiemenmuskeln von *Aplysia* gegen die Anzahl wiederholter Reizungen des Atemrohrs aufgetragen. Zwischen der 79. und 80. Wiederholung des Versuchs findet eine Ruhephase von 122 Minuten statt.
Es kann beobachtet werden, dass die Intensität der Kontraktion mit zunehmender Anzahl von Wiederholungen geringer wird. Nach der Ruhephase von 122 Minuten entspricht die Intensität der Kontraktion wieder fast dem Anfangsniveau. Typischerweise können Reflexe beliebig oft wiederholt werden, wobei die Reaktion stets gleichartig ist. Eine Ermüdung des Reflexes, wie er hier bei *Aplysia* vorkommt, ist untypisch.

59 Falls das Beutefangverhalten der Spinne erbkoordiniert ist, stellt es eine **Instinkthandlung** dar und kann in folgende Phasen gegliedert werden:
- Zunächst ist bei der Spinne die **Handlungsbereitschaft** nötig.
- Das **ungerichtete Appetenzverhalten** äußert sich durch das Verlassen des Verstecks und dem Verweilen im Netz.
- Die bestimmten Vibrationen des Beutetiers im Netz stellen einen **spezifischen Reiz** dar.
- Dieser Reiz löst die **gerichtete Appetenz = Taxis** aus. Die Spinne läuft in die Richtung der Vibrationen.
- Das Beutetier stellt den **Schlüsselreiz** dar.

> **TIPP** ▶
> Aus dem Text geht nicht hervor, wodurch die Handlungsbereitschaft hervorgerufen wird.

TIPP
Die Endhandlung läuft immer komplett und starr ab. Das Verfrachten oder das Ablegen der Beute ist folglich kein Bestandteil der Instinkthandlung, da nach dem Überprüfen des Geschmacks die Handlung abgebrochen werden kann.

- Hierdurch wird die **Endhandlung (Erbkoordination)** ausgelöst. Das Beutetier wird eingesponnen.

60 Bei dem beobachteten Verhalten handelt es sich um eine Verhaltensweise, die durch **Prägung** verursacht wird. Dieser **effektive Lernvorgang** erfolgt während einer kurzen **sensiblen Phase**, hier kurz nach der Geburt. Die eingeprägten irreversiblen Merkmale, hier die populationsspezifischen Laute der Männchen, führen zu charakteristischen Verhaltensweisen im späteren Leben. Die **sexuelle Prägung** auf Laute des Vaters dient zur **Erkennung des Paarungspartners**.

61 Es handelt sich um eine **reizbedingte (klassische) Konditionierung**.
„Licht" stellt in diesem Beispiel den **neutralen Reiz** dar. In der Lernphase wird dieser Reiz durch häufige Wiederholung und **Kontiguität** mit dem **unbedingten Reiz** „nach hinten wirkende Zugkraft" verknüpft. Die Zugkraft löst bei der Schnecke den **unbedingten Reflex** des Zusammenziehens des Fußmuskels aus. Nach der Konditionierung wird der ehemals neutrale Reiz „Licht" zum **bedingten Reiz,** der bereits ohne die Zugkraft das Zusammenziehen des Fußmuskels als **bedingten Reflex** auslöst.

TIPP
Wird eine Reizsituation mit einer negativen Erfahrung verknüpft und nicht ein spontan auftretendes Verhalten, handelt es sich um eine bedingte Aversion.

62.1 Während die Kohlmeisen zu Beginn des Experiments noch ähnlich viele Wespen wie Schmeißfliegen fraßen, wurden nach 3 Stunden kaum noch Wespen erbeutet und nach 6 Stunden gar keine mehr. Es handelt sich bei diesem Ergebnis um eine **klassische Konditionierung**, genauer um eine **bedingte Aversion**. Futtertiere mit einer auffälligen schwarz-gelben Färbung stellen zunächst einen **neutralen Reiz** dar. Wird ein solches Tier gefressen, wird der neutrale Reiz mit der negativen Erfahrung des Wespenstiches verknüpft. Da der Schmerz durch den Stich direkt beim Fressen auftritt, ist **Kontiguität** gegeben. Nach einigen Stichen stellt das schwarz-gelbe Muster einen **bedingten Reiz** dar und Wespen werden gemieden.

62.2 Aufgrund ihrer auffälligen Färbung werden vermutlich zu Beginn des Experiments die Schwebfliegen gemieden. Frisst eine Kohlmeise im Laufe des Experiments doch eine Schwebfliege, bleibt der Schmerz aus. Frisst die Meise dann wiederholt Schwebfliegen, so wird der **bedingte Reiz** „schwarz-gelbes Muster" gelöscht und erlangt wieder den Status des **neutralen Reizes**.

Kommt es nach einiger Zeit zu solch einer **Extinktion**, werden die Schwebfliegen vermutlich wieder mit einer ähnlichen Häufigkeit wie die Schmeißfliegen gefressen.

63.1 Eine **auffällige Körperfärbung** kann unterschiedliche Funktionen haben:
- Sie kann, wie beispielsweise beim Pfau, der **Anlockung von Geschlechtspartnern** dienen.
- Sie kann wie bei der Wespe **Wehrhaftigkeit signalisieren**. Die typische gelb-schwarze Warnfärbung zeigt anderen Tieren, dass die Wespe wehrhaft ist.
- Sie kann wie bei der Schwebfliege **Wehrhaftigkeit vortäuschen** (Mimikry). Die auffällige Färbung ahmt die Warnfärbung wehrhafter Insekten nach.

> **TIPP** ▶
> Bei Tieren in Gefangenschaft sind die Ergebnisse solcher Untersuchungen nur bedingt aussagekräftig, da die Tiere aufgrund der Gefangenschaft oder des Erfahrungsentzugs veränderte Verhaltensweisen zeigen können bzw. möglicherweise bestimmte Verhaltensweisen überhaupt nicht zeigen.

63.2 Um zu untersuchen, ob der Auslöser für den Balzgesang der Stieglitzmännchen die Tageslänge ist, sollten mehrere Gruppen von Stieglitzmännchen in Gefangenschaft gehalten werden.
Eine Gruppe sollte unter möglichst normalen Bedingungen aufgezogen werden. Bei den anderen Gruppen müssten unterschiedliche Versuchsansätze durchgeführt werden, in denen die Tageslänge (Licht) künstlich variiert wird. Alle anderen Bedingungen wie beispielsweise die Temperatur oder das Futter müssen identisch sein.
Bei den einzelnen Gruppen muss der Zeitpunkt der Balz verglichen werden.

63.3 In dem Diagramm sind die **Anzahl des Kopfhebens** pro Minute und die **mittlere Verzehrdauer** in Sekunden von Stieglitzen gegen die **Gruppengröße** aufgetragen.
Mit zunehmender Gruppengröße sinkt die Anzahl des Kopfhebens pro Minute und die mittlere Verzehrdauer eines Futterkorns.
Die Nahrungssuche ist für den Stieglitz mit zunehmender Gruppengröße profitabler. Die Vögel müssen mit steigender Gruppengröße seltener den Kopf heben, um potenzielle Fressfeinde rechtzeitig zu erkennen, da sie ggf. von Artgenossen gewarnt werden. Die Stieglitze haben somit mehr Zeit zum Fressen, weshalb die Verzehrdauer eines Korns sinkt.
Stieglitze in größeren Gruppen können somit mehr Energie pro Zeit aufnehmen, was zu einer Steigerung der **direkten Fitness** führt.

LÖSUNGEN

64 Nacktmulle zeigen in ihrem Sozialverhalten einige wichtige Kennzeichen **eusozial** lebender Tiere:
- **Arbeitsteilung** bei der Jungenaufzucht, der Futtersuche, der Wartung der unterirdischen Gänge und der Verteidigung des Baues
- **geschlossener Verband** aus bis zu 300 unfruchtbaren Tieren mit nur 1 fruchtbaren Königin und 2–3 fruchtbaren männlichen Tieren
- **altruistisches Verhalten**, da die meisten Nacktmulle zugunsten einiger weniger fruchtbarer Tiere, mit denen sie in der Regel nah verwandt sind, auf eigenen Nachwuchs verzichten
- mit 0,8 ist der durchschnittliche **Verwandtschaftsgrad** der Tiere in einer Nacktmull-Kolonie untereinander sehr hoch

65 Entdeckt die ungiftige Natternart *Natrix maura* Fressfeinde, so imitiert sie die giftigen Vipernarten. Es handelt sich um eine **Signaltäuschung**, indem sie ihren Kopf in eine flache, dreieckige Form bringt und bedrohlich zischt. Dieses Verhalten stellt für die ungiftige Natter einen **Selektionsvorteil** dar, da sie wie die Vipernarten von Fressfeinden gemieden wird.
Natrix maura fungiert hierbei als **Sender**. Sie kodiert sowohl **optische Signale**, die flache, dreieckige Kopfform, als auch **akustische Signale**, das bedrohliche Zischen. Die Fressfeinde sind die **Empfänger** dieser **Informationen**. Sie dekodieren die gesendeten Signale und reagieren dementsprechend. Eine mögliche Reaktion könnte das Abwenden von der Natter sein.

66 Als **Aggressionskontrolle** werden alle Verhaltensweisen bezeichnet, die eine Verletzung oder Tötung von Artgenossen verhindern sollen, die durch Streitsituationen um Ressourcen entstehen können. Durch **Rangordnungskämpfe** wird innerhalb einer Schimpansengruppe eine individuelle Reihenfolge jedes einzelnen männlichen Individuums aufgestellt. Da nach einem Rangordnungskampf das unterlegene und damit rangniedere Tier einige Zeit allen ranghöheren Tieren z. B. bei der Nahrungsaufnahme, der Wahl des Schlafplatzes oder des Geschlechtspartners den Vortritt lässt, werden dadurch aggressive Verhaltensweisen verhindert.

67 Beschreibung und Benennung:
Die Familienstruktur der **Gorillas** setzt sich innerhalb eines gemeinsamen Revieres neben den Jungtieren aus mehreren fruchtbaren Weibchen und einem fruchtbaren Männchen zusammen. Dieses Paarungssystem wird **Polygamie** genannt.

> **TIPP**
> Fachlich ganz korrekt handelt es sich hierbei um Polygynie, da sich ein Männchen mit mehreren Weibchen verpaart und die Weibchen sich nur mit diesem einen Männchen verpaaren.

Bei **Gibbons** leben innerhalb eines gemeinsamen Revieres nur ein fruchtbares Weibchen und ein fruchtbares Männchen mit ihren Jungtieren zusammen. Dies wird als **Monogamie** bezeichnet.

Mögliche **ultimate Ursachen** für die Ausbildung der Monogamie:
- Partnerfindung und Partnerwahl müssen zu Lebzeiten des Paares nur einmal durchgeführt werden.
- Männchen und Weibchen haben gleich hohen Fortpflanzungserfolg.
- Durch den Einsatz der Männchen bei der Aufzucht der Jungtiere erhöht sich deren Überlebenswahrscheinlichkeit und damit der Fortpflanzungserfolg.
- Der Schutz des Männchens erhöht die Überlebenschance des trächtigen Weibchens.
- Die Männchen schützen ihren eigenen Nachwuchs so besser vor Kindsmord durch andere Männchen.
- Rangordnungskämpfe innerhalb einer Gruppe sind nicht notwendig.

> **TIPP** ▶ Nur zwei Ursachen sind verlangt.

68 Die **Kosten** (Nachteile) liegen im erhöhten Energieaufwand zur Brutpflege und dem Sinken der Fitness, da die Männchen weniger Nachkommen mit genetisch unterschiedlichen Weibchen zeugen. Bei Veränderungen der Umweltbedingungen könnte dieser Mangel an Neukombination des Erbguts nachteilig sein.
Von **Nutzen** (Vorteil) ist jedoch, dass mehr Nachkommen überleben. Der Fitnessgewinn des Männchens beruht darauf, dass mehr seiner Gene in die nächste Generation gelangen.

69 **Experiment A:** Das Diagramm des Experimentes A zeigt den **Sauerstoffverbrauch** von Schwertträger-Männchen. Es wurde der Sauerstoffverbrauch von Männchen mit **normalem** und **gekürztem** Schwert jeweils in **Abwesenheit** und in **Gegenwart** eines Weibchens gemessen. Es wird deutlich, dass der Sauerstoffverbrauch generell zunimmt, sobald ein Weibchen anwesend ist. Außerdem ist der Sauerstoffverbrauch von Männchen mit natürlich ausgebildetem Schwert höher als bei Männchen mit gekürztem Schwert. Aus diesen Ergebnissen kann abgeleitet werden, dass ein langes Schwert eine **negative Wirkung** für das Männchen hat. Je länger das Schwert ist, desto höher ist der Sauerstoffverbrauch und somit der Energiebedarf des Männchens. Dies wirkt sich negativ auf die **direkte Fitness** des Männchens aus.

Experiment B: Im Diagramm des Experimentes B ist die **zeitliche Differenz** (Zeit, die Weibchen bei langschwertigen Männchen verbracht haben, „minus" Zeit, die sie bei kurzschwertigen verweilten) gegen die **Unterschiede in der Schwertlänge** (Schwertlänge langes Schwert „minus" Schwertlänge kurzes Schwert) aufgetragen. Daraus geht hervor, dass Weibchen, die die Wahl zwischen zwei Männchen mit unterschiedlich langen Schwertern haben, mehr Zeit mit den langschwertigen Männchen verbringen. Je größer die Differenz der Schwertlängen ist, desto länger ist die Verweildauer beim langschwertigen Männchen. Aus den Ergebnissen von Experiment B kann man schlussfolgern, dass ein langes Schwert auch eine **positive Wirkung** für das Männchen hat. Je länger das Schwert ist, desto mehr Zeit verbringt ein Weibchen mit dem Männchen. Hieraus resultiert eine höhere Paarungschance. Somit steigt die **direkte Fitness** für das Männchen.

70.1 Als Infantizid bezeichnet man das **Töten von Nachkommen der eigenen Art**.
Ein neues Alpha-Männchen profitiert durch diese Verhaltensweise: Durch die Tötung von Jungtieren beseitigt es zum einen den von einem Rivalen gezeugten Nachwuchs, zum anderen werden die Weibchen schneller wieder empfängnisbereit.
Das neue Alpha-Männchen steigert also seinen eigenen **Fortpflanzungserfolg** und die Nachkommen mit seinen Genen ersetzen die Nachkommen des Vorgängers bereits nach kurzer Zeit. Beim Infantizid handelt sich damit um ein die **direkte Fitness** förderndes Verhalten für das Männchen.

70.2 Im Kurvendiagramm der **Abbildung 2** ist die **Rangposition** gegen die **Jahreszahl** aufgetragen. Aus dem Diagramm geht hervor, dass im gesamten Beobachtungszeitraum häufige Wechsel in der Rangfolge stattfanden. Dabei hatte die Alpha-Position meist nur maximal vier Jahre das gleiche Männchen inne, also die Zeit, in der ein Jungtier von der Mutter gesäugt wird. Dies bedeutet, dass ein neues Alpha-Männchen mit Berücksichtigung der achtmonatigen Tragzeit mit einigen Weibchen keinen Nachwuchs zeugen könnte.
Im Balkendiagramm der **Abbildung 3** ist die **durchschnittliche Distanz zwischen Mutter und Kind** in Zentimeter gegen **verschiedene Gruppenzusammensetzungen in Abhängigkeit von verschiedenen Aktivitätsphasen** aufgetragen. Aus dem Diagramm geht hervor, dass sich die Distanz zwischen Mutter und Jungtier sowohl beim Umherstreifen als auch beim Ruhen deutlich verringert, sobald Männchen anwesend sind. Die Weibchen nehmen die Männchen also als Bedrohung für ihre Jungtiere wahr. Bei Anwesenheit von nur Weibchen um Mutter und Kind vergrößert sich sogar die Distanz zwischen den beiden.

> **TIPP**
> Prüfen Sie genau, ob es sich bei dem von Ihnen dargestellten Sachverhalt tatsächlich um eine ultimate und nicht doch um eine proximate Ursache handelt. Unter proximaten Ursachen versteht man unmittelbare „Wirkursachen", also beispielsweise innere Bedingungen (z. B. Hormonspiegel) oder soziale Faktoren (z. B. Stress durch hohe Individuendichten).

Die Daten stützen die Hypothese: **Bei neuen Alpha-Männchen droht Infantizid**, der die erneute Empfängnisbereitschaft der Weibchen beschleunigt.

Beim Kindchenschema handelt es sich um einen angeborenen Auslösemechanismus beim Menschen, der Brutpflegeverhalten induziert.

71 Der Comic-Zeichner möchte durch die Umsetzung des **Kindchenschemas** positive Gefühle beim Leser erzeugen. Indem dieser die Darstellung „süß" oder „niedlich" findet, wird sein Kaufverhalten beeinflusst.

Zum Erreichen dieses Zieles wird die Wirkung verschiedener Schlüsselreize eingesetzt. Dazu zählen ein großer Kopf, große Augen, Pausbacken, ein kurzer und rundlicher Rüssel als Andeutung einer Stupsnase und eines freundlichen Lachens sowie ein rundlicher Körper mit kurzen Gliedmaßen.

Stichwortverzeichnis

A BO-System 67
Absorptionsspektrum 13 f.
Absterbephase 90
Acetylcholin 146 ff.
– ~esterase 146 f., 149
– ~rezeptor 147 ff.
adaptive Radiation 123 f., 132
ADA-SCID 84
additive Polygenie 63 f.
Adenosintriphosphat (ATP) 3, 5, 15 f.
– ~-Bildung 17 ff., 28 ff.
– ~-Synthase 17 ff., 30
Adenylatcyclase 150
Aggression 173 ff.
– ~skontrolle 174
– Intensitätsstufen der ~ 173
Agonist 149
Agrobacterium tumefaciens 82
Akridinfarbstoffe 45
Aktionspotenzial 137, 139 ff., 146 ff., 155
aktives Zentrum 6 f.
Aktivierungsenergie 6
Allel 59 ff.
– ~frequenz 117 ff.
– dominantes ~ 59 ff.
– kodominantes ~ 67
– rezessives ~ 59 ff., 118
allensche Regel 120
Alles-oder-nichts-Gesetz 140
allopatrisch(e Artbildung) 122 ff.
allosterisches Zentrum 9
Altruismus 169 ff.
Aminoacyl-tRNA-Synthetase 40
Aminosäure 39 ff., 128 f.
– ~sequenz 39 f., 45
– ~sequenzanalyse 111 f.
Amniozentese 71
Ampicillin 76 f.

Amplitudenmodulation 148
anaboler Stoffwechsel 5, 20
Analogie 112 f.
Anämie 69, 81
Anaphase 51 ff.
Aneuploidie 44, 54 ff.
Angepasstheit 105, 119, 129
Antagonist 149
Antennenkomplex 16
Antennenpigmente 14, 16
Antibiotikumresistenzgen 76 f.
Anticodon 40
Antigene 67 f., 110 f.
Antikörper 67 f., 110 f.
Appetenz 157 f., 164
– ~verhalten 157 f., 164
– bedingte ~ 164
Äquationsteilung 52
Archaeopteryx 105
Art 106 ff.
– ~aufspaltung 119, 122 ff.
– ~begriff 107 f.
– ~benennung 107
– ~bildung 122 ff.
– ~wandel 107, 119
– invasive ~ 98
Artenvielfalt 98 ff., 105
Assimilation 5, 13
Atavismus 109
Atmungskette 28, 30 f.
Atropin 149 f.
Attrappen(versuch) 157, 184
Auslösemechanismus (AM) 157, 163, 185
– angeborener ~ (AAM) 157, 185
– erweiterter angeborener ~ (EAAM) 163
– erworbener ~ (EAM) 163 f.
Autoradiografie 20, 78
Autosomen 51, 68 f.

autotroph 13, 130 f.
– chemo~ 130
– foto~ 131
Axon 137 ff.
Axonhügel 137 f., 148

Bakterien 76 ff.
– ~kulturen 81 f.
– ~wachstum 89 f.
– Vermehrung von ~ 81
Balzverhalten 176 f.
Barr-Körperchen 55
Base 35 f.
– ~nanalagon 45
– Purin-~ 35 f.
– Pyrimidin-~ 35 f.
bedingte Aktion 165
bedingte Aversion 164 f.
bedingte Hemmung 165
Beißhemmung 174
Belohnung 164 f.
Beschädigungskampf 173
Beschwichtigungshandlungen 174
Bestrafung 165
Biodiversität 98 ff., 105
biogenetische Grundregel 110
Bioindikatoren 101
Biokatalysator 6 ff., 129
Biomembran 2 f., 130 f.
Biotop 89
Biozönose 89
Blutgerinnungsfaktoren 82
Blutgruppen 67 f.
Botulinumtoxin 149
Brenztraubensäure 28 ff.
Brückenform 105
Bruthilfe 170
Brutparasitismus 134
Brutpflege 91, 170, 176, 185
Bt-Mais 82
Bt-Toxin 82

Calvinzyklus 19 f.

cAMP 150
Carotinoide 16
Carrierprotein 3, 139
cDNA 79 ff., 84
chemiosmotische Theorie 17 ff., 30
Chiasma 54
Chlorophyll 13 f., 16 f.
Chloroplast 4 f., 15 ff., 129 f.
Chorea Huntington 68
Chorionzottenbiopsie 72
Chromatiden 50 ff.
Chromatin 3, 50
Chromosomen 50 ff., 61 f., 67 ff., 80
– ~theorie der Vererbung 61
– Ein-Chromatid-~ 51 f.
– Zwei-Chromatid-~ 51 f.
Chromosomenaberration 44, 54 ff.
– numerische ~ 44, 54 ff.
– strukturelle ~ 44 f.
CO_2-Kompensationspunkt 22
Code-Sonne 41
Codestrang 39
codogener Strang 39
Codon 39 ff.
Coenzym 6
Crossing-over 54, 63, 118
Curare 149
Cuvier 106
Cyanobakterien 13
Cytochrom c 30, 111

Deletion 45
demografischer Übergang 94
Denaturierung 8, 78 f.
– ~ von DNA 78 f.
– ~ von Proteinen 8
Dendrit 137 f.
Depolarisation 139 ff., 147 f.
Desoxyribose 35
Dichteregulation 91 ff.
Dictyosom 4 f.
Diffusion 3
diploid 51 f., 132, 170 f.

Dissimilation 5, 28 ff.
DNA (Desoxyribonukleinsäure) 35 ff., 76 ff.
– –-Doppelhelix 36
– –-Doppelstrang 36, 112
– –-Hybridisierung 77 ff., 112
– –-Ligase 38, 46, 77
– –-Polymerase 37 f., 46, 79
– –-Reparatur 46
– –-Replikation 36 ff., 50 f.
– –-Sequenzanalyse 84, 112
– rekombinante ~ 76 ff.
Dopamin 147, 150
Doppellipidschicht 2
Drogenabhängigkeit 150
Drohverhalten 173
Düngemittel 98 f.
Dunkelreaktionen 15 f., 19 ff.
Duplikation 45

Effektor 43 f., 155 f.
Einnischung 120, 123 f.
Eizelle 53 f., 83
elektrochemisches Gleichgewicht 139
Elektronenakzeptor 16 ff.
Elektronentransport(kette) 17 ff., 30
endergonisch 5
Endhandlung 158
Endonuklease 46, 76
Endoplasmatisches Retikulum 4 f.
Endorphine 150
Endosymbiontentheorie 129 f.
Endoxidation 30 f.
Endozytose 3, 130
Endplattenpotenzial 147
Endprodukt 44
– –-hemmung 9
– –-repression 44
energetische Kopplung 5
Enzym 6 ff., 43 f., 71, 82
– Affinität eines ~ 7
– –-aktivität 7 f.
– –-Substrat-Komplex 6
Enzymhemmung 8 f.

– allosterische ~ 9
– irreversible ~ 8
– kompetitive ~ 9
Erbgang
– autosomal-dominanter ~ 68 f., 71
– autosomal-rezessiver ~ 69, 71
– dihybrider ~ 60 f.
– dominant-rezessiver ~ 59 ff.
– gonosomal-rezessiver ~ 70
– intermediärer ~ 59 ff.
– monogener ~ 67 ff
– monohybrider ~ 59 f.
– X-chromosomal-rezessiver ~ 71
Erbkoordination 156 ff.
Erderwärmung 100
Erfahrungsentzug 158
Erregungsleitung 140 f.
– kontinuierliche ~ 140 f.
– saltatorische ~ 141
Erythrozyt 67 f.
Ethogramm 155
Ethologie 155 ff.
Eukaryot 1, 39, 42, 81 ff., 129 ff.
Eusozialität 170 f.
Eutrophierung 99
Euzyte 1
Evolution
– biologische ~ 129 ff.
– chemische ~ 128 f.
– –-faktoren 117 ff.
– –-sforschung 105 ff.
– –-sschub 131 f.
evolutionsstabile Strategie 170, 175
Evolutionstheorie 106 f.
– – von Darwin 106 f.
– – von Lamarck 106
– Synthetische ~ 117 ff.
exergonisch 5
Exon 42, 79
Exozytose 3
Extinktion 164 f.
Exzisionsreparatur 46

FAD(H$_2$) 29 f.
Fasciculin 149
Fitness 119, 124, 168 ff., 178
– direkte ~ 169 ff.
– Gesamt~ 169 ff.
– indirekte ~ 169 ff.
Flaschenhalseffekt 121 f.
Flüssig-Mosaik-Modell 2
Folgestrang 37 f.
Fortpflanzung 52 f.
– ~sbarrieren 123 f.
– ~serfolg 169 f., 174 f., 177 f.
– ~sstrategien 90 f.
– geschlechtliche ~ 52 f., 118, 175 ff.
– ungeschlechtliche ~ 52
Fossilien 105 f.
Fotolyse des Wassers 17 ff.
Fotophosphorylierung 17 ff.
– nichtzyklische ~ 17 ff.
– zyklische ~ 18 f.
Fotoreaktivierung 46
Fotosynthese 13 ff., 131
– Abhängigkeit der ~ von Außenfaktoren 21 f.
– ~pigmente 16
– Primärreaktionen der ~ 15 ff.
– Sekundärreaktionen der ~ 15 f., 19 ff.
Fotosyntheseleistung
– apparente ~ 21
– Brutto~ 21
– Netto~ 21 f.
– reelle ~ 21
Fotosystem 16 ff.
Frequenzmodulation 148

Gärung 31 f.
– alkoholische ~ 31
– Milchsäure~ 31
Gehörknöchelchen 109
Gelelektrophorese 80 f.
Gen 38 ff.
– fakultatives ~ 42
– ~diagnostik 79, 84 f.

– ~drift 117, 121 ff.
– ~fluss 122 f.
– ~kopplung 62 f.
– ~mutation 44 ff.
– ~-Pharming 83
– ~pool 89, 117 ff., 168 f.
– ~sonde 78, 84
– ~therapie 84 f.
– ~transfer 81 ff.
– ~wirkkette 43
– konstitutives ~ 42
– Mosaik~ 42
– Regulator~ 43 f.
– Struktur~ 43 f.
genetisch bedingte Erkrankungen 68 ff., 84 f.
genetische Familienberatung 70 f.
genetische Variabilität 52 f., 101, 107, 118, 130
genetischer Code 41
genetischer Fingerabdruck 80 f.
genomische Bibliothek 78
Genotyp 59 ff.
Gentechnik 76 ff.
gentechnische Medikamentenherstellung 81 f.
Geschlechtszellen 52 f., 118
Gliazelle 137 f.
Glucose 13, 15 f., 19 f., 28 ff.
Glutamat 147
Glycolipid 2
Glycoprotein 2
Glykolyse 28 f.
Golgi-Apparat 4 f.
Gonosomen 51, 70
G-Phase 51 f.
Gründereffekt 121

HAECKEL 110
Hamilton-Regel 169 ff.
Hämophilie 70
Handlungsbereitschaft 156 ff., 164 f., 175
Haplodiploidie 171

haploid 51 ff., 170 f.
Helfergesellschaft 170
Helikase 37 f.
hemizygot 70
Herbizid 83, 99
heterotroph 13, 130
heterozygot 59 ff., 71, 80 f.
Heterozygotentest 71
Hill-Reaktion 15
Histon 50
Homologie 108 ff.
– ~kriterien 108 f.
homozygot 59 ff., 71, 80 f.
Honigbienen 170 f.
Hospitalismus 163
Hybridisierung 77 ff., 112
Hyperpolarisation 139 f.

Imponierverhalten 173
Individualdistanz 172
Induktor 43 f.
Industriemelanismus 121
Infantizid 178
Insektizid 99, 149
Instinkthandlung 156 ff.
Insulin 81, 112
Intermembranraum 4, 30
Intron 42, 79
Inversion 45
in vitro 84 f.
Inzucht 122
Ionenkanal 138 ff.
– Ca^+-~ 146 f.
– Cl^--~ 147
– K^+-~ 137 ff.
– ligandengesteuerter ~ 147
– Na^+-~ 137 ff.
– spannungsgesteuerter 139 f., 146
Ionentheorie 138 f.
Isolation 117, 122 ff.
– ethologische ~ 124
– geografische ~ 122 ff.
– ~smechanismen 124

– mechanische ~ 124
– reproduktive ~ 122, 124
– zeitliche ~ 124
Isotop 15, 20

JAKOB-MONOD-Modell 42

Karyogramm 50
Karyotyp 50
Kaspar-Hauser-Versuch 158
kataboler Stoffwechsel 5, 20, 28 ff.
Katastrophenthorie 106
Keimbahntherapie 85
Keimzellen 52 f., 118
Kindchenschema 185 f.
klimatische Veränderungen 100, 123, 131 f.
Klinefeltersyndrom 55 f.
Klon 52, 77
Klonierung 78
Koadaptation 132 f.
kodominant 67
Koevolution 132 f.
Kohlenstoffdioxidkonzentration 22
Kokain 150
Kommentkampf 173
Kommunikation 171 ff.
Kompartimentierung 2, 130 ff.
komplementäre Basenpaarung 36
Konditionierung
– reizbedingte (klassische) ~ 163 f.
– verhaltensbedingte (operante) ~ 165
Konduktorin 70
Konkurrenz 89, 98 f., 107, 120 f., 123
– innerartliche ~ 120 f.
– zwischenartliche ~ 120
Konstanz der Arten 106
Kontiguität 164
konvergente Entwicklung 112 f.
Konzentrationsgefälle 138 f.
Kooperation 168
Kopplungsbruch 62 f.
Kosten-Nutzen-Analyse 168 f., 172 f., 175, 177 f.

Kreuzung 59 ff., 108, 123 f.
– reziproke ~ 59, 62
– Rück~ 61 f.
K-Stratege 91

lag-Phase 90
Lähmungserscheinungen 149
LAMARCK 106
Leitstrang 37 f.
Lernen 162 ff.
– fakultatives ~ 162 f.
– ~ am Erfolg 165
– obligatorisches ~ 162 f.
Lichtkompensationspunkt 21
Lichtreaktionen 15 ff.
Lichtsättigung 21
LINNÉ 105 ff.
Lotka-Volterra-Regeln 92 f.

Mann-Frau-Schema 185 f.
Marfan-Syndrom 68
Markerinaktivierung 77
Massenaussterben 131 f.
Matrix (Mitochondrium) 4, 29 f.
Meiose 50 ff., 59 ff., 118
Membranprotein 2 f.
mendelsche Regeln 59 ff.
Metaphase 50 ff.
Michaelis-Menten-Konstante (K_M) 7
Migration 174
Mikroinjektion 83
Mikroskopie 1
MILLER 128
Mimese 120
Mimikry 120, 173
Mitochondrium 3 ff., 28 ff., 129 f.
Mitose 50 ff.
– ~-Phase 51
Modifikation 117
Monogamie 176 f.
Monokultur 98
Monosomie 55
Morphin 150

motorische Endplatte 146 f., 149
Mukoviszidose 69
multiple Allelie 67
Muskelzelle 137, 146 f., 149, 155 f.
mutagene Substanz 45
Mutation 44 ff., 68 ff., 111 f., 117 f., 122 f.
– Chromosomen~ 44 f.
– Gen~ 45, 118
– Genom~ 44
– missense-~ 45
– nonsense-~ 45
– Punkt~ 45
– Raster~ 45
– stumme ~ 45
Myelin(scheide) 137 f., 141

NAD^+ 6, 28 ff.
$NADP^+$ 13, 15 ff.
Natrium-Kalium-Pumpe 139 f.
Neobiota 98 f.
Nervenzelle (Neuron) 137 ff.
– afferente ~ 137, 155 f.
– efferente ~ 137, 155 f.
– interneurale ~ 137
– marklose ~ 138
– motorische ~ 155 f.
– myelinisierte ~ 137 f., 141
– sensorische ~ 155 f.
Neurotoxine 149 f.
Neurotransmitter 146 ff., 149
Nicotin 149 f.
Nondisjunction 54 f.
Nukleolus 3, 5
Nukleosom 50
Nukleotid 35 ff.

Okazaki-Fragment 38
ökologische Nische 123
Ökosystem 89, 98 ff.
Ontogenese 110
Oogenese 53
Operator 43 f.
Operon(-Modell) 42 ff., 81

– lac-~ 43, 81
Opiate 150
Optimalitätsmodell 168 f.
Oxidationsmittel 17
oxidative Phosphorylierung 30

Paarung 124, 176 ff.
– ~ssystem 176 ff.
Parasit(-Wirt-Beziehung) 120, 132 f.
Parasitoid 93
Parthenogenese 52
Partnerbindung 176
Partnerfindung 176
Partnerwahl 176
Peptidbindung 40 f.
Pestizide 99
Phagozytose 3, 129
Phänotyp 59 ff., 117
Phenylketonurie 69
Phosphatrest 35 f.
Phospholipid 2
pH-Wert 8
Phylogenese 110
Plasmid 1, 76 ff.
– Hybrid~ 77 f.
Poly-A-Schwanz 42
Polygamie 176 ff.
Polymerasekettenreaktion (PCR) 79 f., 84
Polyphänie 68
Polyploidie(sierung) 44, 124
Polysom 40
Polysomie 55 f.
Population 89 ff., 117 ff.
– ~sdichte 89 ff.
– ~sentwicklung 89 ff.
– ~swachstum 89 f.
positive Verstärkung 165
postsynaptische Membran 146 ff.
postsynaptisches Potenzial 147 f.
– erregendes ~ (EPSP) 147 f.
– inhibitorisches ~ (IPSP) 147 f.
Präadaption 118
Prägung 162 f.

– Fehl~ 162
– Nachfolge~ 162
– Orts~ 162
– sexuelle ~ 162
prä-mRNA 42
Pränataldiagnostik 71 f.
präsynaptische Membran 146 ff.
Präzipitation 110 f.
Primer 79
Prinzip der doppelten Quantifizierung 156
Prokaryot 1, 39, 42 ff., 129 ff.
Promotor 39, 43 f.
Prophase 51 ff.
Proteinbiosynthese 38 ff.
Protobiont 129
Protozellen 129
proximate Ursachen 155, 175 f.
Pro(to)zyte 1
Pyrophosphat 37, 39

Rangordnungskampf 174
ranvierscher Schnürring 137 f., 141
Räuber-Beute-System 92 f., 120, 132
Rauschmittel 150
Reaktionsgeschwindigkeit 7 f.
– ~-Temperatur-Regel (RGT-Regel) 8, 14
reaktionsspezifisch 7
Reaktionszentrum 16 ff.
Redoxsystem 17 ff., 30
Reduktionsmittel 17
Reduktionsteilung 52
Reflex 155 f., 164
– bedingter ~ 164
– Eigen~ 155
– Fremd~ 155
– monosynaptischer ~ 155
– polysynaptischer ~ 155
– ~bogen 155 f.
– unbedingter ~ 155 f., 164
Refraktärzeit 139 ff.
Regelkreis 92
Reifeteilung 52 ff., 118
Reiz 155 ff.

– bedingter ~ 164
– neutraler ~ 164
Rekombination 54, 76 ff., 117 f., 123
– interchromosomale 54, 118
– intrachromosomale 54, 118
Rekombinationsreparatur 46
repetitive DNA-Sequenzen 80
Replikationsursprung 37, 77
Repolarisation 139 f.
Repressor 43 f.
Resistenz 82 f.
Restriktionsenzym 76 f., 80
Reverse Transkriptase 79 f.
Rhesussystem 67 f.
Ribose 35 f.
Ribosom 1, 4, 39 ff., 130
Ritualisierung 172, 176
RNA (Ribonukleinsäure) 36, 129
– messenger-~ (mRNA) 36, 38 ff.
– ribosomale ~ 4, 36
– ~-Polymerase 39, 43 f.
– ~-Primer 37 f.
– ~-Prozessierung 42
– transfer-~ (tRNA) 36, 39 ff.
Rot-Grün-Sehschwäche 70
r-Stratege 90 f.
RubisCO 19 f.
Rückenmark 155 f.
Rückkopplung 92
Rudiment 109
Ruhepotenzial 138 ff.

Sarin 149 f.
saurer Regen 99
Schattenpflanzen 21
Schlüsselreiz 156 ff., 185 f.
Schlüssel-Schloss-Modell 6 ff.
schwannsche Zelle 137 f.
Schwellenpotenzial 139, 148
Selbstreinigung (Gewässer) 99
Selektion 106 f., 117, 119 ff., 129
– aufspaltende ~ 119
– gerichtete ~ 119

– Gruppen-~ 169
– Individual-~ 169
– künstliche ~ 121
– natürliche ~ 106 f., 119
– ~-druck 119 f., 132 f.
– ~-sfaktor 120 f., 123
– ~-svorteil 119 ff., 169, 172, 177
– sexuelle ~ 120 f., 124, 176
– stabilisierende ~ 119
– Verwandten-~ 169
Sender-Empfänger-Modell 171
Sensibilisierung 68
sensible Phase 162
Separation 122 ff.
Serum 110 f.
– Blut-~ 106 f.
– ~-Präzipitin-Test 110 f.
– ~-protein 110 f.
Sexualdimorphismus 121, 176
Sexualtracht 176
Sexualverhalten 175 ff.
Sichelzellenanämie 69
Signal(e) 171 f., 176
– akustisches ~ 171, 176
– chemisches ~ 172, 176
– optisches ~ 171, 176
– ~-fälschung 172 f.
– taktiles ~ 172, 176
Skinner-Box 165
somatische Gentherapie 84
Sonnenpflanzen 21
SOS-Reparatur 46
Spender-DNA 76 ff.
Spermatogenese 53
Spermien 53 f.
– ~-konkurrenz 178
S-Phase 51 f.
Spindel(faser)apparat 51
Spleißen 42
Stammbaum 69 f.
– Familien-~ 69 f.
– phylogenetischer ~ 111

Startcodon 40 f.
stationäre Phase 90
Stempeltechnik 77
stenök 101
steril 108, 124
sticky ends 76 f.
Stoffabbau 28 ff.
– aerober ~ 28 ff.
– anaerober ~ 31 f., 130
Stofftransport 2 ff.
– aktiver ~ 3
– passiver ~ 3
Stoppcodon 41
Stroma 4, 15 ff.
Stromatolith 130
Substrat 7 ff., 71
– ~induktion 43
– ~konzentration 7 ff.
– ~sättigung 7
substratspezifisch 7
Summation 148
– räumliche ~ 148
– zeitliche ~ 148
Symbiose 133
sympatrisch(e Artbildung) 124
Synapse 137 f., 146 ff., 155 f.
– chemische ~ 146 ff.
– erregende ~ 147 f.
– hemmende ~ 147 f.
– interneurale ~ 146
– neuromuskuläre ~ 146 f.
synaptische Endknöpfchen 137 f., 146 ff.
synaptischer Spalt 146 f., 149

Tabun 149
Taxis 157 f.
Taxon 107
Telophase 51 f.
Temperaturabhängigkeit
– ~ der Enzymaktivität 8
– ~ der Fotosynthese 14 f.
Territorialverhalten 174
Territorium 174

Tetracyclin 76 f.
Thylakoid(membran) 4, 15 ff.
Thymin-Dimer 45 f.
Ti-Plasmid 82
Tracer 15, 20
Transformation 77
transgen 81 ff.
– ~e Pflanzen 82 f.
– ~e Tiere 83
Transkription 38 f., 42 f.
Translation 38 ff.
Translokation 45
Transportmechanismen (Membran) 2 f.
Treibhauseffekt 100
Treibhausgase 100
Triplett 40 f.
Trisomie 21 55
Tunnelprotein 3
Turner-Syndrom 55

ultimate Ursachen 155, 168 f., 175
Ultraschalluntersuchung 71
Umweltfaktoren 89, 91 ff., 101, 119 ff.
– (a)biotische ~ 89, 91 f., 120 f.
– dichte(un)abhängige ~ 91 ff.
Umweltkapazität 90 f.
Umweltverschmutzung 98 ff.
unvollständige Dominanz 59 f.
Uracil 36
Uratmosphäre 128
Ursuppe 128
UV-Strahlung 45, 81, 128

vegetatives Nervensystem 149
Vektoren 76 ff., 84
Verkaufsstrategie 185
Vesikel 129 f., 146 f.
Vielzelligkeit 131
Viren 76, 84
– HI~ 79
– Retro~ 79, 84
Volvox 131

Wachstum 89 f.
– exponentielles ~ 89 f.
– fluktuierendes ~ 90
– logistisches ~ 89 f.
– superexponentielles ~ 93
– ~ der menschlichen Population 93 f.
Warntracht 172
Wasserstoffbrückenbindung 35 f.
Werbung 186
Wirkungsspektrum 13 f.

Zellatmung 28 ff., 131
– Wirkungsgrad der ~ 31
Zelldifferenzierung 131
Zelle 1 ff.
Zellkern 3, 5
– ~teilung 51
Zellkulturen 81 f.
Zellorganellen 3 ff.
Zellteilung 50 ff.
Zellwand 1
Zellzyklus 50 ff.
Zentrales Nervensystem (ZNS) 137, 155 ff., 162
Zentromer 50
Zentrosom 51
Zitronensäurezyklus 28 ff.
Zygote 52, 83
Zytoplasma 3 f., 28 ff.

 Abschluss in der Tasche!

Und jetzt –

Studium oder Ausbildung?

But what about **your** English?

 Jetzt **gratis** Englischtest machen!

www.pearson.de/englischtest

Hä? [hɛ(ː)]
Ausdruck des Unwissens oder Nichtverstehens

Wie bitte? Das hab ich jetzt aber wirklich nicht verstanden – in aller Kürze bringen die beiden Buchstaben „Hä" auf den Punkt, wenn eine Information bei ihrem Empfänger nicht richtig angekommen ist.
Ein „Hä" macht das Problem „Info nicht angekommen" offensichtlich und fordert zugleich den Sender zur Konkretisierung oder Vereinfachung derselben auf.

Es verweist aber auch auf den uns allen bekannten Gedanken:

„Ich weiß nicht, wie es weitergeht."

Was soll ich nach meinem Abi machen? Wie kann ich mich auf mein Wunsch-Studium vorbereiten?

Das sind nur zwei Fragen, die viele Abiturient*innen beschäftigen.

Ah! [ʔaː]
Ausdruck des (plötzlichen) Verstehens

Es hat Klick gemacht: Die gesendete Information ist beim Empfänger angekommen und verstanden worden. Vielleicht hat sie ein paar mehr oder weniger überraschende Erkenntnisse hervorgerufen oder eine weiterführende Diskussion angeregt, die die Idee weiterentwickelt und das Wissen wachsen lässt.
Solche **Hä?-Ah!-Situationen** zeigen, dass der Austausch und das Teilen von Informationen entscheidend sind für ein gemeinsames Vorankommen. Wir helfen dir dabei, deinen Weg zu finden und begleiten dich auch während des Studiums. Denn tagtäglich beschäftigen wir uns mit dem **Hä?-Ah!-Phänomen** und haben verstanden, was das Wichtigste an unseren Büchern und digitalen Lernangeboten ist: ihre Fähigkeit, aus einem „Hä" ein „Ah" zu machen und dich damit voranzubringen.

Ah! Hier kannst du dir einen Einblick in unsere digitalen Angebote verschaffen – beispielhaft im Bereich Marketing. Aber natürlich decken wir auch (fast) alle anderen Studienbereiche ab.

Also schau vorbei unter:
www.pearson.de/studium